JN057999

〈論文〉

Annual of the Institute of Thanatology, Toyo Eiwa University

死生学年報 2020

●死生学の未来

東洋英和女学院大学
死生学研究所編

LITHON

目 次

目　　次

〈論文〉

古代の死生学から未来へ
——『ギルガメシュ叙事詩』を読みなおし続ける——

渡辺　和子

はじめに—総合学としての死生学

東洋英和女学院大学の死生学研究所は2003年に創設された。若い学である死生学をどのように構想、構築するかは、自由であってよいし、またそうあるべきと考える。この死生学研究所の場合は、多分野の研究者が集まっているという大学の特徴を生かして、人間科学を基礎としながら、異分野間の対話とそこから生まれ得る新しい視点や領域を大事に育てるという目標をもって歩んでくることができた。具体的には、多様な内容をもつ公開講座を2004年度から開始し、年度ごとの研究活動報告として『死生学年報』（創刊は『死生学年報2005』リトン、2005年3月）を出版してきた。『死生学年報2020』は第16巻となる。また本研究所では、（公益財団）国際宗教研究所（現在の理事長は島薗進）との共催で年に1度の「生と死」研究会を20年近くにわたって開催することができたが、そこでの発題や実施報告も『死生学年報』に収録してある。[1)]

総合学としての死生学にとって「継続する多様な研究」の推進が肝要であるという筆者の考え（渡辺2009a, 19）は今も変わっていないが、当時はあまりにも茫洋とした方針と受け取られてしまう危惧はあった。その後10年以上経過した現在、ある程度の「継続」された実績の後に得られる見通しがあるように思えている。総合学は無限の広がりをもち、到達点が設定され得ない。「継続する多様な研究」の実現はそれほど困難ではないとしても、それを堅持するには相当の覚悟と努力が必要となる。

この10年だけでも死生学の環境に大きな変化があった。2011年の東日本大震災によって、日本と日本人だけにとどまらず、突然にも大きな生と死の問題に向き合わざるを得なくなった。甚大な被害と多くの被災者があり、社会も学問も変化・変容を余技なくされた。その中で、たとえば2012年に東北大学で始まった実践宗教学寄附講座のように、「臨床宗教師」を養成する講座が増えてきていることが注目される。東北大学文学研究科実践宗教学寄附講座の HP には次のようにある。

> 震災後、東北の被災地では、宗教者による支援活動が活発に行われ、それぞれの宗教の立場をこえた連携が実現しました。こうした経験から、被災地だけではなく、医療・福祉等の現場で、さまざまな信仰を持つ人々、または信仰を持たない人々の苦しみを受け止め、適切に向き合うことのできる宗教者が求められているのではないかという洞察が生まれました。この講座は、そのような役割を果たす専門職「臨床宗教師」の育成を行うために、地元の宗教界などの支援を受けて設立されました。2012 年度から 3 年間という設置期限でスタートした本講座ですが、幸い、諸方面の皆様のご理解を賜り、2015 年度以降も継続することができ、現在に至っています。[2)]

また、龍谷大学、鶴見大学、高野山大学、武蔵野大学、種智院大学、愛知学院大学、大正大学、上智大学等の大学機関も臨床宗教師の養成に取り組んでおり、さらに 2018 年 3 月には一般社団法人日本臨床宗教師会による「認定臨床宗教師」の資格制度がスタートしているとのことである。[3)]

1. 古代学と粘土板文書

死生学にとって、目の前の人々の緊急課題に取り組むことは大前提である。しかし臨床に役立つためにも、本学の死生学研究所では基礎学に取り組むことも中心的課題として掲げている。人間の歴史を振り返って、これまで人間はどのように生と死に向き合ってきたかを考察することはますます重要な課題となっている。人間は太古の昔から「死すべき存在」であり続けてきた。そのすべてを辿って明らかにすることは、資料の面からも不可能であるが、これまでの人間の歴史に死生学が無関心であってはならない。

フィリップ・アリエス（1914-84 年）は、『死を前にした人間』（*L'Homme devant la mort*, 1977）のなかで「かつて死が手なずけられていた時代があった」とした（アリエス 1990）。それはヨーロッパ中世の時代とされたが、それ以前の人間はどのように死と向き合っていたのかについても探求する必要がある。現在では、ヨーロッパ中世より前の時代についても、各地の様々な遺跡から古代についても新知見は格段に増えている。

ここでは世界史をどのように構想すべきかという大問題を論じることはできない。しかし現状ではまだ、「古代」や「古代人」には漠然とした意味しかもたされていないように思われる。それも古代研究があまり進んでいないことによるが、進みにくい理由はいくつかある。たとえば（1）地域によって「古代」のあり方は異なるため、個別研究を進めるほかなく、一般化できない。（2）発掘調査があれば考古学的資料が発見され得るが、文字資料はその素材（パピルス、羊皮紙など）によっては残りにいため、実態がわかりにくい。（3）古代研究の重要性に対する社会的認知度が低い。したがって古代の研究者が少ない。

最も発展した最古の書字体系の一つとして粘土板に書かれる楔形文字の体系がある[4)]。すでに莫大な数の粘土板文書が発見され、世界各地の博物館に収められている。粘土板文書には、内容および機能によって2種類にわけられる。一つは書かれた当時から書庫で保存されるべきものとされている文書であり、たとえば神話、文学、宗教儀礼に関する文書、また多くの人々の目に触れる場所に置かれる石碑文（内容は王碑文など）である。もう一つは保存用でない文書、すなわち債務証書などの一定の期間が過ぎれば不要となり、廃棄されるものである（Oppenheim 1977 [1964], 13）後者に属する粘土版文書の方が圧倒的に多いため、発見される数も多い。

王宮のある首都は戦場になりやすく、したがって戦火で焼かれやすい。そのため、王宮の書庫に収められた粘土板文書も焼かれて素焼き状態となり、その後数千年でも残存することになる。もし焼かれていない粘土板文書が発見されたならば、内容は何であれ、文化財保存の専門施設で焼かれることになる。そのような事情から粘土板文書は、これまで発見されている数をはるかに上回る数で将来発見されてゆくことが確実である。

2. 神話研究の視座

メソポタミアの最高傑作とされる『ギルガメシュ叙事詩』であってもすべての楔形文字文書の研究者が長年にわたって研究対象にするとは限らない。

アッシリア学（楔形文字文書の文献学）の初学者は、主としてアッカド語の法的文書（法典や契約文書など）、王碑文（王の事跡と「歴史」に関する文書）、宗教文書（占いほか様々な儀礼に関する文書）などと取り組みながら訓練されてゆく。それに対して『ギルガメシュ叙事詩』のような神話、文学に属する文書は明らかに初学者向けではない。

筆者は 1990 年から東洋英和女学院大学に奉職し、宗教学関連の授業を担当したが、やがて神話に取り組む機会に恵まれていった。それにはいくつかの契機があった。筆者のゼミ生の卒業論文の中にも神話をテーマとするものがあり、[5] いろいろな授業においても神話関連のテーマを扱った。[6] また同時に出版界でも神話への関心が高まったといえる。

2.1. 神話の狭義・広義

日本における「神話学」のめざましい貢献の一つとして、『世界神話事典』(大林／伊藤／吉田／松村編 1994）の出版がある。この事典では、世界の神話をテーマ別に横断して論じる前半部分は瞠目に値する。テーマは、「人類の起源」「洪水神話」「死の起源」「火の起源」「作物の起源」「女性」「トリックスター・文化英雄」「英雄」「王権の起源」「異郷訪問」「異類婚」「天体」に分けられ、編者となっている神話学者がそれぞれのテーマを論じている。

この事典の後半部分は地域別の神話ごとに異なる研究者が執筆している。筆者は「メソポタミアの神話」（渡辺 1994）を担当した。その 6 年後には吉田敦彦編『世界の神話 101』が出版され、筆者は「古代オリエント神話」(渡辺 2000b）を担当し、エジプト神話なども含めた神話について解説した。

このような事典類を編集する神話学者は、神話として「ギリシア神話」「北欧神話」「日本神話」のように、地域別に古くから伝わる神話を想定している。それは狭義の神話とみなし得るものであり、次のようにも定義される。

> 神話とは集団や社会が神聖視する物語であり、作者は問題とならず、成立した年代は不明で――その結果――<u>太古に成立した</u>とされる（吉田／松村 1987, ii。下線渡辺)。

これに対して、神話をより広く定義することも可能である。たとえば、「宗教的物語を神話とする」、「宗教的体験談も宗教的物語であり、したがって神話に含められる」というような、どちらかというと宗教学で用いられる定義があり得る（島薗 1992 参照）。このような広義の神話であれば、作者がわかっている宗教的物語も、いつの時代に作成されたかを問わず神話とみなし得ることになる。

2.2. 神話の静的・動的定義をめぐって

上記のような広義の神話には、たとえば古代神話の「現代的書き換え」も含められることになる。そのことからも、神話の定義としては狭いか広いかだけではなく、静的な、あるいは動的な定義もあり得ることに気づく。

狭義の神話は、『世界神話事典』に収録されるような、固定された神話であり、それは神話の「静的」な定義によるといえる。それに対して神話の「動的」な定義では、たとえばある物語がある時ある人にとって「神話となる」時の神話を指す。その場合の神話について、筆者としては「時空を超えて人間に強い影響力を持つ物語、あるいはそれに類するもの」（渡辺 2005a, 121）と考えたい。

他方、神話を動的にとらえることは、C. G. ユング（1875-1961 年）やユング派の研究者や分析家の論にも通じるものである。ユング自身は『ヨブへの答え』（1952、邦訳 1988）において「神話の発展」、特に「キリスト教神話の発展」についての自説を展開した。それは 1950 年に発布された「聖母被昇天」の教義に関する教皇令を契機としていた（渡辺 2007c 参照）。聖書はイエスの母マリアが天に挙げられたことに触れていないが、かなり長い間民衆の間で信じられてきた「聖母被昇天」をカトリック教会が公認することによって、キリスト教の神話が発展させられ、民衆にとってキリスト教の救済力が増したとする主張を含むものである（渡辺 2007c, 297-297 参照）。さらにユングは、『ヨブ記』の神が「あまりにも無意識的であるため〈道徳的〉であることができない」（ユング 1988, 22）として、最終的には「神が人間として生まれ、死すべき人間を体験し、神が忠実な僕ヨブに耐え忍ばせたことをみずから経験することによってヨブへの答えが得られる」（ユング 1988, 73; 渡辺 2007c, 298 参照）と主張した。このようなユングの論も、『ヨブ記』を宗教的物語としての神話、福音書を教祖伝としての神話とすることに通じるような神話の発展的解釈でもあるといえる。[7)]

東洋英和女学院大学では 1995 年に精神科医でありユング派分析家の織

田尚生（1939–2007 年）を迎えた。織田は大学院（1993 年に設置）で心理相談室の室長を務め、その紀要として『東洋英和女学院大学心理相談室紀要』[8)] を発刊した。

織田によると、各個人が「個人神話」と呼べるものをもっているが、その背後にある「狭義の神話」としての「神話」によって基礎づけられている。その神話は、個性を無視するような普遍性を帯びている。そしてこの二者、「個人神話」と「神話」の対応関係を検討することこそ、心理療法であると主張している（織田 1999, 28）。そしてその対応関係の検討は患者だけでなく、治療者にも適応されるべきであり、さらに、治療者は患者との比較において、個人神話および神話の重なり合う部分を治療者自身と患者の場合において検討すべきとする（織田 1999, 28–29）。織田はあくまでも患者と取り組むことによって生じる「動的」な神話のあり方をとらえているのであり、ある患者との取り組みと神話について次のようにまとめている。

> わたしたちが自身の個人神話に取り組んでいるときに、普遍的な神話が初めて生き生きとしたものとなります。個人として、個人的な体験として、つまり個人神話を通して普遍的な神話に取り組まないときには、神話は蝉の抜け殻のように、形骸化したものになります。本論で取り上げた患者も、治療者との心理的な関係性に支えられて、個人神話と神話との両側面をもつ、「怖い父親」と「不在の母親」とに、個人神話を通して取り組んだからこそ、スセリビメとスサノオ、そしてオホナムチを含む物語は生きた神話としての役割を果たしたのです（織田 1999, 31）。

このように織田の学説と実践において普遍的な「神話」とは、日本人にとっては日本神話、すなわち狭義の神話となる。しかし筆者は、どの（狭義の）神話が本質的に重要であるかは民族の枠に縛られないと考える。むしろユング派としては、集合的無意識なるものを想定してよいのではないか。日本神話に限らず、比較神話学の研究成果が示すように狭義の神話とされる古代の神話の間にはある程度の類似性があり、またそれによってこそ神話の「普遍性」が高められるとも考えられる。他方、一般に「古代の神話」とされていても、その系譜は多様である。たとえば『ギルガメシュ叙事詩』の成立年代は日本神話よりもはるかに古いが一般的には神話とされる。問題はそれぞれがどのような神話であり得るかではないか。

3.『ギルガメシュ叙事詩』について

本論では前11世紀頃に成立したとされるアッカド語の『ギルガメシュ叙事詩』の標準版を中心的に扱うこととする。これは、「標準バビロニア語」(Standard Babylonian) という文学作品を書くために用いられるアッカド語の「方言」で書かれている。

成立当時からすでに数多くの写し(コピー)が作成され続けたと考えられる。なかでも19世紀にイギリスの発掘隊によってアッシリアの首都の一つであるニネヴェにあった王宮の書庫(「図書館」)で発見された『ギルガメシュ叙事詩』は、前7世紀の写しであるが、最も保存状態がよく、定本として用いられている (George 2003, Part Three 参照)。なおニネヴェで発見されたものは12書板から成るが、第12書板は本来の標準版には属していないため、本論では第11書板までを『ギルガメシュ叙事詩』として扱う。

アッシリアは前612年に滅ぼされたが、その際にニネヴェにも火がかけられた。その後2400年以上経過した19世紀初頭にニネヴェの発掘によって出土した粘土板文書は数も多く、内容も多岐にわたったため、アッシリア学の基盤を形成することになった。19世紀半ばにアッカド語の解読が成功して間もなくの1872年に、大英博物館のニネヴェ出土粘土板文書群の中から、『創世記』に含まれる「ノアの洪水」と類似する洪水神話の部分が発見され、それが標準版『ギルガメシュ叙事詩』の第11書板と判明した。

4. 研究の基礎資料

『ギルガメシュ叙事詩』については19世紀後半からの研究史があるが、ここでは現時点で、日本人が『ギルガメシュ叙事詩』を研究する際に前提とされる基礎資料について、時系列を追って述べる。

4.1. 第1段階

日本で最初に『ギルガメシュ叙事詩』を紹介したのは宗教学者石橋智信(1886-1947年)の「ギルガメーシュ物語」(石橋 1926, 153-165)[9] とされる（月本 1996, 386 参照）。

現在も参照されている邦訳としては、矢島文夫（1928-2006 年）によるもの（山本書店 1965）があるが、これは『古代オリエント集』（杉ほか訳 1978）にも再録された。その後、矢島訳は 1998 年には文庫本として再版され（矢島 1998［1965］）、入手可能となっている。また月本昭男による邦訳が 1996 年に岩波書店から出された（月本 1996）。そこでは『ギルガメシュ叙事詩』の成立年代が異なる版（古バビロニア版、中期バビロニア版、標準版）を分けて訳出することがなされ、解説が付けられている。またヒッタイト語版とフリ語版の中村光男による邦訳も含められたことは邦訳出版として画期的であった（中村 1996）。しかし月本訳の本はすでに入手できなくなっている。矢島訳も月本訳も、当時参照できた欧米の研究者による翻訳に依拠して作成されている。博物館で自らの手で原文書を精査、校訂して作成された翻訳ではないため、今後の研究に役立つものではなくなっている。

4.2. 第 2 段階

2003 年には、アンドリュー・ジョージによる浩瀚な 2 巻本（*The Babylonian Gilgamesh Epic* I-II）によって『ギルガメシュ叙事詩』研究の世界水準は一気に上げられた。ロンドン大学で教鞭をとるジョージが足繁く大英博物館に通い、それまで未公刊であったものを含めて『ギルガメシュ叙事詩』に属するほぼすべての粘土板とその断片を精査し、手写した原資料に基づいて 16 年かけて研究した成果をまとめたものである。その後は、ジョージの書物が研究の前提になるが、それでも研究の精度を上げるためには、やはり自ら原文書を博物館で手にとって、書かれ方、読み方などを確認または再考する校訂の作業が不可欠となる。また、2003 年以降も『ギルガメシュ叙事詩』に属する粘土板文書断片の発見が続いている。

4.3. 第 3 段階

第 3 段階を画するものとして筆者が注目しているのは、2014 年にアッラーウィとジョージによって公刊された、第5書板の新発見文書である（Al-Rawi and George 2014; 渡辺 2016 参照）。これは北イラクにあるスレイマニア博物館が買い取ったものであり、第 5 書板のこれまでの欠損部分を補完するだけではなく、第 4 書板に属するとされていた文書の一部も第 5 書板のものと判明する結果となるような重大発見であった。その内容的な意義については後に考察する（6.2. 参照）。

5. 読解の諸段階

ここでは一つの「読解の段階」を示すが、もちろん研究者を含むすべての読者が各自の読み方をするほかはなく、必然的な読解順はあり得ない。筆者はなるべく広い視野で比較することを目指す宗教史学の立場から神話を研究することを心掛けている。その点で、宗教史研究会とその出版物である「宗教史学論叢」に関われたことが、大いに研究の糧となったと感じている。[10)]

5.1. 第 1 段階―「死の克服」の有無とエリアーデの説

ミルチア・エリアーデ（1907-86 年）の『世界宗教史 I』（1991［原著 1976]）の邦訳が出版されたが、その最初の部分には『ギルガメシュ叙事詩』に関する章も含まれている。エリアーデはギルガメシュのエピソードを扱ういくつかのシュメール語版の存在も知りながら、次のように言う。

> 先行する伝承があるにもかかわらず、『ギルガメシュ叙事詩』は、セム語系民族の天才が生み出した作品である。さまざまな独立したエピソードから、不死探求の、あるいはより正確にいうと、成功まちがいないと思われた企てが結果的には失敗したという、非常に感動的な物語が作り挙げられたのは、アッカド語版においてであった（エリアーデ 1991, 85。下線渡辺）。

エリアーデがアッカド語版の『ギルガメシュ叙事詩』を高く評価していることは明らかである。また「セム語系民族の天才」が生み出したと明言していることは、彼がいわゆる〈反セム主義〉に与（くみ）していないことの言明でもあろう。しかしエリアーデは、友人エンキドゥの死に衝撃を受けたギルガメシュが「不死性の獲得」を目指してウータ・ナピシュティを訪ねる旅に出たにもかかわらず、目的を達成できなかったことを重視して『ギルガメシュ叙事詩』を次のように「失敗したイニシエーション」の物語とする。

> 彼（ギルガメシュ）には「知恵」が欠けていたのである。テクストは、ウルクに帰り着いたギルガメシュがウルシャナビと城壁に登り、その基礎を賞（誉）めるように勧めるところで突然終わる。『ギルガメシュ叙事詩』は、死の不可避性によって定義された人間的条件を劇的な仕方で説明していると考えられてきた。しかし、この世界文学の最初の傑作は、神の助けを借りなくとも、一連のイニシエーションの試練をうまく切り抜けた者には、不死性が得られるという考えをもほのめかしているとも考えられるのである。この視点からすれば、ギルガメシュの物語は、むしろ失敗したイニシエーションについての劇的説明なのである（エリアーデ 1991, 88。下線渡辺）。

ギルガメシュは、洪水を生き延びて永遠の命を与えられ神とされた、かつての人間ウータ・ナピシュティから6日7夜目覚めているようにという試練を与えられたが、すぐに寝入ってしまった。このことからエリアーデは、ギルガメシュが「精神的」次元（エリアーデ 1991, 88）の試練には耐えられなかった、すなわち「知恵が欠けていた」と断じる。エリアーデによれば「人間が六日七夜「めざめて」いられるためには、並大抵でない集中力が必要だからである」（エリアーデ 1991, 88）。

『ギルガメシュ叙事詩』の最後の書板である第11書板がエリアーデによって「突然終わる」とされていることについては後述する。残念ながらエリアーデは『ギルガメシュ叙事詩』を高く評価しながらも、ごく一般的な誤読をしてしまっている。少なくともウータ・ナピシュティがギルガメシュに六日七晩眠らないことを申し渡す言葉の直前に、次のようにいわれていることにも気づくことができたなら異なる解釈ができたはずと思われる。

> しかし今は、誰がお前のために神々を招集するのであろうか。お前が求める（永遠の）生命をお前が見出すために。さあ、六日七夜、眠ってはならない（XI 207-209。渡辺 2005, 115; 2010, 80; 2012a, 269 参照。下線渡辺）。

ギルガメシュが永遠の命を得られないのは、ウータ・タピシュティが洪水を生き延びて永遠の命を与えられた太古の昔と違って、「今は」人間に永遠の命を与えることを決定する会議の招集者がいないと明言されているのである。ギルガメシュに精神力や知恵が欠けているからとはされていない。シャーマニズム研究で名高いエリアーデが世界各地にイニシエーションの痕跡を探っていただけに、惜しいと感じられる。彼は次のように書いている。

> われわれはメソポタミアのイニシエーションが存在したとは推定するが、その儀礼的脈絡は、不幸にしてよくわかっていない。不死性の探究ということのイニシエーション的意味は、ギルガメシュが経た試練の独特な構造のうちに解読される（エリアーデ 1991, 89。下線渡辺）。

5.2. 第 2 段階―変容の神話と R. S. クルーガーの説

エリアーデの『世界宗教史 I 』が邦訳されてから 2 年後の 1993 年に、ユング派のリヴカー・シェルフ・クルーガー（1907-87 年）の『ギルガメシュの探求』（1991 年）の邦訳が出版された。これは彼女の死後に、夫の H. エヘズケル・クルーガーが編集したものである。原題は「ギルガメシュの元型的意義―現代かつ古代の英雄」（*The Archetypal Significance of GILGAMESH: A Modern Ancient Hero*, 1991）である。セム系諸語と宗教史学を学んでいたクルーガーは、ユングの勧めに従って『ギルガメシュ叙事詩』を神話として取り組んでいる。またこの本にはC. A. マイアー（1905-95 年）が「緒言」をよせているが、その中には次のような箇所がある。

> リヴカー・クルーガーが、ギルガメシュ叙事詩を神話と呼ぶのは間違っていない。（中略）著者の才能がとくに目立っているのがここである。なぜなら（中略）約四千年前から伝わった由緒ある神話に見いだされる印象的な事実が、細心の注意をもって取りあげられているからである。（中略）そうしてはじめて、その時代にあった個性化のプロセスを跡づけることができる。ユングが示したようにほんものの神話はすべて、本質的に主人公の個性化のプロセスを描いているからである。（中略）リヴカー・クルーガーのギルガメシュを、個性化の分析の古典的研究と見ることが出来る（マイアー 1993, 4。下線渡辺）。

マイアーは、ユングを引いて「主人公の個性化のプロセス」を描いていれば「ほんものの神話」であるとする。そこからは、神話には「ほんもの」も「にせもの」もあるが、「主人公の個性化のプロセス」があるものを「ほんも」のとするという神話の定義が加わることになる。

クルーガーもエリアーデと同様に、アレクサンダー・ハイデル（1907-55年）の英訳『ギルガメシュ叙事詩』(Heidel 1946) を用いて考察しているにもかかわらず、クルーガーの方がはるかに丁寧に読んだことがわかる。そして彼女は『ギルガメシュ叙事詩』を「英雄神話」ととらえている。

> 英雄は、自意識の発達を予測するものとして考えられ、英雄が神話のなかで経験することは、心（サイキ）のなかに暗に存在する生得的な全体性に向かって動く過程、個人における個性化の過程を示すものとして考えられる。またこのことによって、なぜ、人生の重大時期や移行のときに、しばしば元型的な夢が出現するのかが明らかになる。そこで古い神話が、こういう夢の貴重な拡充にとどまらず、その夢を理解する鍵そのものになることがある（クルーガー 1993, 18-19。下線渡辺）。

ここでは「英雄」と「英雄神話」の定義が問題となる。「狭義」の神話学では「英雄」の定義も異なり、武勇に優れた者を「英雄」とする見方がある。しかし J. キャンベル（1904-87 年）の英雄の定義はかなり異なり、「英雄とはかれ個人の生活空間と時間を超えて、普遍妥当性をもった人間の規範的なありようを戦いとるのに成功した男もしくは女である」（キャンベル 1984, 上、33) とされる。これはファン・ヘネップの「通過儀礼」論の影響を受けたたものであるが（渡辺 2011 参照)、キャンベルの学説はユングのものにも通じる。

クルーガーはエリアーデと違って、前述したウータ・ナピシュティの言葉「しかし今は、誰がお前のために神々を招集するのであろうか。お前が求める（永遠の）生命をお前が見出すために」(XI 207-208; Georger 2003, 716-717）に気づいていた（クルーガー 1993、245; Kluger 1991, 200)。そしてクルーガーはエリアーデが「突然終わる」とする第 11 書板の最後の 6 行の文言についても次のように解説している。

> ギルガメシュは自分の仕事に誇りをもつ。しかしそれは、もはやはじめ

の野心的な力に衝き動かされた自我のそれではない。壁についてのギルガメシュの叙述は、語り手による導入部のものと同じであるが、そこで七人の賢者が言及されている。彼らがウルクの基礎をおいた。ギルガメシュは町の四つの区分に触れるが、心理学的には、これは神の関与と全体性をほのめかしていると考えられる。すなわち第 11 書板をもって、ギルガメシュ叙事詩は事実上終わる（クルーガー 1993, 252。下線渡辺)。

この記述だけでは厳密に何を指摘しているのか明瞭ではない。しかしクルーガーは、『ギルガメシュ叙事詩』の編者が仕掛けた第 1 の謎を解きかけていたことになる。

5.3. クルーガーの洞察と「時系列の逆転」

第 11 書板の最後の不思議な言葉は、筆者の訳では次のようになる。

322 ギルガメシュはウルシャナビに言った。
323 ウルシャナビよ、ウルクの周壁に登って行きめぐり、
324 その基層を調べ、レンガを検査せよ！
325 もし、レンガが焼成レンガでないならば！
326 基礎部分を七賢人が据えたのではないならば！
327 町が 1 シャル、果樹園が 1 シャル、粘土の採掘場が 1 シャル、イシュタル神殿が半シャル。
328 計 3 シャル半、(それが) ウルクの領地である（XI: 322-328。下線渡辺)。

これと同じ文言が第 1 書板の冒頭に置かれた編者の序文の中にも含まれている。それがクルーガーによって「壁についてのギルガメシュの叙述は、語り手による導入部のものと同じである」と指摘されているものである。

1 ［深淵、］国の基を［見た者］、
2 ［・・・を知った者］はすべてにおいて賢かった。
3 深淵、国の基を見た［ギルガメシュ］、

4 ［・・・］を知った［者］はすべてにおいて賢かった。
5 ［・・・］・・・同じように［・・・］。
6 彼はあらゆることについて知恵の全体を［知った］。
7 彼は秘密を見たのであり覆われていたものを露わにした。
8 彼は洪水以前の事情（テーム、*ṭēmu*）をもたらした。
9 彼ははるか遠くの道を歩んで来て疲れたが、安息を得た（「鎮まった」）。
10 彼はすべての労苦を石碑に刻んだ。
11 彼は羊の囲いの町ウルクの周壁を建てた。
12 また清い倉、聖なるエアンナの周壁を建てた。
13 毛糸（？）のようなその周壁を見よ、
14 誰もまねできないその胸壁（あるいは「欄干」）を見よ！
15 太古からあった階段を昇り
16 イシュタルの座であるエアンナに近寄ってみよ！
17 それは後の王も、誰もまねすることができない。
18 ウルクの周壁に登って行きめぐり、
19 その基層を調べ、レンガを検査せよ！
20 もし、レンガが焼成レンガでないならば！
21 基礎部分を七賢人が据えたのではないならば！
22 町が1シャル、果樹園が1シャル、粘土の採掘場が1シャル、イシュタル神殿が半シャル。
23 計3シャル半、（それが）ウルクの領地である（I 1-23. 下線渡辺。渡辺 2018b, 53 参照）。

この序文は『ギルガメシュ叙事詩』の標準版の（おそらく前11世紀の）編者によるものである。その編者は明らかに古バビロニア版（前18世紀頃）の『ギルガメシュ叙事詩』の編者とは異なる編集意図を持っていたといえる。クルーガーが気づいているように、第11書板の最後の6行が、第1書板の18-23行にも置かれていることから、この物語の最後は、時系列としては最初にもどっているのである。その点をさしてクルーガーは「ギルガメシュは自分の仕事に誇りをもつ。しかしそれは、もはやはじめの野心的な力に衝き動かされた自我のそれではない」と書いているのである。筆者は、この時系列の逆点こそ、次に述べるように標準版の編者が仕掛けた第 1 の謎解きに通じると考えている（下線渡辺。渡辺 2010, 92–94 参照）。

6. 編者の謎かけ

6.1. 物語全体の「キャッチライン」

筆者の読解にもいくつかの転機があった。なぜならば、繰り返し読むたびに何か新しい点に気づかされたからである。2010 年には次のように書いた。

> ある時、「この作品の主題は……である」という読後感をもつ。しかしまた何度か読むとその読後感がひっくり返っていることに気づくという具合である。そのような経験を重ねるうち、これには特別な事情があると思うようになった。（中略）この作品自体が誤読を誘発する構造をもつのではないか。すなわち、故意にわかりにくく書かれているのではないかという疑念が筆者のなかで次第に強くなってきた。『ギルガメシュ叙事詩』には何か秘密がある（渡辺 2010, 65）。

メソポタミアの長編文学では、いくつかの連続する粘土板に書かれるが、第 1 書板の最後には第 2 書板の最初の行が書かれる。これを現代の研究者が「キャッチライン」と呼んでいる。『ギルガメシュ叙事詩』の粘土板もすべてその規則に従っている。しかしこの作品を何度も読むうちに、おそらく誰もが第 11 書板の最後の奇妙な 6 行が、第 1 書板の序文の中にあることに気づく。この事実はかなり前から研究者には知られていたことである。しかし筆者はこれが、標準版の編者が仕掛けたある種の「キャッチライン」であり、冒頭に戻って読みなおせという暗号であると気づいて拙論に書いた（渡辺 2010, 85–86）。そして 2011 年の夏、A. ジョージの自宅に招かれた折に、拙論を渡して内容を口頭で伝えたが、賛成してくれたようであった。

前述したように、エリアーデは『ギルガメシュ叙事詩』の結末から、イニシエーションの失敗談として断じてしまう。しかし冒頭に序文を付けた標準版の編者（おそらくはスィン・レキ・ウンニンニ、George 2003, 28–33; 渡辺 2018b, 67–68 参照）は、上記のように、労苦の末に知恵を得た「イニシエーションの成功者」の物語を描く意図をはっきり宣言しているのである。

そして第11書板の最後では、ギルガメシュがウルシャナビ（ウータ・ナピシュティの船頭）を連れてウルクに帰ってきて、ウルクの町を誇らしげに見せるという場面で終わる。もしそれに続けてギルガメシュがウルクの町を立派にしたことが語られるなら、「イニシエーションの成功物語」と受け取れたはずである。

第1書板の序文は暗に最後の結末を先取りしながら、もはやギルガメシュがエンキドゥの死を嘆き続けていないこと、自らの死すべき運命を恐れていないことを明示している。旅から帰ったギルガメシュは知恵を得ていたのであり、その成功したイニシエーションについて、時系列の最初に戻って語りだそうとしているのである。

6.2. 謎を解いて昇る階梯

前述したように、2014年に公刊された新文書は大きな驚きをもたらした。第5書板の冒頭部分には、フンババの森（レバノン杉の森）に到着したギルガメシュとエンキドゥが、その森のすばらしさに圧倒されて立ちつくしているところが描かれていた。これほどの「自然讃歌」はメソポタミアの文書のなかで全く知られていなかった（渡辺2016参照）。

これによって、『ギルガメシュ叙事詩』の主題もさらに明確になる。物語の最初の問題はギルガメシュが暴君であることにあり、それを嘆く人々に応えて神々が野人エンキドゥを作り出したことから話が進んでゆく。この野人登場はすでに、自然から切り離された人間の問題とその解決の物語であることを暗示している。なお後藤光一郎（1930–91年）の『ギルガメシュ叙事詩』論も都市と原野の対立のテーマに着目していた（後藤1981［1993］）。

物語が進むと、夢解きができない都市育ちのギルガメシュに対して、エンキドゥは夢解きができることも繰り返し示されてゆく。フンババを殺すことに野人エンキドゥは反対していたが、結局ギルガメシュに協力することになる。ここで読者が気づくべきは、エンキドゥは自分の役割を知っていたのであり、ギルガメシュの夢を「フンババの殺害成功」と解いたこともその役割のためであったということである。古代の作品でも登場人物の発話は、必ずしも本心からのものではないようである。

さらに第5書板の冒頭において、森に着いたギルガメシュは恐怖に襲われながら次のように言う。「私の友よ、［なぜ］私たちは臆病者のごとく震えているのか」（渡辺 2016, 170, 第 35 行）。その 7 行前には「恐怖がギルガメシュに落ちた」（第 28 行）とあるために、ジョージは第 1 人称複数（「私たち」）は第 1 人称単数の誤りとする（Al-Rawi and George 2014; 渡辺 2016, 173–176 参照）。しかし最高神エンリルがフンババを森の番人として任命したのであり、フンババ殺しは許されないことをエンキドゥは知っている。また彼は夢解きだけでなく、第 1 書板で登場した狩人やシャムハトのように、近未来の予知もできると考えられる。フンババ殺しの罰として神々から自分に死が宣告されることを予知できたとすれば、エンキドゥが震えていたとしても不思議ではない（渡辺 2016, 175 参照）。標準版が成立した前 11 世紀には、メソポタミアではすでに 2 千年間にわたる都市文明を経験していた。自然から切り離された人間の危うさも十分に感知されていたのであろう。

文書を書かれた通りに正確に読むことは文献学者の鉄則であるが、会話劇の裏を読むことは、話者の表情を読めないために非常に難しい。『ギルガメシュ叙事詩』は読み込むほどに謎解きの「階梯」を昇ることになるとすれば、それは細田あや子（2020）が「アーシプの要覧」とみなす文書（Ebeling 1919, No. 44 他。Geller 2018 参照）のように、アーシプとなるための修行の階梯をカリキュラムのように示したものに似ている。アーシプとは、筆者がメソポタミアのシャーマンと位置づける宗教的職能者であり、ほぼすべての病気なおしを担っていた（渡辺 2008a; 2018a 参照）。その修行の最終段階は「秘密」(の知恵、知識) であり明示されていない。

生と死の問題と正面から向き合う『ギルガメシュ叙事詩』は最終的に知恵、あるいは悟りを獲得した主人公を描きだすことを目的としながら、読むほどに難問へと導く指南書であり、「奥義書」である。前述したように、標準版の編者と目されるスィン・レキ・ウンニンニこそアーシプの修行を終えている可能性がある（渡辺 2018b, 67–68）。おそらくその彼が、すでに前 18 世紀頃に成立していた古バビロニア版『ギルガメシュ叙事詩』の人気が高かったからこそ、それを使って謎を仕掛けた作品として編集しなおして、「読みなおし続けて気づく者は気づけ」というメッセージを込めて多くの人々に開かれたものとしたと考えられる。

19 世紀に発見されて以来、今後も長く未来の人々に伝えられてゆくことになるはずのこの作品をどこまで読み解いて次世代に伝えられるかは「古代の死生学」から現代人に与えられた課題であるかもしれない。

注

1) 第1回「生と死」研究会は2002年に開催された。その後2003年に死生学研究所が開設されると、第3回と第4回の「生と死」研究会は、死生学研究所の当時の規定に従って、死生学研究所の筆者の研究班「渡辺班」の研究会と国際宗教研究所との共催で行われた。『死生学年報2005』200頁、『死生学年報2006』175頁参照。第5回からは規定改訂によって研究班ではなく、死生学研究所と国際宗教研究所との共催となって現在まで続けられている。なお2019年度の第18回（2019年10月12日）は台風のため、中止となった。
2) http://www2.sal.tohoku.ac.jp/p-religion/2017/about.html。
3) http://www2.sal.tohoku.ac.jp/p-religion/2017/cn8/pg37.html。
4) 楔形文字と粘土板文書については、ウォーカー1995参照。
5) 学部3-4年の筆者のゼミに属していた佐藤加奈子（1997年入学）が中心となって1999年に立ち上げた「神話研究会」の顧問を引き受けたことも筆者にとって神話研究の契機となった。佐藤加奈子は2001年に大学院に進学して修士論文「『仮面ライダーアギト』の比較神話学解釈」（2002年12月）を完成させ、それを基にした論文「『仮面ライダーアギト』にみる「英雄」の変容」を出版した（佐藤2007）。
6) 筆者は人間科学科の専門科目の一つとして「神話と物語A」「神話と物語B」（2007年度カリキュラム）を創設し、輪講の「神話と物語A」のコーディネーターを務めた。その中では『ギルガメシュ叙事詩』についての講義を数回行っていた。なお「神話と物語B」は非常勤講師の北沢裕が10年にわたって担当したが、2019年の北沢の急逝後は、同じく非常勤講師の比留間亮平が引き継いでいる。また演習形態をとる筆者の「宗教文化比較演習」の半期授業では、『ヨブ記』を熟読して主題を分析し、さらに他の作品と比較するという課題を出している。
7) ユングの神話論については高橋2005参照。また東洋英和女学院大学の生涯学習センターで筆者は1997年度以降、メソポタミアの宗教・神話に関する講座を行った。
8) 『心理相談室紀要』は心理相談の個人情報を含むため開架にはなく、閲覧には許可が必要とされる。筆者は織田尚生の依頼を受けてこの紀要の3号（1999年）から10号（2007年）にメソポタミア神話を含む神話研究論文8本を執筆する機会を得た（渡辺1999; 2000a; 2001; 2002; 2004a; 2005b; 2006b; 2007b）。
9) http://jpars.org/journal/database/archives/208。
10) 「宗教史研究会」の例会（年2回、第70回例会（2020年1月）まで）は最近の20年以上、東洋英和の大学院校舎で開催してきた。その研究活動報告である「宗教史学論叢」のシリーズ（公益信託大畠記念宗教史学研究助成基金（大畠基金）の出版助成による）も、第3巻までは山本書店から、その後はリトンから出版された。

そして『太陽神の研究』上下巻（松村／渡辺編 2002-2003、宗教史学論叢 7-8）以降は毎年出版され、2020 年度の出版助成を最後として 30 年以上続いてきた大畠基金が終了する。この基金は東京大学で宗教学宗教史学を担当していた大畠清（1904-83 年）の宗教史研究の興隆を願うという遺志に沿って創設されたものである。

参考文献

綾部真雄 2012:「〔解説〕儀礼研究受難の時代―「通過」概念の汎用性をめぐって」ファン・ヘネップ、A. 2012, 335-355。

アリエス、フィリップ 1990:『死を前にした人間』（成瀬駒男訳）みすず書房（原著：Ariès, Philippe, *L'Homme devant la mort*, 1977）。

石橋智信 1926:「ギルガメーシュ物語」『宗教研究』27 号（新 3 巻 1 号）、153-165。http://jpars.org/journal/database/archives/208。

ウォーカー、クリストファー 1995:『楔形文字』（大城光正訳）學藝書林（C. B. F. Walker, *Cuneiform*, London, 1987）。

エリアーデ、ミルチア 1991:『世界宗教史 I』（荒木美智雄／中村恭子／松村一男訳）筑摩書房（原著：Eliade, Mircea, *Histoire des croyances et des idées religieuses 1:de l'age de la pierre aux mystères d'Eleusis*, 1976）。

大林太良 1973:「神話」小口偉一／堀一郎監修『宗教学辞典』東京大学出版会、444-449.

大林太良／伊藤清司／吉田敦彦／松村一男編 1994:『世界神話事典』角川書店（文庫版：『世界神話事典―創世神話と英雄伝説』、『世界神話事典―世界の神々の誕生』角川学芸出版 2012）。

織田尚生 1990:『王権の心理学―ユング心理学と日本神話』第三文明社。

―― 1999:「ユング派の方法論と神話」『東洋英和女学院大学心理相談室紀要』3, 28-31。

―― 2002:「現代の心理療法と太陽神話」松村／渡辺編 2002, 309-324。

―― 2005:『心理療法と日本人のこころ―神話を生きる』培風館。

キャンベル、ジョセフ 2015 [1984]:『千の顔をもつ英雄』上下（倉田真木／斎藤静代／関根光宏訳）早川書房（初版：平田武靖／浅輪幸夫監訳、人文書院 1984）（原著：Joseph Campbell, *The Hero with a Thousand Faces*, Princeton University Press, 1949; 2nd edition 1968）。

クルーガー、リヴカー・シェルフ 1993:『ギルガメシュの探求』（氏原寛監訳）人文書

院（原著：Rivkah Schärf Kluger, *The Archetypal Significance of GILGAMESH: A Modern Ancient Hero*, ed. by H. Yehezkel Kluger, 1991）。
後藤光一郎 1981:「文明と宗教」向坊隆ほか『文明と人間』東京大学出版会（後藤 1993, 206–233 所収）。
—— 1993:『宗教と風土—古代オリエントの場合』（宗教史学論叢 4）リトン。
佐藤加奈子 2007:「『仮面ライダーアギト』にみる「英雄」の変容」松村一男／山中弘編『神話と現代』（宗教史学論叢 12）リトン、113–134。
島薗進 1992:「宗教思想と言葉—神話・体験から宗教的物語へ」脇本平也／柳川啓一編『現代宗教学 2　宗教思想と言葉』東京大学出版会、3–29。
杉勇ほか訳 1978:『古代オリエント集』筑摩書房。
ゼーマン、ルドミラ 1993–1995:『ギルガメシュ王のものがたり』『ギルガメシュ王のたたかい』『ギルガメシュ王のさいごの旅』（松野正子訳）岩波書店（原著：Ludmila Zeman, *Gilgamesh the King*, 1992; *The Revenge of Ishtar*, 1993; *The Last Quest of Gilgamesh*, 1995, Toronto).
高橋原 2005:『ユングの宗教論—キリスト教神話の再生』専修大学出版局。
月本昭男訳 1996:『ギルガメシュ叙事詩』岩波書店。
中村光男 1996:「アナトリアのギルガメシュ叙事詩伝承」月本訳 1996, 237–280。
ファン・ヘネップ、A. 2012:『通過儀礼』（綾部恒雄／綾部裕子訳）岩波書店（初版：弘文堂 1977）（原著：Arnold van Gennep, *Les rites de passage: Étude systématique des ceremonies*, Paris 1909）。
細田あや子 2020:「メソポタミアのアーシプによる儀礼の特徴」『宗教研究』93 巻 別冊 231–232. http://jpars.org/journal/bulletin/wp-content/uploads/2020/01/vol93.pdf
マイアー（マイヤー）、C. A. 1993:「緒言」クルーガー 1993, 3–4。
マイヤー、C. A. 2019 [1989]:『夢の意味』（河合隼雄監修、河合俊雄訳）創元社（原著：C. A. Meier, *Die Bedeutung des Traumes*, 1972）。
松村一男／渡辺和子編 2002–2003:『太陽神の研究』上下巻（宗教史学論叢 7–8）リトン。
矢島文夫 1998:『ギルガメシュ叙事詩』筑摩書房（ちくま学芸文庫、原著：山本書店 1965 年）。
ユング、C. G. 1988:『ヨブへの答え』（林道義訳）みすず書房（原著：C. G. Jung, *Antwort auf Hiob*, Dritte, revidierte Auflage, Zürich 1952）。
吉田敦彦／松村一男 1987:『神話学とは何か』有斐閣。
渡辺和子 1994:「メソポタミアの神話」大林／伊藤／吉田／松村編『世界神話事典』角川書店、382–389（『世界神話事典　世界の神々の誕生』角川学芸出版、文庫版 2012、79–89）。
—— 1999:「『ギルガメシュ叙事詩』—死の克服の神話」『心理相談室紀要』3, 7–13。
—— 2000a:「円環的生命観の神話—宗教学的神話解釈の試み」『心理相談室紀要』4,

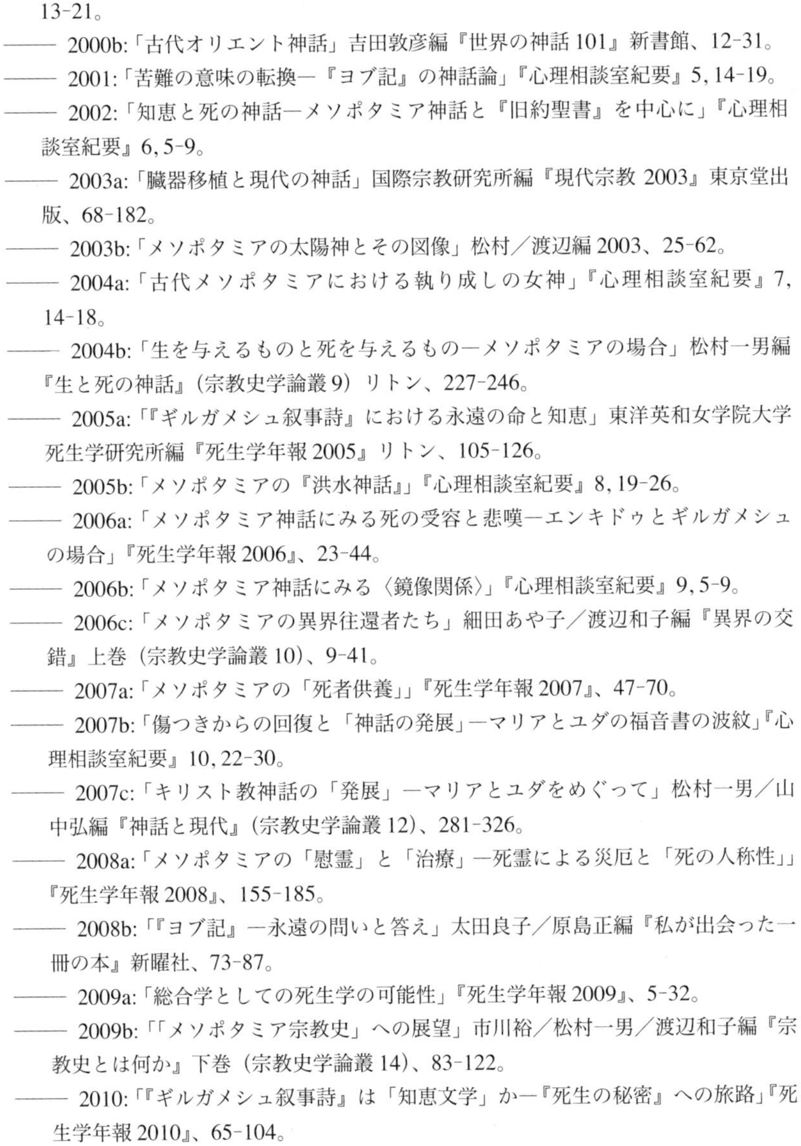

13-21。

—— 2000b:「古代オリエント神話」吉田敦彦編『世界の神話 101』新書館、12-31。

—— 2001:「苦難の意味の転換―『ヨブ記』の神話論」『心理相談室紀要』5, 14-19。

—— 2002:「知恵と死の神話―メソポタミア神話と『旧約聖書』を中心に」『心理相談室紀要』6, 5-9。

—— 2003a:「臓器移植と現代の神話」国際宗教研究所編『現代宗教 2003』東京堂出版、68-182。

—— 2003b:「メソポタミアの太陽神とその図像」松村／渡辺編 2003、25-62。

—— 2004a:「古代メソポタミアにおける執り成しの女神」『心理相談室紀要』7, 14-18。

—— 2004b:「生を与えるものと死を与えるもの―メソポタミアの場合」松村一男編『生と死の神話』(宗教史学論叢 9) リトン、227-246。

—— 2005a:「『ギルガメシュ叙事詩』における永遠の命と知恵」東洋英和女学院大学死生学研究所編『死生学年報 2005』リトン、105-126。

—— 2005b:「メソポタミアの『洪水神話』」『心理相談室紀要』8, 19-26。

—— 2006a:「メソポタミア神話にみる死の受容と悲嘆―エンキドゥとギルガメシュの場合」『死生学年報 2006』、23-44。

—— 2006b:「メソポタミア神話にみる〈鏡像関係〉」『心理相談室紀要』9, 5-9。

—— 2006c:「メソポタミアの異界往還者たち」細田あや子／渡辺和子編『異界の交錯』上巻 (宗教史学論叢 10)、9-41。

—— 2007a:「メソポタミアの「死者供養」」『死生学年報 2007』、47-70。

—— 2007b:「傷つきからの回復と「神話の発展」―マリアとユダの福音書の波紋」『心理相談室紀要』10, 22-30。

—— 2007c:「キリスト教神話の「発展」―マリアとユダをめぐって」松村一男／山中弘編『神話と現代』(宗教史学論叢 12)、281-326。

—— 2008a:「メソポタミアの「慰霊」と「治療」―死霊による災厄と「死の人称性」」『死生学年報 2008』、155-185。

—— 2008b:「『ヨブ記』―永遠の問いと答え」太田良子／原島正編『私が出会った一冊の本』新曜社、73-87。

—— 2009a:「総合学としての死生学の可能性」『死生学年報 2009』、5-32。

—— 2009b:「「メソポタミア宗教史」への展望」市川裕／松村一男／渡辺和子編『宗教史とは何か』下巻 (宗教史学論叢 14)、83-122。

—— 2010:「『ギルガメシュ叙事詩』は「知恵文学」か―『死生の秘密』への旅路」『死生学年報 2010』、65-104。

—— 2011:「ギルガメシュの異界への旅と帰還―「英雄」と「死」」『死生学年報 2011』、135-164。

—— 2012a:「洪水神話の文脈―『ギルガメシュ叙事詩』を中心に」『宗教研究』373, 257-282。

—— 2012b:「ポニョの海の中と外―「初源神話」の創出」国際宗教研究所編『現代宗教 2012』秋山書店、29-48。

—— 2014:「『ギルガメシュ叙事詩』における夢とその周辺―予知・夢解き・冥界幻視・無意識」河東仁編『夢と幻視の宗教史』下巻(宗教史学論叢 18)、59-106。

—— 2016:「『ギルガメシュ叙事詩』の新文書―フンババの森と人間」『死生学年報 2016』、167-180。

—— 2017a:「ヨブの苦難と変容―『ヨブ記』の死生観と編者の意図」『死生学年報 2017』、279-292。

—— 2017b:「メソポタミアにおける「祈祷呪術」と誓約」江川純一/久保田浩編『「呪術」の呪縛』下巻(宗教史学論叢 20)、83-124。

—— 2018a:「病気治しと死霊の供養―メソポタミアのアーシプの儀礼を中心に」『死生学年報 2018』、223-240。

—— 2018b:「メソポタミアのシャーマニズム論序説―『ギルガメシュ叙事詩』を手がかりに」杉木恒彦/髙井啓介編『霊と交流する人びと―媒介者の宗教史』下巻(宗教史学論叢 22)、33-82。

—— 2019:「メソポタミアの「冥福」観―伝統的な呪いの言葉と『ギルガメシュ叙事詩』から」『死生学年報 2019』、175-192。

Al-Rawi, Farouk N. H. and George, Andrew R. 2014: "Back to the Cedar Forest: The Beginning and End of Tablet V of the Standard Babylonian Epic of Gilgameš, *Journal of Cuneiform Studies* 66, 69–90.

Ebeling, Erich 1919: *Keilschrifttexte aus Assur religiösen Inhalts* (= *KAR*), Berlin.

Geller, M. J. 2018: "The Exorcist's Manual (*KAR* 44)," in: Ulrike Steinert (ed.), *Assyrian and Babylonian Scholarly Text Catalogues: Medicine, Magic and Divination*, Boston/Berlin, 292–312.

George, Andrew 2003: *The Babylonian Gilgamesh Epic* I–II, Oxford.

Heidel, Alexander 1946: *The Gilgamesh Epic and Old Testament Parallels*, Chicago (Second edition 1949).

Oppenheim, A. Leo 1977: *Ancient Mesopotamia: Portrait of a Dead Civilization*, Revised version completed by Erica Reiner (Original edition: 1964).

本論は、筆者が最終講義を兼ねて行った死生学研究所 2019 年度公開講座第 10 回「古代の死生学から未来へ―『ギルガメシュ叙事詩』の読解を通して」(2020 年 2 月 15 日)に基づきながら、加筆改訂を施したものである。

Re-reading *The Epic of Gilgamesh*:
Perspectives from Ancient Views of Life and Death into the Future

by Kazuko WATANABE

The ‘Standard Version’ of *The Epic of Gilgamesh*, which is conjectured to have been established in the 11 century BC in Ancient Mesopotamia, originally consisted of eleven tablets, not twelve. It was well known in Mesopotamia that when a story was written on a set of tablets, the end of each tablet would have had a ‘catch-line’ identical to the first line of the next tablet. We can find these ‘catch-lines’ on each tablet of this epic showing us which tablet should follow.

It is easy to interpret the epic as the unsuccessful journey of Gilgamesh, as M. Eliade did in his book: *Histoire des croyances et des idées religieuses* 1, 1976, 92. However, the ‘Standard Version’ of the epic was, in the present author’s view, a unique literary piece in which the editor seems to have concealed a number of devices, tricks, and riddles. The first step in solving the riddles seems to be to recognize the six lines at the end of the 11th tablet as ‘catch-lines’, which become a clue to decoding the message indicating that one should back to the same wording on the 1st tablet, in the preface written by the editor. This means that one must read the story repeatedly, always going back to the beginning, in order to identify and solve the riddles step by step in a continual reading of the whole work.

The epic was probably a special piece that functioned primarily as a text book for the long-term training of the *āšipu*, the Mesopotamian shaman, and his professional circle of colleagues and candidates for āšipu, such as scribes, diviners, and physicians. Secondly, the epic which has been beloved by many as a popular work until our time, would have been helpful in the individuation process of human beings, as Rivkah Schärf Kluger has argued: “In the hero myth in particular, there is one character, the hero, who is the actor in a continuous sequence of events. The hero can, therefore, be considered as the anticipation of a development of ego-consciousness, and what he goes through in the myth as an indication of the process of moving toward the wholeness which is implicit and innate in the psyche; in the individual, the individuation process" (R. S. Kluger, *The Archetypal Significance of Gilgamesh: A Modern Ancient Hero*, 1991, 17).

〈論文〉

現代世界における「宗教」のヴィジョン
――死生学とのかかわりのなかで――

鶴岡 賀雄

1. 死生学の来し方行く末

先立つ世紀の末に、東洋英和女学院大学などで「死生学」という言葉が生まれてからすでに20年以上がたった。当初は耳慣れなかったこの言葉も、今ではよく聞かれるようになった。死生学とは何なのか、何であるべきなのかは、まだ手探りが続いているかもしれない。それでも、「死ぬ」ことと、それに不可分なものとして捉えられた「生きる」ことについて、現代的状況の中で考える視野の広い学問を日本社会が求めていたからこそ、この言葉が受け入れられたのだろう。その求めに応じて、死生学はつねに新たな課題に取り組み、そのあり方を変えていってもよいのでもあろう[1)]。

死生学がなんであるかは予め決まったものではないとしても、それが宗教と深く関わることはたしかである。それは、かつては宗教がもっぱら考え、扱ってきた「死」、また「死後」の問題について、ときに「死後の生」についてさえ、考えようとしている[2)]。だとすれば死生学は、「宗教」がなしてきたことの、そのある面を受け継ぐ、引き継ぐものでもあるだろう。これが筆者の理解である。だとすれば、死生学の未来を考えることは、宗教の現状と未来を考えることと不可分である。では、宗教の現状と未来は、どうなっているか。以下では、日本で死生学が生まれるに際して、その土壌の一部ともなった「宗教学」を学び、教えてきた者として、これからの死生学、死生学の未来に思いを馳せるためにも、死生学との関わりのなかで、どんな「宗教の未来」が予想され、期待されるのか、私見を述べてみたい。[3)]

2. 現代の「宗教」状況下での死生学と宗教学

「宗教の未来」を問うといった問いの立て方には、しかしすでにある「宗教」観が、そして「未来」という時間にかかわる「宗教史」理解が前提されている。それについてまず一言しておく。

通常の「宗教」理解に漠然とではあるが伴っているのは、宗教はなんらか「この世」の「外」を語り、考えさせるものだ、との見方だろう。典型的には「死後の世界」、あるいは「神々の世界」である。抽象的・哲学的な言葉で言えば、「超越」――「内在」の対義語としての――とかかわる営みである[4)]。しかし、人類の歴史は概して、そうした思考を排除する方向で一貫して進んで来た、とするのが大方の見方でもある[5)]。前世紀の末に「宗教の再帰」が言われたこともあるが、そうした動向が世界の、また日本の趨勢になることは考えにくい。おもに政治思想の観点からだが、現代フランスの政治哲学者マルセル・ゴーシェは、マックス・ウェーバーの「脱魔術化」論を継いで、「この世の外」のエージェントを徐々に排除する方向で人類の政治思想は展開してきたとする展望に立つ大著を書いてフランスではよく読まれた[6)]。つまり、「政治」という「この世の」社会構築の原理に、「超越」を想定する世界観に依拠する「宗教」的なものを組み込むことは困難になってきている、そしてここから政教分離が必須となる、という次第である。

こうした見方に沿うとすれば、宗教(「教団レベルの宗教」)の未来としていくつかの方向が示唆されるだろう。ひとつは、政治を代表とする「公的」場面から撤退して、「私的」信念としての信仰のなかで、「超越」世界を語り続ける、という方向がある。この方向に拠ってを標準として「宗教」のあり方を捉えたものがいわゆる「近代的宗教概念」であろうが、しかし昨今ではその狭さが批判されてもいる。いま一つは、宗教自体も「超越世界」を前面に出すのをやめて、「この世の内」(内在世界)での活動に重点を移す、あるいはそこに存在意義を置く、という方向がある。「社会貢献」するものとしての「宗教」理解がここから生まれる。両者は排他的関係にはないので、この両方を受け入れている、というのが現在の世俗化した諸国における宗教の大よその方向だろう。しかし、後者の方向が進むと、宗教の宗教たる所以が見失われる、という懸念がつねに生ずる。超越世界(たとえば「死後世界」)を語らないで宗教は何をするのか。それは、利他主義を説く社会倫理や慈善事業の団体とどう区別できるか[7)]。

そうした状況下で、死生学は、前述のように、「教団レベルの宗教」がしてきたことを世俗化社会のなかで引き継ぐものとして生まれ、要請されてきたとの面は拭えない。が、そうであれば、死生学にとっても、「私的」領域で（信者・非信者を問わず）求められている、あるいは一部の専門家・聖職者が思索し語り続けている「超越」をどう引き継ぎ、扱うか、つまり、自身が特定の教団・教会の奉ずる宗教的世界観に拠ることなしに、世俗化以後の内在世界に定位しつつ、そうした「超越」的世界観の要求をどう意義づけ処遇するかが問われることとなるだろう[8)]。かくて、（教団レベルの）宗教と死生学とは、別の方向からであれ、共通の問いを抱え、直面することになる。「超越」を公然と・公的に語る回路を制度設計上排除している現代社会のなかで、「超越」の語りにどんな場を与えうるか、である。そしてそこからさらに、（人間レベルの）宗教の本質的要件を、上述のように「超越」を語ることと捉え続けるかどうか、むしろ「超越／内在」という区分のあり方自体の再構成が求められているのではないか、といった問いが生まれていくように思う。

3. 20世紀的「宗教」論を継いで——私説「宗教とは何か」

そこで、現代世界における「宗教」、あるいは「超越」を語る世界理解がどのような意味で、どのようなかたちで、どのような場所で、可能かについて、いささか珍説に属するだろう私感を開陳してみたい。それは、「穴(hole)」というイメージをめぐる。あくまで多義的で曖昧な「イメージ」であって、定義可能な「概念」以前の、思考の起動点たることを意図している。

そのために本節では、そうしたイメージが求められてくる前提として、20世紀後半の宗教学シーンにおける、私自身に親しい二つの宗教理解を見ておきたい。それらに根本的には共感しつつ、しかし21世紀の状況下では、これらの理論はそのままでは通用しにくくなっていると思われるからであり、それらを踏まえて「穴」イメージが要請されてくるからである。

まず、20世紀中葉に全盛を見たミルチャ・エリアーデ（1907-1986）の宗教論を一瞥したい。エリアーデ宗教理論の第一の鍵語は「ヒエロファニー」としてよかろう。「聖なるもの（ヒエロン）」が「（自ら）現れる（ファイノマイ）」という意味である。古今東西の宗教史のなかに、ヒエロファニーのさまざまな形態ないしパターン——「アーキタイプ」——を見出し、それらの基本的構造やヴァリエーションを記述していくのがエリアーデ宗教学の基本的方法である。こうしたヒエロファニー概念が、「未開」宗教から「高等」宗教まで、同一の説明原理によって、時代と地域の文脈を越えて、同じ地平に並べて「人間レベルの宗教」を論ずるという近代宗教学の叙述スタイルを可能にしている。

「聖なるもの」の内実については、ルドルフ・オットーの説く「ヌーメン」的性格、絶対他者性を引き継ぐが、エリアーデはこれを、「俗なるもの」との本質的関わりの中でとらえる。ただし、社会形成の原理として聖と俗の構造的共軛関係をとらえようとするデュルケムとは違って、「聖なるものが俗なるものにおいて自ら現れる」という、聖の「現象」の場面に一貫して注目する。つまり、「「絶対に他なる」何か、この世に属さないある実在（リアリティ）が、われわれの「自然」界、「俗なる」世界に組み込まれている諸事物において顕現するということ」[9] であるヒエロファニーは、聖なるもの自体の顕現ではない。ヒエロファニーによって俗なる石が石でなくなるわけではない。エリアーデはこの関係を、「反対の一致」、「聖と俗の弁証法」などとも呼んで、ダイナミックに捉えようとしている。

> 聖なる石も依然として一個の石である。見かけ上は（正確言えば、俗なる観点からは）それを他のすべての石から区別するものは何もない。しかし石が聖なるものとして啓示される人々にとっては、眼前の石の現実（リアリティ）が超自然的な現実（リアリティ）に変質するのである。言いかえれば、宗教的経験をもつ人間にとっては、全自然は宇宙的神聖性を啓示するものたりうる。宇宙（コスモス）はその全体がヒエロファニーとなりうるのである。[10]

（俗なる）「この世」における（聖なる）「超越」の顕現をヒエロファニーとよび、それを「宗教」の中核に据えるエリアーデ宗教学は、あるいはエリアーデ流の宗教学は、しかし 20 世紀の末葉に激しい批判に晒されて凋落した。批判の所以はいくつもあるが、エリアーデの語ってみせるヒエロファニーが、アカデミックな学問世界に、「超越」の次元――さらには「超越者」としての神――を語る神学的言説を暗黙裡に導入してしまうことへの反発が大きかったのだと思われる。批判者たちは、アカデミックな学問は「世俗的」でなければならず、「超越」を想定せずに、「超越」を語る言葉や営みを、政治や社会や権力や人間心理といった「内在」の地平での実在に基づいて――そこに還元して――説明することがその責務と考えるのである。是非はともかく、世界の知的動向がはっきりそうした方向を強めたことは見定めておきたい。その背景には、「超越」を語ることへの反撥・忌避というより、そのリアリティ自体が薄らいだという事情があるのではないか。

このエリアーデ宗教学を参照し評価しつつ、宗教学者というよりは宗教哲学者である上田閑照 (1926-2019) は、とくに禅仏教を背景とする哲学的宗教論を提出している。ハイデッガーを受けての造語「二重世界内存在」という彼の人間理解からそれは出発している。上田も、人間は本来的に宗教的――「ホモ・レリギオースス」――だとする人間観に立つ。それは、そもそも人間が「直立する（エレクトゥス）」動物だという、「人間学」的事態（「人間存在の原態」）から語り起こされる[11]。直立するに伴って、ヒトには、その視線の果てに「地平（線）」が開かれる。そしてその「地平」は、視界の果ての「此方」として、「世界」を現出させる。その世界の「内」に――さらに「中心」に――人は住まうが、その世界は、地平という「果て」によって限られている、つまり有限である。しかし「世界」の真相はそれに留まらない。「果て」には、それ自体としては見えない「彼方」が必ず伴っているからである。上田自身による説明を長く引いておく。

> 地平には地平の彼方、見えない彼方があります。彼方のない地平はありません。私の位置によって地平は移動しても、かならず地平の彼方があります。地平は見えない彼方と重なってのみ、地平として現れます。それと同じように「世界」が開かれるとき、「世界」だけが開かれるのではなく、「世界」を超え包む限りない開けが開かれています。その見えない限りない開けに於いて、そのこちら側が「世界」なのです。「世界」は包括的意味空間、意味の総枠として包括的ではあっても本質的に限られています。すなわち、「世界」は有限です。ということは、「世界」には外がある。それも限りなく開かれている外があるということです。そして、その限りない開けは単に「世界」の外ではなく、「世界」を丸ごと超え包んでいます〔中略〕。逆に言えば、「世界」は、「限りない」開けに於いてある「限られた」開けとして私たちに開かれていることになります。「世界」とはすなわち、「世界」と「見えない限りない開け」(イメージ的に虚空と言うことにします)、「虚空／世界」です。「世界」は

このようにして二重になっています。二重といっても、見えない仕方で（「限りない開け」は見えないから）二重になっています。意味の総枠としての世界には限りない余白があり、意味の織物としての世界には底無き行間があります。これは世界に「深さの次元」を与えています。[12)]

本来このような、「二重世界内存在」である「人間」を、上田はさらに、「直立して〈我〉と言う」存在だ、ととらえる。そこから狭義の「宗教」論が提出される。二重世界の中で人間が「〈我〉と言う」という仕方で、いわば主体として立つとき、自分がある意味で世界の中心となる。その主体性の発揮が、有限世界の「彼方」への感性を欠いて、この（一重の）世界の内で完結した仕方でなされるとき、さまざまな「歪み」を発生させずにはいない、と上田は見る。狭義の宗教とは、この「世界」が「限りない開け」――そこは「この世」の彼方だから、「死ぬことによってのみ行ける・逝けるところ」とも言われる――に包まれて二重になっていることを感じつつ、そこに何らか通じて生きることを教え、実践することであり、それによって、「歪み」が正されていくのだとされる。

前述のとおり私は上田の宗教論をいたく共感的に読むのだが、しかし、上田の言うような仕方で「世界の地平」を考え、あるいは感じることが、現代ではいささか難しくなっているのではないか、というのが実感でもある。端的にいえば、現代世界において「地平」は――「世界」をそれとして区切り、限界づけて、そのこと自体によってその「彼方」に「限りない開け」（つまりは「無限」）を（否定的に・逆説的にであれ）感知させるような「この世の果て」は――、（どこに）あるのか。どのようにそうしたものを「イメージ」できようか[13)]。

かつて、折口信夫は志摩半島大王崎の突端に立って遥かな水平線――目に見える「地平」だろう――を眺めたとき、この海原の彼方に自らの、そして古代日本人「魂のふるさと」がある、という古代的直観が、間歇遺伝（アタヴィズム）のように鮮烈に蘇った、と記している[14)]。天才的詩人学者の虚構であるにもせよ、そのようなリアリティを伴った虚構が現代は可能だろうか。地平、世界の「果て」といったイメージ自体が、失効してはいないにせよ、容易に語りえないものとなっていはしまいか。世界が、膨大な、しかしあくまで数量的に数えうる情報・データの重層的集積のように感じられている状況下では、情報ネットワークにはどんな「果て」もなく、果てしなく連なって増殖していきつつも、その情報網と質的に切断された「外部」を許容しない、許容できない、許容する能力を欠く。一つの全体(ヘン・カイ・パン)としての「世界」は、もう「存在しない」かのようである[15)]。

そこで、世界の「果て」(「彼方」)ではなく、果ての見えない世界の「中に」開く、むしろ「空く」、「穴」が、現代の(あえて言えば)ヒエロファニーの場所のイメージではないか、というのが私の実感である。通俗的現代宇宙論を参照するなら、「宇宙の果て」から「ブラックホール」へと、「事象の地平線」の場所が転じているのではないか、ということになる。

4.「穴(アナ)空(ア)きズム」宣言

(1)〈穴〉の現象学

では、「穴」とは、何だろうか[16)]。もちろん、現代社会において、なんらか「超越」を語るための拠点イメージとしての「穴」である[17)]。したがって、抽象的なものとならざるをえないが、定義めいた言い方をすれば、それは、「この世」――この世界、この社会、「わたしたち」の側――の「中」にありながら、この世には属さない何か――別世界、異界、他界、超越、・・・――に向けて開いている・空いている(ように感じられる)場所、と捉えておきたい。実在するそうした場所としては、いわゆる「聖地」がそれに当たるだろう[18)]。その最も希釈されたものが「パワースポット」だろうか。しかし〈穴〉は、具体的・実体的な場所だけを言うわけではない。それを語り、想うとき、「穴」というイメージが相応しく思えるもの・出来事を、〈穴〉と言いたいのである。だから、最も切実な〈穴〉(の一つ)は、死――近しい人の、また自分自身の――だろう。上田閑照が引いていた小学生の「句」に感じられるように、「死」、(死ぬこと自体というより)「死の想い」は、誰にでも身近な、深刻な穴であるに違いない。だとすれば死生学は、〈穴〉をめぐる学問のひとつとなろう。先走って結論めいたことを言っておくと、この〈穴〉が、「超越」への通路(孔)なのか、そうなっているのか、そうなりうるのか、が、とくに「宗教」との関りにおいて「死」が問われるときの課題となるだろう。以下、そうした〈穴〉について、いくつかの本質的な性格を指摘していきたい。

【穴の場所】まず、〈穴〉どこにあるのか？ 〈穴〉は、上に述べたように抽象的なイメージだから、実際の聖地のような場所だけがそれではない。可能性としては、「どこでにでも (ubique)」空く。ただしそれは客観的（物質的）なものではないのだから、そこに〈穴〉が空いている（と感じる）かどうかは、「人に拠る」。機縁次第である。

先に一瞥したエリアーデの宗教論では、ヒエロファニーが生ずる場所は随所にあった。聖地はもとより、天空、日月星辰、また大地、海原、遙かな水平線、聳える山塊、飛瀑、巨木、尖塔、・・・。可視可触の自然物・人工物ばかりでなく、人の為す行為、儀式、身体動作等もまたそうだった。壮大な、崇高な、あるいは特別なものばかりではなく、日常の些事も、ふとした出来事でもヒエロファニーたりえた。彼の小説にはそのような場面が頻出する。芸術作品がそうなりうることは、彼の宗教芸術論の軸である[19]。

しかし、何であれそれ自体としては「俗」な事物・出来事がヒエロファニーの場となるかどうかは、いわば当該宗教への信仰如何による。つまりなにかが〈穴〉になるかどうかは、本質的に「その人次第」である。歩みゆく途次にふと目を奪う生垣の薔薇、路傍の石、といった変哲の無いものごとも、機縁を得ればそこに深い〈穴〉が空いているのが見えるかもしれない[20]。〈穴〉とは、公共的な宗教が自明でなくなった状況下での「私的ヒエロファニー」のイメージと言ってもよい。

【穴の向き・深さ】ちなみに〈穴〉イメージには方向性が伴うだろう。洞窟であれば、水平方向に口を開いている。井戸のような深い竪穴は下方に空くが、天が開けて垂直の上方に空く〈穴〉もイメージできるだろう。雲が開けて、天から光が降りてくる。もっと壮麗なヴィジョンを見る神秘家もいるかもしれない。あるいは、突然足下に深淵が口を開ける。あるいは、自分の「内部」に「ぽっかりと穴が空く」。前方に巨大な穴が口を開き、後方に空いた大穴に吸い込まれそうになる。哲学的な思索者なら、これは「世界の果て」に近いかもしれないが、世界成立のいわば根源に、もはや説明の付きがたい〈穴〉のイメージを感知することもあるかもしれない。

【穴の複数性】こうして〈穴〉は、ヒエロファニー同様、多様である。たくさんの種類の〈穴〉があり、世界にはたくさんの〈穴〉が空く、空いている。世界は多孔的 (porous) である。つまり〈穴〉は本質的に複数ある。

【穴の限定性】また、穴には、大きなものも小さなものもあるが、穴が穴として捉えられるためには、縁（へり）によって「囲まれ」、区切られていなければならない。これが、「穴」イメージが「果て」、「地平」イメージと異なる大きな点である。地平は、前方に拡がって——あるいは自分を360度取り囲んで——それを区切るものは自身の視界の限界しかないだろう。その「彼方」は「限りない開け」であって、その「彼方」「開け」は、地平の「こちら側・此方」であるこの世・この世界よりも広く大きい、と感じられる。一方、穴は定義上、周囲を持つ。〈穴〉は、この世の「中」にある何かとして、この世より狭い——ように見える。

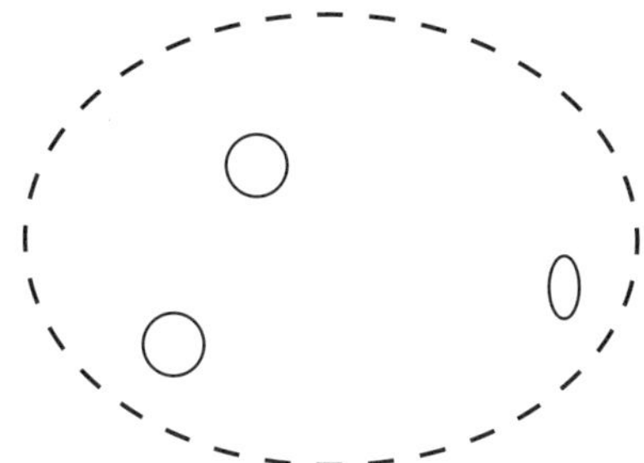

図1.「世界の中」の〈穴〉のイメージ[21)]

【穴が空くとき】〈穴〉は空間的にだけでなく時間的にも限定されている。つまり、〈穴〉イメージには、「突然」、いわば想定外のところで出会われるもの、空いているのに気づくもの、という含意が伴う。この点で、なんらかの意図に導かれた歩みの先に出会われるかもしれない（世界の）「果て」、「地平」よりも、〈穴〉はある意味で身近でありつつ、またある種の異様さ、不気味さをもつだろう。

【不透明な穴】では、こうした穴は、〈穴〉はどこかに通じているのだろうか。穴は孔であるのか？　これは定かでない。そしてこの点に〈穴〉の性格を分かつクリティカルポイントがある。〈穴〉が「別のどこか」に通じて、通（とお）って・通（かよ）っているのか、それとも、行き止まりの、「出口なし（＝逃げ場無し）」の閉じ込めの場所であるのか。当面、それがわからないところに〈穴〉イメージの不気味さがある。地平の彼方が見えないように、穴の奥も見えない、見通せない。穴には「見通せないもの」の魅力と恐怖が同居している。それは、ルドルフ・オットーが「聖なるもの」の原核とする、畏怖と魅惑の相反感情が共存するヌミノーゼ感覚を喚起するだろう。

〈穴〉は、かくして、本質的に不透明性をもつ。その「奥」が、さらに「向こう」が見通せない。「底」があるのか、「深淵」なのか「底無し」、「果て無し（無限）」なのか。さらに、「向こう」に通じていたとして、その「向こう」「彼方」は、どうなっているのか。

【ネガティブな穴】〈穴〉に出口が無いとき、それは閉塞感そのものの場となるだろう。「この世」のうちに有るようでありながら、もはや「この世」の活動になんら参与していない、参与しえない、その意味で無きに等しい負の場所である。そんな〈穴〉に落ち・陥ち・墜ちこんでしまった人は不幸である。アーレントの言う「忘却の穴」はその極致とも見える。それは、人がそこにいわば廃棄されて、この世への参与が不可能になった（された）人の状況を言う。いわゆる「引き籠り」の人は、引き籠っている自室を「穴倉」のように感じているのだろうか。この世への、この世での絶望者が落ち込む〈穴〉は、自閉してどこにも通じていないのだろう。しかも、もうそこから出てこれない。「地獄」とはそうした閉塞の場所である[22)]。

【穴に籠もる】しかし、この「引き籠る」穴は、ネガティブな含意のみをもつものではない。齷齪したこの世の生活から（一時）撤退して、自分だけの「穴に籠る」こと、そこをいわば「巣穴」として、そこに自らの最も内密で親密な世界を独りで紡いでいくことは、たとえば偉大な芸術家や学者の営為たりうる[23)]。さらには、この世からの撤退は、「宗教」がもつ重要な側面でもある。聖職者や信者がときに、あるいは頻繁に、「引き籠る（リトリート）」ことは、多くの宗教によって推奨されている。隠遁生活は、かつて宗教的生き方のひとつの理想だった。これを「現世拒否」等と見てしまうのは、世俗化した近代人の宿痾なのだろう。

では、人が「落ち込む」ネガティブな〈穴〉と、宗教者が「籠る」（ポジティブな？）〈穴〉とは何が違うのか。「この世」の側から見たとき、その違いは明らかでないかもしれない。共に、この世の活動性——生産性（！）——からは見えなくなり、寄与するところがない。しかし〈穴〉の性格から見るならば、その〈穴〉が「どこか（向こう）」に「通じている」かどうか、つまり、この世の平面に不本意にできてしまった凹み・窪地なのか、それとも「この世の向こう」に通う開口部なのかは、決定的に違う。

【穴のスピリチュアリティ】穴が、閉じたものか、通じたものかの違いを示唆するひとつのイメージを追加しておきたい。穴が孔であれば、つまり通って・亨っていれば、そこに空気が流れて、ほのかな風が吹いてくるだろう。どこにも通じていない洞穴の空気は淀んでおり、いずれ人を窒息させる。ひとは、空気・気の流れ、気流、スピリット（原義は、風ないし息）なしには生きていけない。向こうに向けて開けている〈穴〉からは、「気」が流れ、「風」が吹いてくる。そこでは「風・息・気・スピリット」の感覚と思考が呼び覚まされる。これが、スピリチュアリティ——Spiritが漂うこと——ということではないか。

が、〈穴〉から来るものは、風、気配といった、なんらか予感に類するものにとどまる。たしかに、何かが風を起こしているその「何か」、どこからか風が来るその「どこか」は見定められない。〈穴〉から来るものは、もしそれが「異界」に通じているのなら、予想を絶した恐ろしいものかもしれないし、なにか素晴らしいものかもしれない。その、未だ定まらない可能性が、上述のように、〈穴〉の本質に属している。〈穴〉がつねに、閉塞と貫通、あるいは恐怖と歓喜を潜在的に孕んだ、純粋な可能性の開けだからだろう。つまり穴とは、そこに「あるだろうと思い込んでいるものが無い」空間であって、それ自体としては「無」、だからだろう。であれば穴は、この世の中で何らか具体的に出会われ、あるいは気づかれる、「無」のイメージなのである。

【穴の無】たしかに、穴とは、そこに「何も無い」ことによって穴である。「穴の否定神学」と呼んでみたい性格が、穴には伴っている。つまり、穴自体ではない穴の縁（へり）が、穴を穴たらしめている[24)]。穴の縁は、なお可触的な「もの」——岩壁に空く洞穴なら、岩——として有るが、穴は、そこに岩が「無い」こと自体である。だから、この世に空く〈穴〉の縁は、そこまではなお「この世」に属している。目に見え、触れられる。しかし〈穴自体〉は、触れ得ず、見えず、無い。〈穴〉とは、この世の秩序の連続性、延長がそこで絶たれている場所、あるいは「非・場所」としての無である。生の連続性が断たれた「先」の「何も無い」死後もそれに当たる。ただし、その「無さ」は、周囲に「有る」岩の存在（「有」）によって囲まれ、限られている。だから、その「無の場所」は、世界の「果て」の彼方に想われる「限りない開け」のような果てしない広さ（の感覚）を（さしあたり）持たない。

それだけに却って、「世界の外」の可能性をこの世の中で感知させる具体性を帯びるイメージたりうる。

〈穴〉のもつこうした（さまざまな）両義性ないし両価性――「無い」ことによって「有る」――ゆえに、「〈穴〉そのもの」は、つねに、「この世」の側のことを考え、言うべく作られている概念・言葉による把握、またそれによる「実体化」を逃れでていく。そうしたものを〈穴〉と呼びたいのである[25)]。

（2）〈穴〉との関わり方

こうした〈穴〉と、ひとはどのように関わってきただろうか。梅原賢一郎氏が言うように、宗教とは「穴開けの技法」だとしたら、宗教こそは、すぐれて〈穴〉との関わりの場だということになる。この世を超えた世界との関わりである以上、宗教が〈穴〉に関わる営みであることはたしかだろう。しかし宗教は、〈穴〉を開けるばかりではない。むしろ〈穴〉は、自ずと空く、あるいは空いているのだと思う。それぞれに練り上げられた儀礼や行為、突き詰められた思索や言説によって世界に〈穴〉を開ける、あるいは空いている〈穴〉を〈穴〉として示すとともに、その〈穴〉をいわば管理することが、世の実定的制度としての宗教（教団としての宗教）の任務であり存在意義の一つだろう。そうして、この世の外から来るもの――それを根本的に善いものと、宗教は受け取る――を、この世の中に導き入れ、またこの世の中のものを外へと通わせ、「外の世界」のリアリティをこの世の内に息吹かせ、吹き渡らせて、遂には、この世自体が、もっと広い、世界の外の中にあるかのように感じさせていく。そのように感じつつ、この世の中に生きることを人に可能にする、そうした仕組みが宗教だ、と私は考えたい[26)]。

しかしここにも、〈穴〉の両義性・両価性が作動する。いったい、この世の「外」との交通の管理は、そもそも可能だろうか、との問いが生まれざるをえないからである。〈穴〉は、実体的に有る、あるいはどこかに固定的に「空いている」というものであるより、その都度、その人の機縁に応じて空き、また閉じるものだろうからである。

そもそも〈穴〉は、この世の連続性に「穴を空ける」ものである。その意味で、この世の秩序の側からすれば、社会の安定性を揺るがしかねない、「落ちると危ない」、「入ると危険」なものだ。ひとはこれに適切に関わらなければならない。それでひとは、〈穴〉の周りにたとえば「結界」の縄を張る。それによって、そこに〈穴〉があることを示す。それはしかし、この世側の道具立てによる。だからそれは、そこに〈穴〉があることを示すと同時に、（接近を拒んで）隠すことにもなりうる。いま一つイメージを用いれば、それは穴に「蓋」をすることに似るかもしれない。穴の蓋は、よい蓋であるためには、穴と同じ、あるいはよく似た形をしていなければならない。こうして、この世の素材で出来ている何か――「有」――である蓋が穴――「無」――の代わりのようになる。そうした蓋で塞がれて、穴は、〈穴〉は安全になる。世の宗教もそのような類比で捉えられる面があろう。〈穴〉の周りに張り巡らされる結界、〈穴〉を示し飾る荘厳が、〈穴〉そのものの代替ように見えてくるのである。「無」であるはずの〈穴〉が、壮麗な「有」として顕示され、〈穴〉は示されることで隠される。〈穴〉を〈穴〉保つことの困難さがここにある。

先に述べたように、（教団レベルの）宗教とは、元来、〈穴〉の番人たらんとするものだろう。〈穴〉を〈穴〉として保ち、超越への通路をこの世の中に護り、広める制度である。しかし、それが制度であるからには、そして制度とは、定義上この世の素材でできているのだから、この世の秩序に属し、従う他はない。「宗教法人」といった、この世の法秩序による制度化はその典型的な姿だろう。そのとき、宗教は、〈穴〉の蓋となってはいまいか。その蓋は開くのか。そこに護られているはずの〈穴〉は、「向こう」に通じて・通っているか？　そこに〈風・スピリット〉は息吹いているか？　宗教がこのようなものと見られたときには、その豪奢な蓋をこじ開けて――「偶像崇拝」批判――、〈穴〉からの「風通し」を良くしようとする試み――宗教改革、宗教批判――がなされることにもなる。そしてそのやり方をめぐっての諍いも生じよるだろう。世の宗教史にいくつもの事例が見出されることである。

しかし、近代世界は、こうした宗教の営み自体をも、その基本制度設計から排除、あるいは周辺化し、あるいは私事化する方向を原則としている。それは、いわば〈穴〉を「埋める」方向に進んでいるとも見える。先に一言したように、世界の「脱呪術化」、より広く「啓蒙」とは、世界に空く〈穴〉、そこから開けているかも知れない外部、そこから到来するかもしれない何かを、この世の秩序の中で了解可能、ひいては管理可能なものにする試みである。たしかに、世界に、この世にたくさん〈穴〉が空いていては、危ないし安心して歩き回れない。〈穴〉は管理され、蓋で覆われねばならない。危険回避は近代社会の要請である[27]。こうして、危険な〈穴〉は、この世の素材を詰められ、穴埋めされる。世界はますます安全になり、完全無欠（無穴）な世界に近づいて行く、といった広義の進歩史観が漠然と、しかし深い不信感を内包しつつ、流通する。そうして〈穴〉が「危なく」なくなれば、あるいは「私的」領域に限定されて公的な場から撤退させられると、結局〈穴〉は「無い」かのごとくになる。「穴自体」が「無」であることが、この方向を可能にしている。しかしそれは、どこにも起伏の無い平板な世界、開口部のない、閉じた、閉塞世界に近づく、ということかもしれない。しかしそれでも、〈穴〉は、いたるところに空く、空いている。〈穴〉はつねに見失われ、思わぬ所に出現するものだろう。〈穴〉場としての宗教が、社会のなかで私事化あるいは特殊化することによって、〈穴〉の管理がむしろ難しくなっているのが現代世界かもしれない。しかし繰り返せば、制度的宗教だけが〈穴〉の場所なのではなかった。

そのような方向に進んで来た近代社会のなかで、宗教の一つの後継として死生学が求められているのではないか、というのが、冒頭で述べた所感だった。とすれば、現代死生学の課題の一つは、宗教を公共領域から撤退させてきた近代世界のなかで、宗教の元来の位置であり意義だった――というのが本稿の私の所説なのだが――「この世の外部」（超越）への開け、開口部としてこの世の中に空く〈穴〉を示し保つという役割を、宗教に「取って代わって」というのではなく、宗教とはいわば違ったスタイルで、別の角度から、別の仕方で、また別の場所で、（教団レベルでの）宗教と協働しつつ、引き継ぎあるいは補うものとなる、というところにあるのではなかろうか。そしてこの、「違ったスタイル」、「別の角度・場所・仕方」をどう見出し、実現するかという、容易ならざる探索は、結局のところ、状況認識のたえざる更新と、試行錯誤を重ねることによる他にないのだろうが、その際には、上記のような宗教観をもつ宗教学者としては、「人間レベルの宗教」のあり方を捉えるべく宗教者、学者たちが重ねてきた成果をつねに参照することが不可欠だと考える。

注

1) 東洋英和女学院大学における死生学の創設者といえる渡辺和子氏は、死生学の誕生後10年ほどの段階で、死生学の性格をこのように書いている。「学問分野が細分化されすぎた後で、またそのために必要になった死生学は、その内側で無数の異分野の出会いと衝突、そしてパラダイム・シフトを生じさせることになる。そしてそれを通じて自らを醸成させてゆくことが期待される。」(「総合学としての死生学の可能性」『死生学年報2009』19頁)。

2) 東洋英和女学院大学死生学研究所が刊行している『死生学年報』は、各号の「テーマ」を見ると、「死後の生」が扱われることが多いようである。「生者と死者の交流」、「生と死とその後」、「死後世界と死生観」、「死から生への眼差し」といったテーマが掲げられていて、なんらかの意味で「死後」を視野に入れた「死」、また「生」のありかたを主題化しようとしているように見える。筆者もそのテーマで書かせていただいたことがある（拙稿「死後の生—死生学における〈宗教の領分〉」『死生学年報2011』、229-242頁)。

3) 「宗教学」は、「宗教とは何か」を考えようとする学問と言えるが、その際に、一般的通念による宗教理解とはいささか異なる視点に立つ。一般的には、宗教とは、まずは「○○教」といった教団、教会という社会的実体・制度を指すだろうが、宗教学は宗教の範囲をもっと広くとる。宗教学者は「ネアンデルタール人の宗教」まで想定しようとする。つまり、人間が人間である限りでなんらか行うこと、抱く思念のレベルに、「宗教」を定位しようとするのである。「ネアンデルタール人からパワースポットまで」、宗教学は対象とする。いわゆる宗教（教団への自覚的所属）なしに生き・死ぬ人々はたくさんいるが、そういう人たちにも関わっているはずの「宗教」を、宗教学者は考えようとする。前者を「教団レベルの宗教」、後者を「人間レベルの宗教」と呼ぶならば、宗教学者が「宗教とは何か」と問うときには、根本的には後者が問われている。

4) 「超越 (transcendence)」は「内在 (immanence)」の対義語として用いられる。哲学・神学上の概念としては、新約聖書に淵源するとも言えるが、言葉としては、アウグスティヌスが新プラトン主義の語彙をラテン語に導入して以来、西欧思想の基本語となったという。近代では、スピノザとカントの用法が基礎的となっている。Cf. *Historisches Wörterbuch der Philosophie*, s.v. “Immanenz” (1976), “Transcentenz” (1998).

5) 近年、進化生物学や認知科学、情報技術の発展に対応して、人類史的スケールで宗教が論じられることが増えているが、そこでの立論は総じて自然科学の知に基づいているので、いわゆる自然主義としての内在主義に立ってあらゆる「超越」の思惟を解消せんとするものと見える。典型的には、ダニエル・C・デネット『解明される宗教――進化論的アプローチ』（阿部文彦訳、青土社、2010）を参照。

6） Marcel Gauchet, *Le désenchantement du monde: Une histoire politique de la religion*, 1985；マルセル・ゴーシェ『民主主義と宗教』（伊達聖伸・藤田尚志訳、トランスビュー、2010）でその大筋を知ることができる。

7） 自然科学的宗教理論の重要な柱は、「宗教」の存在意義を、それが利他主義的行動を可能にする心的・社会的装置として機能しているところに見るものである。註5参照。

8） 拙稿「スピリチュアル・ケアとしてのターミナル・ケア――「宗教史」からの観点」（『死生学年報2013　生と死とその後』、149-165頁）は、そうした観点から書かれている。

9） ミルチャ・エリアーデ『聖と俗－宗教的なるもの本質について』（風間敏夫訳、法政大学出版局、1969）「序言」（訳文に多少手を加えた）。

10） 同所。

11） ちなみにエリアーデも、その人類宗教史の叙述を、人間の直立による「方位付け（オリエンテーション）」の出現から始めている。ミルチャ・エリアーデ『世界宗教史』第一巻第一章第一節参照（中村恭子訳、筑摩学芸文庫、2000）。

12） 上田閑照『宗教』（岩波現代文庫版、2007）65頁。より詳しくは、『上田閑照集』第九巻、岩波書店、2002。

13）「秋深し　柿も熟した　おじいちゃん死ぬな」という小学生の「句」を解釈して、上田は「この世」の地平のあり方を示唆する。そこには純朴な、つまり純粋なかたちで、たしかに「死」が、見えざる地平として思考されており、「秋深し・・・」という言葉に、（日本の）「自然」という時空に染みとおっている「限りない開け」がなんらか感知されてもいるだろう。しかし、こうした感覚が、かつてのように現代もリアルにあるか、ということである。「神の死」後百年を経て、「自然」も瀕死であることはたしかだろう。

14） 折口信夫「妣が国へ・常世へ――異郷意識の起伏」（1920）、『古代研究（民族學篇1）』所収。

15）「現代的」感性をもつ哲学者として紹介されているマルクス・ガブリエル（1980- ）が「世界は存在しない」と挑発的に言うのは、「世界」という概念を有意味にするはずの、「世界」を区切る「地平」概念が、その「彼方」として「世界の外部」を導入してしまい、「全体」としての「世界」概念と自己矛盾を来すと考えるからのようである（『なぜ世界は存在しないのか』清水一浩訳、講談社、2018）。彼の「宗教」論（同書第五章）は、「超越と内在」という区分を脱しようとする現代の潮流に棹さすものの一つだろう。

16）「あな」の漢字としては、「穴」と「孔」が思い浮かぶ。前者は、元来「土室」の意であり（「穴熊」）、後者は向こう側まで「通って」いるあなを言うようである（「穿孔」「通気孔」）。本稿で「あな」に込めたい含意からすれば、「孔」と記したいところだが、もっとも一般的な「穴」と記すことにする。イメージとしての「穴」を言うばあいは〈穴〉とする。

17) 〈穴〉について冒険的に語る機会がしばしばあった。聞いていただいた方々が「穴」について持つイメージに、かなりの違い・バラエティがあるのに気づいた。以下は、そうした感想に啓発されつつ、専ら私自身のイメージを述べるものである。

18) 鎌田東二氏も聖地を「あな」としている。聖地とは、「……異世界・異時間へのアクセスポイントであり、「孔」なのである。」「宮沢賢治が言うような "der heilige Punkt" は、一般に「聖地」と呼ばれる。この「聖地」とは、〔中略〕空間の特異点のような場所で、あの世とこの世とが交通し、往来する孔場である。」（鎌田東二『聖地感覚』第一章、一「宮沢賢治と "Der heilige Punkt"」2008、角川ソフィア文庫版、47-48頁）鎌田氏は「アナアキズム」という語呂合わせを用いてもいる。氏の許可を得て本稿でも使わせていただく。

19) 梅原賢一郎氏は、『カミの現象学——身体から見た日本文化論』（角川選書、2004）で、まさに「穴」のイメージによって「宗教」を—とくに日本の「祭り」に見てとれるような伝統宗教—捉えようとしている。「さまざまな宗教が、どのよな〈かたち〉のものであれ、穴を開けて、外部のなにものかと交通することに留意してきた。宗教とは、極論すれば、穴開けの技法のことにほかならない」（17頁）。「穴とは〔中略〕外部のなにものかと交通する、ひとまとまりの時空が、そこにおいて生起する場のことである。人は、穴を開けることによって、外部のなにものかと交通する」（218頁）。氏は、その「穴」のありようを、とくに祭りや儀礼における人々の身体の動きに見て取る。「〔祭りや儀礼の〕特定の動作と特定の者が連動するとひとまとまりの時空ができる。〔中略〕ひとまとまりの時空がそこで生起する場、それは穴にほかならない」（59頁）。この穴のさまざまな〈かたち〉の独特で魅力的な記述が同書の本領である。

20) 梅原氏は、穴を感知するには、自分にもまた穴があく、あるいは穴になることが求められるとして、岩田慶治の言葉を引いている。「われわれのからだに数多くの、無数の穴をあけなくてはいけない。からだが森羅万象に融けこまなくてはいけない」（『アニミズムの時代』法藏館、1993、123頁）。

21) 〈穴〉は、見えない「世界の地平・果て」（破線でしめした）よりも、具体的・可触的な（実線でしめした）縁・輪郭をもって囲まれている。

22) アビラのテレジアの「地獄のヴィジョン」（『自叙伝』32章）は、暗い洞窟の壁の穴に押し込められて身動きもできないような状態だった。

23) 小野正嗣氏は、作家が作品を紡ぎ続ける営みを、穴に籠もっての「巣作り」のイメージで語っている（『ヒューマニティーズ　文学』岩波書店、2012、「第一章文学はどのように生まれたのか」)。十字架のヨハネは捕囚の暗い小部屋で神秘主義的詩人に変容した。

24) 梅原賢一郎氏は、「穴」イメージを得る以前は「際（きわ）」イメージによって日本の「カミ」の現れのかたちを捉えようとしていたと言う。「[際] と [穴] はほとんど同義語だ〔中略〕。ただ、ニュアンスが違う。際も穴も、二領域の橋渡しをする、特異な [ゾーン] を意味するが、「際」は、「〜の際」というように、ある特定の固定点から見られた [ゾーン] というようなニュアンスがくっつく。それにたいして、〔中略〕「穴」は、二領域がまったく同権利に保持されたまま、それらの媒介的な [ゾーン] をあらわしている」(前掲書、273 頁)。

25) もっと「宗教」に近しい言葉で言うなら、〈穴〉は「神秘 (mystery)」のイメージである。「神秘」という言葉の含意については、拙稿「神秘主義の系譜と可能性」(『福音と世界』2020 年 1 月号、6–11 頁) を参照。

26) 〈穴〉との親近感がましていき、世界の多孔性の感覚が深まっていくと、〈穴〉の「向こう・彼方」が、より広い世界——限りない開け——として実感されてくるかもしれない。そうなると、「世界の中」に〈穴〉が空いているのではなくて、より広い世界＝開けの「中に」、却ってこの世界がある、と感じられてくる、そう感じてこの世に生きるようになる、かもしれない。いわば〈穴〉の反転である。これを、「穴空きズム」の宗教と呼んでみたい。

27) ただし、危険・リスクは不可避であり、またチャンスでもあるだろう。ウルリヒ・ベック『世界リスク社会』(山本啓訳、法政大学出版局、2014)、『〈私〉だけの神』(鈴木直訳、岩波書店、2011) 他、参照。

A Vision of Religion in the Contemporary World:
For the future of *Shiseigaku*

by Yoshio TSURUOKA

In this essay, speculation on the future of *shiseigaku* (thanatology, or the study of death and life), the theme of this volume of the *Annual of the Institute of Thanatology 2019*, is made. In the first part, a brief review of the history of *shiseigaku* in Japan is given. While focusing on the Institute of Thanatology's activities at Toyo Eiwa University, I explain my own concept of *shiseigaku* and its relationship to religion. *Shiseigaku* emerged in Japan in the last decade of the 20th century, and one of its aims was to assume some roles that had been previously fulfilled by religion, without a person having to belong to any particular church or religious tradition. It can be seen as a successor of religion in the secularized, "disenchanted" world where religious world views that include transcending one's existence become more and more difficult to maintain. Furthermore, many churches seem to emphasize the importance of humanistic actions in the "immanent" world, and believe that people's reason for living (*reason d'être*) resides in such actions.

The future of *shiseigaku* depends on whether it succeeds in taking over the role religion had played in pre-modern society, especially its role in people's aspiration for transcendence, which cannot be, in my view, absent in human beings. Furthermore, transcendence appears in different ways and styles in traditional religions. In wanting to contribute to seeking these ways and styles in *shiseigaku* in the future, in the latter part of this essay I put forward my own vision of religion. In doing this, I use the image of religion as a hole that opens up amidst the "immanent" secularized world.

〈論文〉

哲学的主題としての死後生の問題

── I. H. フィヒテの場合 ──

深澤 英隆

1. はじめに

死生学の問題として死後生や死後存続を語る語り方には、いわば「間接的」議論と「直接的」議論とがある。間接的な仕方とは、過去の神話なり、宗教的教義なり、宗教思想が死後生をどのように論じているかを紹介・検討するものであり、直接的仕方とは、文字通り死後生の有無やその可能なあり方などを直に論じるものである。本稿は、19 世紀の一哲学者の死後生論を検討するものであり、この意味では、間接的な議論である。しかしその死後生論は哲学的思考をもちいて死後生を論じた論証的性格のものであり、ここからすれば、私たちが「直接的」に死後生を考える営みに直結するものであるとも言える。

西洋哲学の一トポスとしての死後生論（直接的死後生論）には、かなり明瞭な歴史的推移が見られる。19 世紀半ばほどまでは、死後生論は、なお真摯な哲学的主題たりえていた。その土台としては、もちろん古代哲学およびキリスト教思想の死後生の観念があると言っていいだろう。しかし 19 世紀半ばごろを境として、科学的自然主義や唯物論的世界像が台頭し、やがてそれが日常的常識にまで浸透することにより、死後生は哲学的には問われざる問いとなっていった。これに代わって、「死」が哲学の限界問題として、より前景化してくる。ハイデッガーの議論は言うまでもないが、それ以降今日に至るまで、死をめぐる思考・思索は、哲学の重要な主題であり続けている[1)]。死は認識の限界であるのみでなく、否定しがたい生の限界的事実である。死をめぐる思考は、ある意味で神や絶対者をめぐる思考に代わるものであり、死はいわば哲学的思考がそこへと不可能な接近を試みる哲学の限界的主題となっている。こうしたなかでは、死後生を直接的に語ることは、いわばこの限界性を無効化してしまうものであり、死後生論は蒙昧的であるというだけでなく、死の哲学的意義を見損なった児戯のようにすら見えてしまうだろう。

一方これとは別に、19 世紀前半から死への新たな「経験的」アプローチとして現れたのが、動物磁気やメスメリズム（後の催眠）実験や、霊媒術などを媒介とした（後の用語で言う）「超心理学」的な死後生探求であり、ロマン主義心理学者たちの経験的研究に始まり、19 世紀後半のスピリチュアリズムの流行を経て、哲学の死後生論にも少なからぬ影響を与えた。しかし 20 世紀に入るとほどなく、W. ジェイムズや H. ベルクソン、あるいは H. ドリーシュなどを最後として、アカデミックな哲学からは、こうした潮流、のみならず死後生一般への言及が徐々に後退していった。その後は、いわゆるトランスパーソナル心理学やニューサイエンスの論者、臨死体験研究者などが、今日この問題を引継いでいる。そこでのアプローチの中核はやはり「経験主義的」方向性であり、他方で現代の哲学では、死後生が直接主題となることはほぼ皆無と言っていいだろう。

以下では、まず現代における哲学的死後生論の困難の理由を心の哲学という背景において探り、その後 19 世紀の死後生論の一端を I. H. フィヒテの例を通じて紹介することにしたい。

2. 心と意識をめぐる哲学的論争状況と死後生の問題

死後生は、肉体の復活を語る宗教伝統を別とすれば、ほぼ例外なく個人の人格と意識の死後存続ということを意味している。死による肉体の崩壊は自明である以上、これは言うまでもないことだろう。しかし 19 世紀の半ばごろには、意識を脳の産物と見る科学的自然主義がヨーロッパ知識界に浸透し、それがやがて一般常識ともなってきた。ここから、死後生を考えることへの抵抗と恥らいも生まれてきた。

こうした動向は、今日のいわゆる「心の哲学」（philosophy of mind）の意識理解の動向に明瞭にうかがえる。現在強い勢力をもっているいわゆる「消去主義（elimnativism）」は、唯物論を前提とし、意識や心は脳過程と「同一」であって、意識や心を論じることそのものを虚妄と考えている（C. デネット、チャーチランド夫妻等）。J. サールなどは、消去主義に果敢な挑戦を挑み、心性や意識の固有の事実性を認める立場だが、脳と意識の発生関係については、なお唯物論的な立場に立っている。心の哲学の諸立場は、以上の両者についてもなお細かな類型分けが可能だが、ごく大づかみな類型分けをなお続けて整理するならば、さらに意識や心の因果的起源は解明できないとの不可知論的な立場が考えられる。英米哲学では例えばC. マッギンなどが挙げられるが、大陸哲学においても、ナイーブな自然主義を拒絶する立場は、基本的にこのカテゴリーに入るものと言っていいだろう。以上のうち、言うまでもなく唯物論にとっては、死後生の観念は虚妄そのものである。不可知論の立場も、何ら死後生論の動機づけにはならないだろう。一方、マイノリティーではあるが、意識＝心と脳・神経組織との二元論に近い立場もある。K. ポパーは二元論に近い不可知論というところだが、ポパーとも共同作業をしているノーベル賞神経科学者のJ. エクルズは、キリスト教信仰をもち、明確な死後存続論者である（cf. Eccles/Robinson 1984=1989, 251ff.）。また多様なかたちで、汎心論（panpsychism）が復興しつつあるとも言われる（D. チャルマーズ等）[2)]。汎心論は世界の基礎的実在が心的性格をもつことを共通の発想とするが、その心的実在と物との関係、あるいは意識性との関係などによって、汎心論は非常に多様に分化している。二元論は汎心論とならんで、論理的には死後生の観念と両立しうるが、実際には死後生論に言い及ぶ例はまれだと思われる。

脳と意識との相関はあまりに明らかである。しかし自然主義的予断のせいか見逃されがちであるが、相関と因果的創出とが同義ではないこともまた、明瞭な事実である。チャルマーズのよく知られた用語で言えば、脳と意識との相関（＝ easy problem）は解明が進んだが、終極的な発生的因果関係（＝ hard problem）は、なお根本的にはまったく解明されていない。いわゆる「オッカムの剃刀」の原理は、哲学的・科学的論証にとって決定的に重要であるが、それが独断的還元主義とむすびつくならば問題であろう。唯物論は、思想史上さまざまな宗教的教義や形而上学に対しオッカムの剃刀を振るうという歴史的役割を果たした点で大きな意義をもっているが、独断的唯物論と化すならば、それはもうひとつの信仰にほかならない。

とは言うものの今日、意識については唯物論的理解が常識化し、それにともなって死後生は宗教的観念の残滓と見なされて、シリアスな哲学が論ずべき問題とは見なされなくなった。そこで本稿が問題としたいのは、なぜかつて死後生は真剣な哲学的問いたりえていたか、どのような論証で死後生の可能性が考えられていたか、それは今日全く失効した議論なのか、それとも何らかの現在的思考たりうるのか、との問いである。

3. 19世紀の哲学的死後生論 ― I. H. フィヒテの場合

3.1. フィヒテとその時代

19世紀中葉から後半にかけて、もっとも死後生を頻繁に論じた西洋の哲学者として、イマヌエル・ヘルマン・フィヒテ（Immanuel Hermann Fichte 1796–1879）の名をあげることができる。ドイツ観念論の大哲学者J. G. フィヒテの息子（日本での通称は「小フィヒテ」）であり、ボン大学、テュービンゲン大学哲学科教授を務めたフィヒテは、哲学史上は「後期観念論」「思弁的有神論」の代表的哲学者の一人とされ、主著としては、『人間学』（1856）、『心理学』（1864–1873）等が知られている。ドイツの思想家で言えば、フォイエルバッハより8才年長であり、G. T. フェヒナー（Gustav Theodor Fechner 1801–1887）とはほぼ同世代である。

哲学史的に見れば、フィヒテの時代は、哲学の有神論からの離脱が進んだ時代である。カントによる形而上学への死刑宣告ののち、父フィヒテほかドイツ観念論者による形而上学の復興とキリスト教有神論の思弁的再解釈がなされたが、1831年のヘーゲルの死とともにドイツ観念論の「解体」が進み、ヘーゲル左派が台頭した。その背景には、当然ながら自然科学の著しい発展と唯物論の興隆があった。「思弁的有神論」（spekulativer Theismus）とも「帰納的形而上学」（induktive Metaphysik）とも呼ばれるフィヒテの立場は、シェリングの影響をも受けつつ、またロマン派以来の心理学と自然哲学の伝統と、同時代の自然科学の知見を取り入れつつ、教会神学とはまったく別の観点から新たな有神論的実在理解を確立することを目指したものであった。その根底をなしたのは、とりわけ唯物論への反対であった。

3.2. なぜ死後生論は可能だったのか

フィヒテは、1834年刊の『人格の理念と個人の存続』（Fichte 1834）および1867年刊の『魂の存続と世界における人間の位置』（Fichte 1867）において、またその他多くの著作や論説において、みずからの死後存続観を展開している。

そもそもなぜなお哲学的死後生論は可能だったのか。もちろん容易に思いつくのはキリスト教の影響ということだが、しかし当時すでに、とりわけ知識層にとっては、キリスト教信仰は自明なものではなく、これが最大の理由とは言い難い。すでにフィヒテの時代には、唯物論的世界像は広く一般化しており、意識の死後存続を哲学的に擁護することは難しくなりつつあった。フィヒテによれば、「物質こそが唯一不壊なるものであり、精神や心や意識はいずれかの物質的結合の所産に過ぎないことが『立証』されているのであるから、人間精神の不死などということは廃れた迷信のメルヘンとして投げ捨てられねばならないであろう！」(Fichte 1869, 225) というのが、世の一般的考え方であった。フィヒテのこのことばは、すでに意識が脳の産物であるとの考えが当時常識化していたことを示している。

しかし、これもひとつの哲学的信仰である唯物論にとらわれないならば、心的世界を、物質的世界と深く相関しつつも独立した世界として把握することも論理的には可能である。カント的に言えば、心＝魂が身体とともに滅びるか否かは、決定しがたいアンティノミーにほかならない。心の世界の自存性をつきつめ、それを宇宙的汎心論にまで展開したのが、フィヒテの哲学であり、その死後生論はこの立場の当然の帰結でもあった。

3.3. フィヒテの哲学的世界像の概要

3.3.1. ドイツ観念論批判と認識論的立場

18 世紀終盤、カントの批判哲学は、主観性の能動的世界構成機能を強調するとともに、形而上学的認識の不可能性を哲学界につきつけた。形而上学的基礎命題は、アンティノミーのうちに宙吊りにされた。しかしカント以降のドイツ観念論の展開は、主観性の機能から主観性の形而上学へ、さらに絶対者の形而上学へと展開した。父フィヒテの全集の編纂者でもあった子フィヒテは、言うまでもなくドイツ観念論の諸哲学に精通しており、またそれらを繰り返し詳細に論じている。まず絶対者と実在の全体を問題とする形而上学の構想という点では、フィヒテは明確にドイツ観念論を受け継いでいる。また精神 (Geist) を第一義的な実在とした体系構想という点でも、父フィヒテ以来の伝統を受け継いでいる。他方でフィヒテは、とりわけ二つの点でこの伝統を批判し、またみずからの立場の独自性を打ち出している。まず、もっぱら概念操作による思弁にのみ基づく論証形式の「抽象性」と、(とりわけヘーゲルにおける）概念の超越化・絶対化への批判がしばしばなされる。これに対してフィヒテは、自然科学の成果も積極的に取り入れ、また後述のように「類推（Analogie）」を認識原理のひとつとして、自然と人間の諸事実と形而上学的構想とを繋げようとする。さらに、フィヒテは普遍に還元しがたい原理として、個性＝個体性（Individualität）を極めて重視する。個性は物質にはなく、精神に固有の、物質性には由来しない原理とされ、フィヒテによれば、ドイツ観念論の問題点は、普遍的＝超個性的理性を過度に重視し、個体性をそこに還元したことにある。個々人の死後存続というフィヒテの考え方は、この個体性原理の重視にもとづいている。

3.3.2.　唯物論批判

おそらくフィヒテと父の時代の観念論者との大きな違いは、前者においては唯物論（Materialismus）との対決が、最も切迫した思想課題となったことだろう。観念論者にとっては、物は主観的に構成されるか、あるいは主観との存在論的・弁証法的関係のうちに存立するものであって、主観と切り離された客体的物を唯一の究極的実在と考える余地はなかった。しかし超越的世界と超越的主観がともに脱神話化されてリアリティーを失い、客観化科学が力を増すにつれ、唯物論が一般人の考え方にまで浸透するようになってきた[3)]。フィヒテの思考回路にはいくつかの筋道があるが、経験的なものを論証において重視するその立場に着目するならば、フィヒテの唯物論との対決による思想形成は次のような手順をたどる。すなわち、キリスト教的エトスの先行地平があるとはいえ、フィヒテはまず神性や絶対者を定立するところからは出発しない。むしろ、人間の経験世界に端緒をおき、人間の意識が身体とは異なる存在性と実体性をもつことを論証して、意識の脳への還元を批判する。そのうえでフィヒテは、意識人格の存在性格の分析から、物質に先行し、それに形成的に働きかける重層的な心魂的・霊＝精神的[4)]な非物質次元の実在を「仮説的」に構想して、独自の人格神論へとつなげてゆくことになる。

フィヒテにとってまず火急の問題は、台頭してきた唯物論的な心の理解を退けることにあった。1854年に書かれた論考、「唯物論の心性論」（Fichte 1854）でフィヒテは、ドルバックのような哲学的唯物論のみならず、同時代の脳科学・脳生理学の議論を詳しく検討し、論駁を加えている。その概要を示すならば、まず唯物論があたかも身体も心性もまったく既知のものであるかのごとく論じていること、究極的実在を物質原子ととらえ、また心＝意識を脳の「機能」「効果」「産物」などととらえていることを問題とする。フィヒテの引用する脳科学の成果は、当時すでに脳の局所性の解明がある程度進んでいたことを示しているが（ibid., 64-65）、これもフィヒテからすれば脳の統一を欠いた状態を明らかにしており、心の統一性は、脳以外レベルで確保されねばならないことの証左とされる。そもそも唯物論は、物質原子の運動と変転に意識や身体の同一性の持続と統一の基盤をもとめているが、フィヒテによればそうした統一は、流動する原子にではなく、物質を超えた基体に基づくとの想定を不可避とする（ibid., 70）。また意識の主客二重性や自己関係的反省性は、物質が（分泌するかのように）生み出しうるものではない（ibid., 177-178）。そもそも心性とは「実在的な、身体組織とは別の、自己反省が可能な存在」であり、「自己意識の存在だけですでに唯物論のすべての前提は反証されるだろう」（ibid.）。そもそも「身体組織の一体性と有機的生命と人が呼ぶものは物質のある種の混合の効果にすぎない」との唯物論の見解は、フィヒテによれば原因と結果を逆転してとりちがえたものであり、「生命の生成は、物質のあらゆる混合の彼方に存する」（ibid.）はずである。

以上のフィヒテの唯物論批判からうかがえるのは、まず今日の唯物論的な心の哲学が、当時の唯物論的心性理解と原理的にはまったく差異がないということである。もちろん心と脳の局所的相関の発見（上述の easy problem）の解明は著しく進んだが、両者の因果関係（hard problem）については、なお終極的な知見はえられていない。フィヒテの批判は一見するところナイーブとも形而上学的とも見えるが、心と生命の起源がいまなお科学的に解明されていない以上は、また二元論や汎心論が今日でも可能な哲学的オルタナティヴとして語られている以上は、まったく失効したとも言えないだろう。また唯物論は、物質世界を究極の実在世界とするが、他方でフィヒテによれば、そもそも物質的・現象的感覚世界は、人間の主観的構成にも依存していることは明らかである。

> （自然科学者は）彼らのそのときどきの前提にしたがって、そのまま事物の終極的根拠と実在的なものの本質を求め、それを性急に「マテリ

ア」、「物質」、「力」などと呼ぶ。しかしその際マテリアなり物質なりはもっぱら感覚知覚によってのみ与えられる、それ自体現象レベルに属するものであって、実在的なるものによって説明されるべきものではあっても、それ自体を実在的なものとみなすことはできない。（Fichte 1864, II-X）

フィヒテからすれば、もしそうであるならば心＝魂を単なる非実体的な現象性と捉えることはおかしいのであり、もし原子に永続的存続が認められるなら、人間に身近でもっとも完全な事象である意識精神にも永続が認められて然るべきであるということになる（ibid., 231）。

3.3.3. 有神論的立場

既述のように、フィヒテもなお全実在の形而上学把握をめざす哲学者の系譜に属する[5)]。しかしこれも既に述べたように、フィヒテは神や絶対者の概念から演繹的に体系を導出するということはしない。基本的にフィヒテは神の直接的認識は不可能であると考えており、あくまで所与の経験世界からの「類推」による「蓋然的証明」、「仮説的形而上学」をみずからの方法とすることを強調する。そこでは自然科学の成果も広汎に参照しながらなされる発見的プロセスと、形而上学的発想の先行性が同時的・相互規定的に作用していると言っていい。フィヒテの主著が『人間論』であり『心理学』であるように、フィヒテの思考の出発点は、経験的人間におかれる。

フィヒテの究極概念は「人格神」である。ただし単純な擬人論でも、キリスト教的なそれでもなく、一種の汎神論的人格神論ないし汎心論の変種であるとも言える[6)]。フィヒテにとって、自然的に経験できる最高の存在性は、人間の自己意識的精神＝人格（フィヒテの定義によれば人格とは「自己意識を付与された個体的実体」である。Fichte 1846, 209）にほかならない。その人格的生命性が無限に高められ広がったものが、フィヒテの想定する神＝絶対者であり、神の人格性（＝「原人格」Urpersönlichkeit）は、無限の知性と意志と感情（Gemüt）からなる一体的な精神＝霊である。フィヒテにとって、人格性こそが多と一の最高度の弁証法的統一であって、「神的な自己意識なくしては、何ごとも説明しえず、何ごとも理解できず、すべてはますます深く混乱した謎となってしまう〔‥‥〕〔人格神の観念によって〕哲学にはじめて明晰さと明証性がもどってくる」(Fichte 2011, 87)。

神性は永遠の宇宙であるが、神の意志により永遠の世界から有限の世界が生成する（あるいは常に生成している）。それは神性の自由な働きである。なぜなら、「神はその行いの制約を自己自身のうちのにみもつ」(Fichte 1846, 350) からであり、また「神はみずからの本性の内なる必然を自由のうちに止揚する」(ibid., 418) からである。「直接的な現実は、分離 (Sonderung) という形で、つまりは創世によって神のうちに、同時に理念的でも現実的でもあるものとして先在するものを含んで」(ibid., 456-457) おり、またフィヒテは神学的な無からの創造の考えを否定し、代わりに、「永遠の生成」を語る。創造は神の原意志に発し、原意志は、無数の「原措定 (Urposition)」＝世界の生成展開の根底にある実体を内包する。原措定は「みずから創造する原形的被創造物」(ibid., 452) であり、数多の原措定は神のうちで一体でありつつ、分化と相互作用を準備する。フィヒテの創造論にあっては、この原措定が精神的・霊的中間項であり、神と世界の媒介項となる。この原措定は「特殊意志 (Sonderwille)」をもつとされ、神の意志は、分離と自立へと向かう特殊意志を「容認 (Zulassung)」する。こうして特殊意志は独立した実体存在として、神の意志と深層で結びついたまま、世界＝自己創造へと展開する。それは同時に「永遠的で有限的なるもの (das Ewig-Endlich)」(ibid., 504) である。また特殊意志はなお「原型 (Urtyp)」であって、そのあとに「個別化 (Individualisierung)」の段階が続く。いずれにせよ個別化は、物質レベルの現象ではなく、精神＝霊性レベルの出来事である。フィヒテのヘーゲル批判の核心は、ヘーゲルが精神を脱個性的な普遍ととらえ、そこへの回帰に個体化した生の目的点をおいたことにある。またフィヒテは、時間と空間の問題にこだわっている。フィヒテによれば、時間と空間は単なるカント的な意識のアプリオリな形式でも、ニュートン的な空虚な客観性でもなく、むしろ「それらを自己の存在力から生み出している心魂的存在の所産である」(Fichte 1856, 186)。すなわち時空はそれ自身客観的な作用実体である霊性と魂が作り出す世界性であって、その性格は存在レベルによって異なるが、物質世界を超えた世界も空間性と時間性を具えているということである。この意味で、フィヒテの描く死後世界も、個体的魂がそのなかで生きる世界性をもっているとされる。

神は、宇宙化され、極限化された意味での知性と意志と感情とをもつ人格であり、連続的に多重化している宇宙＝世界の創造は、神の自由な意志と知的創意と愛の感情に発し、目的性と意味をもってなされたとフィヒテは考える。自然と人間に関わるさまざまな経験的事実は、フィヒテにとってその何よりの証左なのである。

3. 4. フィヒテの死後生論

3.4.1. 人間論と霊魂論

フィヒテの人間論を理解するためには、私たちはおそらく今の時代に常識化している人間理解をかっこに入れて、他の自然存在と大きく異なるその意識活動に着目しつつ、人間をひとつの宇宙的生命体（確かにそうであるには違いない）として観じなければならない。

フィヒテの人間論の基礎となっているのは、精神＝霊／魂／身体という伝統的なトリコトミーだが、フィヒテに固有の理解も見られる。精神＝霊と魂とは、等置して併記されることも多く、厳密な区別はないが、前者がよりイデー的な含みをもつのに対し、後者は生命性と強く結びついている。神はしばしば「原精神」と言われることはあるが、「原魂」とは言い換えられない。「魂の、有機組織的で意識性なき部分からの精神への逆方向の影響」（Fichte 2011, 137）という言い方もあるように、精神が明徴な意識性を特徴とする一方、魂は無意識的生命をも意味する。いずれにせよしかし両者は人間以前・人間外に存在する非物質的実体が、まず個的な「精神モナド」（Geistesmonad）として先在し、それが身体性を帯びて個的存在となったものである。フィヒテにとっては、人間は誰もが「本体的な人間（homo noumenon）」であり、精神と魂は先在する生命化・身体形成原理である。身体は、時空において「外部へとむけられた」魂（Fichte 1856, 175）であり、魂が身体の「形式原理」としてマテリアを結集したものである。またフィヒテにとっては、マテリアである原子自体が、意識性や有機的生命性を欠いているとはいえ、神性のうちに精神や魂と同じ基盤をもっているものである。

人間とその心性についてのフィヒテの見解については語るべきことが多いが、死後生の問題に関わる特徴のいくつかについてのみ指摘しておきたい。

まず第1に、繰り返し述べたように、フィヒテにとって意識心性としての精神と魂は、現実存在（Realwesen）であり、実体（Substanz）である。「心は個別的で持続的で表象する実体的なるものであり、他の実体的なるものと根源的な相互関係のもとにある」(Fichte 1856, 183)。物質のみを実体と考えることが今では一般常識であるが、状態変化を通じて固有性格を保ち存続するものが実体だとすれば、物質的なもの、可視的で触知可能なもののみにそれを限るアプリオリな必然性はない。フィヒテは心性がもつ理念性や創造性や反省性、さらには愛などの感情的作用力に物質以上に第一次的な実体的存在性を想定するのである。――「有機体の一体性、心＝魂を、単なる組織やその作用の集積の結果と見ることは矛盾している。この一体性が経験的に持続的であること、有機体のすべての変転に伴われる唯一の持続的なるものであることを考えるならば、心＝魂は有機体の集合的全体作用から説明されるべきではなく、むしろ心＝魂は逆にそれを規定するものとして先行するもの（ただし時間的にではなく因果的に）とみなさなければならない」(Fichte 1864, 62)。

第2にまたフィヒテが終始、人間の個体性（Individualität）に強くこだわる思想家であったことが再確認されねばならない。フィヒテによれば、個々人の精神は、その先行的モナドのときから個別化された精神（これはときにGenieの語でも呼ばれる）であり、動物が種の単位で群魂＝精神をもつのとは対照的である。この個体性は精神モナドから人間となって顕在化したもので、その個体性としての展開には終わりはなく、フィヒテはそれがさらに集合的ないし普遍的な精神に回収されるとは考えていない。個体化した自己意識精神である人格も、この意味で他に解消されることなく存在することをフィヒテは想定している。フィヒテの定義によれば、人格とは「何よりもあらゆる外部性から端的に解放された、自由に自己自身のうえに立ち、そこに休らうもの、純粋な自己である。人格は、それに属するあらゆる個別的なものから抽象されうる。なぜなら人格はそれらを貫き、所有するからである」(Fichte 2011, 103-104)。

第3に、意識と無意識の問題がある。フィヒテによれば、肉体のうちで、人間の心は「脳意識（Hirnbewußtsein)」として作用する（Fichte 1869, 233)。なお反省的意識性を欠いていた精神モナドは、身体化し人格化するようになって、脳意識のなかで意識性を獲得し、それを高めてゆく。フィヒテは、心の実体的自律性を語るとはいえ、心と身体との相関の問題に強い関心を抱いて同時代の科学的知見に目を配っている。「動物は現在のみをもち、永遠へと身を委ね永遠に没入している」(Fichte 1833, 34)。一方人間人格は、脳意識を経ることで過去と未来のパースペクティヴのなかにおかれ、自己意識性を高めてゆく。なぜなら「精神の領域では、意識の明るみに踏み入ったもののみが、存在し、現実性をもつから」であり、「そのようにみずからを生ききって、自己の元の素質をそのように実現することが、自然存在と精神存在両者の、あらゆる被造物の根本的規定なのである」(Fichte 2011, 106)。そもそもフィヒテの主著『心理学』の副題は、「人間の意識的精神論、ないし意識の発展史」であった。この無意識的精神の意識化の問題は、ドイツ観念論の重要モチーフでもあった。ただしフィヒテの場合は、たとえば世界展開を通じて絶対者が意識性を獲得してゆくヘーゲルの体系とは異なり、絶対者はもとよりはじめから至高の意識存在である。ところでこの意識性とならんでフィヒテが問題にするのが、「前意識的」「無意識的」な心性の意義である。これはドイツロマン派以来の、あるいはさらに遡って近世初頭のドイツの自然哲学と神秘主義以来の重要なモチーフであり、フィヒテもそれを色濃く受け継いでいる。フィヒテによれば、無意識的な「前意識(das Vorbewußte)」は、なお部分的に神性との結合を保っている。実際「人間の真正な生命の充溢は、むしろその意識下にある、かろうじて開かれた、その深みすらも測りえない立坑のうちに」あり(ibid., 105-106)、「私たちの高慢な反省的教養が無視」しがちな、この「人格の秘められた力」、「隠された人間」に私たちは支えられている(ibid., 107)。フィヒテがすでに子供や「自然民族」の心性のもつ意味に着目しているのも(ibid.)興味深い[7)]。

3.4.2. 死後生論

すでに以上のフィヒテの人間理解から、その死後生論がどのようなかたちをとるかは容易に予想できるだろう。その死後生論の背景として、ふたつのことにふれる必要がある。まずフィヒテが折に触れて行う時代診断は、すでにフィヒテの時代においてキリスト教的他界観が現実味を失っていたことを証言している(「通常の教養人の思い描く『天』が実際いかに抽象的に空虚で、現実味を喪失したことか!〔‥‥〕それは神的なるものが疑いと妄想へと沈下したのと同様である」ibid., 109-110)。したがってフィヒテの企ては、実際ヘーゲル左派の台頭期ということを考えても、反動的に映る、場合によっては冷笑を買うような性格のものであったことは否定しえない。他方で注意すべきは、フィヒテの試みには護教的な意図はほとんど見出しえないという点である[8)]。フィヒテの試みは、あくまでも唯物論の哲学的難点を検証しつつ築かれた人間論の帰結として導かれたものであると理解した方がいい。このことは、フィヒテの死後生論の方法的立場に反映している。

フィヒテは繰り返し、死後存続それ自体の直接の証明は不可能であること、自然における人間の地位から考える「蓋然的証明（Wahrscheinlichkeitsbeweis)」のみ可能であり、その証明は「内的に体験しえず、その事実性に接近しえないことがらに関わるゆえに、常に仮説的性格をもつ」ことを強調する（ibid., 122)。フィヒテはその死後存続の議論を、宗教的ドグマではなく、経験を重視し、そこから類推する立場によって論証しようとする。

> こころ＝魂は決して形而上学的なカテゴリーではなく、内容豊かな経験的対象である。それが死後存続するか否かは、したがって形而上学的真理ではなく、また形而上学において決定されるものではなく、心＝魂そのものの本質から経験的にくみとられる、何らかの経験的な探求や証明により明らかとなるものである（ibid., 35)。

まずこれは論証にはもとよりならないが、フィヒテは自然な人間感情を重視する。人間がつかの間無から生まれて、わずかな意識的生を生きたのちまた「無意識の夜」に沈むということは、「内的真理」に反するとフィヒテは言う（ibid., 108)。人間のみが地上で「精神存在」＝「唯一的な、精神的な固有性をもった種類の存在」であり、自然に満足せず、自然を道具として自然を超越しようとする、より以上の完全性を求める存在であり、「もし人間が自分とそもそも合いいれない地上での生存のためにのみ生み出されたとするならば、これ以上明白かつ苦痛にみちた矛盾はないだろう」(Fichte 1867, 21)。また人間感情ということで言えば、古代より歴史的に神話や宗教で死後生論が例外なく語られてきたことを、フィヒテは重要視している（Fichte 2011, 111f.; 152f.)。

さらにフィヒテが意識的に用いる方法が、「アナロジーの推論形式による経験的証明」である。アナロジーとは「理性に満たされた宇宙の一体性と合目的性から、個々のなお事実として隠されている宇宙についての証明や、宇宙のすでに把握された連関からなお把握されていないものを」類推する作業である（ibid., 121）。おそらくアナロジーには、メリットとデメリットがある。まずはアナロジーが、先入観や既存の（科学的なそれをも含む）了解枠組みにとらわれず、現象そのものを注視し、思いがけない事物の連関を発見することは確かにあり、少なからぬ科学的発見の背後にはこの操作があるだろう。他方でしかし、ロマン主義の自然哲学の膨大な頁を埋めている「自然科学的」な記述の多くが、今日から見れば誤った類比推理にもとづく思弁の堆積と見なされざるをえないのも事実である。それでもフィヒテは、アナロジーは無責任なものでも、ただただ仮説的にとどまるものでもないと言う（ibid., 140）。いずれにせよ、フィヒテの行使する主たるアナロジーは、自然界や人間の生において循環する眠りと覚醒、生と死の循環、老化と若返りなどにむけられ、これらとの類推で死を再生と結びつける方向で理解しようとしている（ibid., 143ff.）。

またフィヒテは、19 世紀初頭以来ロマン主義心理学の周辺を中心に盛んになされたメスメリズム（催眠実践）の諸現象、超心理学的諸現象、夢意識などのデータを博捜し、これら「身体から自由な（leibfrei）意識」を「エクスタシー」と呼ぶ。これらは「前意識」的心性の所産として、深く超越的心性と連絡をもつとされる。また今日のいわゆる臨死体験に類した証言にもわずかながら言及がなされる（ibid., 139; 151）。ただし、フィヒテの晩年にアメリカ由来でドイツでも流行しはじめたいわゆる心霊主義と霊媒術については、多大な関心を示しつつ、慎重な態度をもとっている（cf. Fichte 1878）。

死の具体的なプロセスについての仮説は、フィヒテの霊魂論から容易に想像がつくように、エレメントの身体が崩壊と流動化に任されながら、意識的で個体的な精神と魂は、連続性をたもったまま存続するというものである（簡潔な描写は、Fichte 2011, 139）。実際、フィヒテは次のように言う。

> 〔生命体としての人間〕のうちには、すでに来るべきものが暗い連関として、目的として存在しており、人間自身は意識しないながらも、すべては所与のうちでその来たるべきものに向かって動いている。もし私たちが身体的・精神的組織を余すところなく洞察し意識にもたらすならば、その組織のすべての来るべき状況と、その生命の発展の全体をそこに読み取ることができるだろう（ibid., 110）。

ここから考えると、死は生命過程の完成でもあり、生のプロセスの最後の営みである。精神と魂はあくまで有機組織化の力であり、死によって失われることはない。

> 私たちがいかに死後存続しうるかということは、説明すべき問題でも、驚くべきことでもない。なぜなら私たちは、物質世界を支配し、つかの間その世界で物象化しているにすぎない精神＝霊だからである。逆に不思議に思っていいのは、なぜ私たちはこの生において全体的かつ完全な精神＝霊でないのか、ということである（Fichte 1856, 429）。

死後の詳細については、フィヒテは不可知なこととして多くは語らない。しかし死もまた生命プロセスであり、死後も意識的生命は失われないこと、加えて「魂の働きがそこに現前しないような（身体は無く）、また身体的基体を必要としないような（魂の働き）も無い」（ibid., 172）との考えから、生前より質量的アトムを人間の形姿にまとめ、また個体性を個体性として死後も保つものとして、ある種の「内的身体」が存在することが想定される（Fichte 1869, 238f.）。

人間の使命であり「原則」でもあるのは、「心魂的なものの昏いポテンツのうちにあるものを、精神の、自由に観照する自己の中へと高める」ことにあり、これが人間の「原素質」の開花・実現であって、そこにこそ人間の「浄福」がある（Fichte 2011, 130）。しかしこのプロセスは肉体のうちに生きているあいだだけで完遂されるわけではない。一定の生の成果を携えた死せる個体は、まずその成果と向き合うことになる。

> 死において個はその原状態への帰還を成し遂げる。個は死の静寂のなかではじめて、完全に自分自身とひとりだけになり、あの秘密にみちた成果をたよりとせねばならない。〔‥‥〕個々人は、浄福の休息へ向かうにせよ、ますます魂なく引き裂かれた矛盾へ向かうにせよ、自分自身のうちに、みずからへの裁きを持ち込まねばならない（ibid., 146）。

肉体のうちにあっても、死せるのちも、「精神＝霊の真なる生命実質はみずから啓示する神、世界の無限なるイデー的力」であって、「この永遠なるものに与ることだけが、個のただしい再生」である（ibid., 149）。その意味で、死後生はこの再生への確かな一歩である。なぜなら、

> 個たる人間は永遠の領域に歩み入ったからである。それはあの抽象的で形而上学的な空間も時間もない領域ではなく、現実の無限に満たされた領域であり、その充溢は神のイデー世界そのものである。ここではすなわち被造物の精神は〔‥‥〕その自由を通じて神とひとつになり、その精神のなかで神自身、神の精神がみずからを現実化するのである。（ibid., 150）

死にかかわるすべては神的自然の内なるできごとであり、結局私たちは自然に身をまかせればよいのだ――「自然が卑小なのではない。そうではなく私たちの自然への不信がそうなのであり、それが私たちのうちにあらゆるみすぼらしい臆説と不安を掻き立てるのである」（ibid., 141）。

4. おわりに

フィヒテの死後生論は、今日どのように評価されるべきだろうか。死後生という問題については、強い宗教信仰をもたない平均的現代人はいささか分裂した思いを抱いているだろう。明示的に死後生の有無を問われるならば、多くの人間はことばを濁すだろう。しかしそうした人間も死者儀礼は励行し、またそこでの死者への追慕のうちには、往々にして語りかけることができる存在として死者を思い描くような志向性が息づいていることは否定できない。フィヒテは、「（不死生の信念は）あらゆる教養の最上の精華であり、したがってまたあらゆる学の、すなわち思弁の至上の目的である」（Fichte 1869, 236）と言う。現代の哲学者や科学者のほとんどは、このことばに同意することはないだろう。しかしもし死後生の問題が事実として解明されるならば（そのときが来るか否かは定かではないが）、他のいかなる事実にも増して人間の生き方を左右するはずであり、その意味ではフィヒテのこのことばは誇張ではないだろう。

今日からすれば、一見するとフィヒテの思想は時代遅れの形而上学の所産と見える。それは近代における人間と宇宙からの意味剥奪に対する旧世代の

抵抗のようにも見える。しかし、ふたつの点で、フィヒテの議論は現代的な意義をもっていると考えられる。

まずフィヒテの死後生論を、神学的バイアスやキリスト教信仰の残滓に基づくものとして片づけることは不当である。フィヒテは死後生の問題を考えるにあたって、脳と意識の関係に関わる哲学的問題提起から出発し、唯物論に抗して、心の哲学が抱えるアンティノミーと意識の hard problem をなお直視している。そして、フィヒテのように二元論、あるいは心性一元論の可能性を考えることは、今日の哲学の文脈でも決して不当なものではない。

死後生論に対する今日の哲学の嫌厭の念は、不可知論に根ざしたものでもあろう。そこには、人間の認識の限界を超えることへの忌避の念がある。また冒頭で述べたように、この限界性こそが現代の死をめぐる哲学的思索を可能としてもいるのである。フィヒテについて言えば、この限界を踏み越えようとしたことは明らかである。ただしフィヒテが認識の限界を強く意識し、性急な断定に陥ることなく、みずからの議論の蓋然的・仮説的性格を強調したことは見逃してはならないだろう。

今日、死後生の問題を論じている数少ない哲学者のひとりに、D. H. ランドがいる（Lund 2009; [1985] 2012)。ランドは、分析哲学の手法でこの問題にアプローチしているが、その目的は「議論の余地なき証明」に達することではなく、「蓋然性、信ずるにたる理由（probabilities, good reasons for believing)」を示すことをめざすものとされる（Lund 2001, 1)。ランドの議論をここで詳しく紹介することはできないが、人格の概念の検討、脳と心の関係理解の分析、意識と身体との関係の分析、物質性なき世界の想像可能性の検討、臨死体験等の経験的証言の証拠価値の検討、などを経て、ランドは次のような結論に達する。

> 個人の死後存続は、死後消滅に比べてどれほどありうるだろうか。そうした蓋然性を量的に計ることは賢明ではあるまい。しかし経験的証拠は（それを考察し解釈する道筋をひらいた我々の概念的考察とあわせ考えるとき)、個人の存続は明瞭にないし顕著に、ありうるものと考えられるとの主張を正当化するに足るものと思われる。それは確かに消滅説への信仰の合理的根拠を消去するのに必要な強制力を欠いてはいる。そうした根拠はなお残っている。しかし強制力や最終的結論といった確実性

のレベルは、もとより我々のめざしたものではなかった（Lund 2009, 217）。

信じるに足る理由で十分なのであり、そもそも必然的な真理が問題となる論理学や数学といった学科を除けば、いずこでもそれが十分な信じる根拠と見なされているのである（Lund 2012, 180）。

フィヒテとランドの両者を比べるならば、フィヒテがなお「魂」の実体性を形而上学的に前提とすることができた一方、ランドはそうした実体化を避け、ロジカルで現象学的な立場から議論を組み立ている。このことは大きな差異である。しかし両者の主題領域と論証の手順には著しい類似もある。このとは、フィヒテの論証手続きが一定の現代的な意義をもつことを示している。

「ありうるもの（conceivability）」とのランドの控えめな結論をどう評価するべきだろうか。もとより今日実体的な魂とその存続をドグマ的に前提とするわけにはいかない。他方で私たちは、脳一元論の形而上学的性格にも揺さぶりをかけなければならない。そこではもとより慎重な議論が必要とされるのであり、conceivable であること示すだけでも、十分な価値はある。フィヒテはまさにこの企てを行ったのであり、そこにフィヒテの議論の現代的な意味があると言えるだろう[9]。

注

1) 現代の日本における優れた実例として、末木 2007、鶴岡 2013、佐藤 2017 などを参照。
2) panpsychism については、Brüntrup/Jaskolla 2017 を参照。
3) 1834 年に初版が出た死後生論の 1855 年版序文でフィヒテは、初版当時は「正しくもまったく克服された教養レベルに属すると思われた」唯物論に対し、今や明確な批判を展開しなければならない時代になったと言う（Fichte 2011, 39-40）。以下では、もっぱらフィヒテの理論的側面での唯物論批判を追うが、もちろんフィヒテを唯物論批判へと動機づけたものは、より広い危惧の念、すなわち唯物論が自由と倫理を無にし、また因果論の全面化により目的論的思考を排除する点にあった。これについては、Stern 1967, 12 を参照。
4) 以下では、Geist を「精神」「霊」「霊性」、Seele を「心」「心性」「魂」、seelisch を「心的」「心魂的」と、文脈にあわせて適宜訳しわける。
5) フィヒテの神論と創造論の概要は、Fichte 1846 が最も詳しく、以下の記述もそれに基づいている。
6) フィヒテ自身は、汎神論を内在的なものの神化ととらえ、退けている。フィヒテの理解では、ドイツ観念論の流れは強く汎神論に傾いたものであり、自身の立場を、すべては神のうちにあるという意味での「万物在神論（Panentheismus）」と特徴づけ、差異化を図っている（cf. Fichte 1855, 14-15）。
7) フィヒテの無意識論は、深層心理学の先取りとしてわずかながら注目を集めた。これについては、Mehlich 1935 が詳しい。
8) 「後期観念論」の語を生み出した K. レーゼは（Leese 1929）、フィヒテと並んで Ch. H. ヴァイセ（Christian H. Weiße 1801-1866）をその代表者に挙げる。ヴァイセにも『人間個人の不死性についての哲学的秘教』（1834 年）と『心理学と不死性の教え』（1869 年死後出版）のふたつの不死性論があるが、ヴァイセが明確なプロテスタント宗教哲学者であったこともあり、ヴァイセの死後生論はフィヒテのそれにくらべて明らかに護教的色彩が濃い。
9) これ以外に、本稿の守備範囲を超えるが、物質と心の関わりについてのフィヒテのテーマの現代性を考えるという課題がある。ランドもこの問題に言及しており、またフィヒテの同時代に死後生論の小著を著し世界中でおびただしい読者を獲得した G. T. フェヒナーも物質と心との形而上学的同一性の問題に取り組んでいる。今日量子力学の観点をも取り入れながら一種の汎心論・汎生命論を展開し広く読まれている医学者・哲学者の R. ランザ（Robert Lanza）の「生命中心主義（Biocentrism）」の立場などにも、フィヒテの思想との近さが見出される。心の哲学では、みずからシェリングらの「客観的観念論」への接近を認めるT. ネーゲル（Thomas Nagel）との比較も可能であろう。

参照文献

佐藤啓介 (2017)『死者と苦しみの宗教哲学』晃洋書房。

末木文美士 (2007)『他者／死者／私—哲学と宗教のレッスン』岩波書店。

鶴岡賀雄 (2013)「スピリチュアリル・ケアとしてのターミナル・ケア—「宗教史」からの観点—」『死生学年報 2013　生と死とその後』リトン、149-165 頁。

Brüntrup, Godehard and Ludwig Jaskolla (eds.) (2017), *Panpsychism. Contemporary Perspectives*, New York: Oxford U. P.

Eccles, John C. and D. N. Robinson (1984), *The Wonder of Human Being*, New York: The Free Press（=『心は脳を超える』、大村裕他訳、紀伊國屋書店、1989 年）.

Fichte, Immanuel Hermann (1833), *Das Erkennen als Selbsterkennen*, Heidelberg: Mohr.

——— (1846), *Die speculative Theologie oder allgemeine Religionslehre*, Heidelberg: Mohr.

——— (1854), Die Seelenlehre des Materialismus, in: *Zeitschrift für Philosophie und philosophische Kritik*, Bd. 25, 58–77, 169–179.

——— ([1855] 2011), *Die Idee der Persönlichkeit und der individuellen Fortdauer*. 2. Auflage, Leipzig: Dyk'sche Verlag (Nachdruck, Hamburg: Severus Verlag).

——— (1856), *Anthropologie. Die Lehre von der menschlichen Seele*. Leipzig: Brockhaus.

——— (1859), *Zur Seelenfragen. Eine philosophische Confession*, Leipzig: Brockhaus.

——— (1864–1867), *Psychologie. Die Lehre vom bewussten Geiste des Menschen, oder Entwicklungsgeschichte des Bewusstseins*, 2 Bde., Leipzig: Brockhaus.

——— (1867), *Die Seelenfortdauer und die Weltstellung des Menschen*, Leipzig: Brockhaus.

——— (1869), Die Unsterblichkeitsfrage im Geiste gegenwärtiger Wissenschaft, in: *Vermischte Schriften zur Philosophie, Theologie und Ethik*, Leipzig: Blockhaus, Bd. 1, 223–288.

——— (1878), *Der neuere Spiritualismus. Sein Werth und seine Täuschungen*, Leipzig: Brockhaus.

Leese, Kurt (1929), *Philosophie und Theologie im Spätidealismus*, Berlin: Junker und Dünnhaupt.

Lund, David H. ([1985] 2012), *Death and Consciousness*, Jefferson etc.: McFarland & Co.

——— (2009), *Persons, Souls and Death*, Jefferson etc.: McFarland & Co.

Mehlich, Rose (1935), *I. H. Fichtes Seelenlehre und ihre Beziehung zur Gegenwart*, Zürich/Leipzig: Rasher Verlag.

Stern, Peter V. (1967), *Das Leib- Seele Problem bei Immanuel Hermann Fichte*, Frankfurt a. M.: Cl. Vogt.

Life after Death as a Philosophical Problem:
I. H. Fichte on Afterlife

by Hidetaka FUKASAWA

Issues of human survival and life after death have captivated the general public, partly because reports of near-death experiences have become common. In contemporary Western philosophy, however, these issues receive little attention. But until the beginning of the 20th century, leading modern philosophers still often discussed the problem. Some attribute this fact to the remaining influence of Christianity although this is debatable. In this paper, I examine the philosophical view of German philosopher, Immanuel Hermann Fichte (1796–1879), who developed the theory of human survival after death most energetically between the middle and latter half of the 19th century. Fichte, known as a late idealist, opposed the ideas of materialism and naturalism that gathered momentum in his time, and philosophically proved the independence of mind's world by squarely facing the antinomy and "hard problem" of consciousness. Based on his theory of consciousness, Fichte developed a unique theistic world view which has similarities to the panpsychism views espoused by modern philosophers of the mind.

〈論文〉

ヴァージニア・ウルフの創作における死の問題
――『ダロウェイ夫人』セプティマス・ウォレン・スミスの自死について――

奥山 礼子

1. はじめに

イギリスのモダニズムを代表する作家ヴァージニア・ウルフ（Virginia Woolf, 1882–1941）の『ダロウェイ夫人』（*Mrs. Dalloway*, 1925）は、国会議員の夫を持つ上層中産階級の主人公クラリッサ・ダロウェイ（Clarissa Dalloway）のある一日の意識の流れを中心に描いた小説である。クラリッサの意識がその夜に催されるパーティに向かって流れる一方で、その副筋として登場するセプティマス・ウォレン・スミス（Septimus Warren Smith）は、戦争で神経を病み、ついには自室の窓から身を投げることで人生の幕を閉じる人物として描かれる。彼は、戦場で親しかった上官のエヴァンズが目の前で戦死したことをきっかけに精神のバランスを欠き、作品中でその自死は「シェル・ショック」によるものと言及されている。確かにこの作品は 'war-haunted' と言われるほど戦争の要素を多分に含んでおり、戦争と結びつけて論じる批評家も多いが（Hussey 1995, 177)、セプティマスの自死にはそこに収まりきれないものがあるように思われる。

セプティマスが作品に初めて登場するのは、クラリッサがマルベリー花店でその日のパーティのための花を選んでいるときであった。外の通りで車のパンクによる爆発音がし、人びとの視線が一斉に王室関係らしい車に集中する。二人は直接対面することはないが、その車を介して互いの視線が交差する[1)]。彼は自殺をほのめかしたため、結婚して数年になるイタリア人の妻ルクレツィアに付き添われ、著名な精神科医サー・ウィリアム・ブラッドショーに診てもらいに行く途中で、「セプティマス・ウォレン・スミスは 30 歳ほどで、青白く、わし鼻で（aged about thirty, pale-faced, beak-nosed)」(15) と初めて描写される。他の箇所でも、「角ばった、鼻の大きな、知的で感受性の強い彼の横顔（his angular, big-nosed, intelligent, sensitive profile)」(92) と表現されているように、彼の顔の特徴として大きなわし鼻が強調されている。ここで非常に興味深いことは、彼とは現実において何の関係もないクラリッサの顔も、「鳥のように突き出た（'beaked like a bird's')」(11) と表現されていることである。この 'beaked' という表現はやはり鼻を形容しているものと考えられ、ウルフはここであえて同じ表現を用いて、クラリッサとセプティマスの鼻の形状が類似していることを読者に印象づけている。これは、作品中で何の接点もないこの二人の人物が無意識の心的レベルにおいて、何らかの繋がりあるいは類似性を持つ存在、いわゆるウルフの言う「ダブル（分身）」[2)]の関係であることを暗示する一つの証拠である。ウルフは 1902 年に友人のヴァイオレット・ディキンソンに宛てた手紙で、「一度も会ったことなく――互いに知らない――が、互いに近づいていくのが感じられる存在、そういう男女を描こうと思う」[3)] と述べていることからも、この構想を作品出版の 20 年以上も前から温めていたことがわかる。つまり、このクラリッサとセプティマスの関係こそが、ウルフがこの作品で最も書きたかったことであり、二人に関する生と死の問題はセプティマスの自死を読み解く重要な鍵になると思われる。

本論では、作品に描かれたセプティマスの人物像を浮き彫りにしながら、この創作において彼を死に至らしめたさまざまな要因について、クラリッサとの関係を交えて考察し、そこに秘められた作家の意図について考察したい。

2. 境界的存在としてのセプティマス

セプティマスは少年の頃、詩人になるために故郷のストラウド［イングランド南西グロスターシャーの都市］から家出し、ロンドンに出てくる。しかし「ロンドンはスミスという名の何百万もの若者を呑み込み、両親が目立たせようと思って付けたセプティマスというような変わった名前を無視した」(92) と説明されているように、彼はロンドンでも社会に認められない人生を送っていたことが判断できる。

さらに彼の外見と教育について、次のように述べられる。

To look at, he might have been a clerk, but of the better sort; for <u>he wore</u>

> brown boots; his hands were educated; so, too, his profile — his angular, big-nosed, intelligent, sensitive profile; but not his lips altogether, for they were loose; and his eyes (as eyes tend to be), eyes merely; hazel, large; so that he was, on the whole, a border case, neither one thing nor the other, might end with a house at Purley and a motor car, or continue renting apartments in back streets all his life; one of those half-educated, self-educated men whose education is all learnt from books borrowed from public libraries, read in the evening after the day's work, on the advice of well-known authors consulted by letter（92, 下線筆者）.

この引用において、セプティマスは「茶色の編み上げ靴を履いて」、「教育のある手」をしていたことから、上級の部類の会社員に見えると述べられている。この「茶色の編み上げ靴」については、セプティマスを描写する際に他の箇所でも指摘されている特徴で（15）、茶色の靴は上層階級の象徴であり、労働者階級は茶色の靴を履かないとウルフが考えていたことが指摘されている[4)]。しかし彼の教育は「不完全で、独学であり」、彼は有名な著者に手紙で助言をもらいながら、仕事が終わった夜に公共図書館で借りた本を読んで知識を得ていた。彼の顔についても、「角ばった、鼻の大きな、知的で感受性の強い横顔」である一方で、唇に締まりがないこと、目は目であるにすぎない、中途半端な顔立ちであることが示されている。これらのことから、一見知的紳士階級に属するように見えながらも、実はそこには入ることのできない要素が彼には見受けられる。階級の問題について、ウルフは『ダロウェイ夫人』の草稿において、有名人に助言を求めて長い手紙を書くような独学をする人たちについて記しており、彼らについて「もう少しで紳士階級に入る所にいた（“on the verge of the gentle classes”）」（Cam 261）と表現している。セプティマスはこのような人たちの一人であることが推測できる。つまり、セプティマスは、外見、教育、社会階級といった面において、どっちつかずの中間的立場、つまり中途半端な ‘border case’（境界的存在）と言える。これについて、心理学の分野で、正常と異常の中間に属する「境界線事例」を示す、1907 年初出の ‘border-line case’ という用語があるが[5)]、どちらのカテゴリーにも分類できない存在を示す ‘border case’ とは意味の違いは認められるものの、時代的に見てウルフがこの心理学用語を援用した可能性は大きい。

セプティマスは、詩人になる夢も果たせぬまま、それでも向上心を持ち、ロンドンのウォータールー通りでシェイクスピアを教えていたミス・イザベル・ポールの講義を受講する。彼が受けた講義とは、ウルフが1905年から1907年まで実際に教えていた、働く成人を対象にしたモーリー・コレッジ（Morley College）がモデルとなっている（222）。そこで学ぶ、向上心を持ちながらも実際には中途半端な教育しか受けていない社会人学生たちは、ウルフがセプティマスの人物像を構想する際に大きなヒントを与えたと思われる。

このようにセプティマスは本を読んだり、シェイクスピアの講座に出席したりして、自らを高める努力を怠らない向上心のある人物として描かれている。このような彼の行動は、'border case' から必死で抜け出そうとするものであるが、現実にはその 'border' を越えることができず、このことがあらゆる面で彼が生きる上での大きな苦悩に繋がっている。

3. セプティマスのセクシュアリティの問題

彼のセクシュアリティの問題も、この 'border case' と大きな関わりを持っている。セプティマスは、シェイクスピアを教えるイザベル・ポールに恋心を抱き、「彼女を美しいと考え、完全に賢いと信じ、彼女のことを夢に見、彼女に捧げる詩を書いたが、彼女はその詩の主題を無視して、それを赤インクで添削した」(93)。彼女への思いは拒絶され、成就することはなかったが、それにもかかわらず、彼は「シェイクスピア劇と緑のドレスを着たミス・イザベル・ポール」(94) とで成り立っている祖国を救うために、義勇兵としてフランスに出征する。この戦場で知り合ったのが上官のエヴァンズであった。二人の関係は次のように描写されている。

> It was a case of two dogs playing on a hearth-rug; one worrying a paper screw, snarling, snapping, giving a pinch, now and then, at the old dog's ear; the other lying somnolent, blinking at the fire, raising a paw, turning and growling good-temperedly. They had to be together, share with each other, fight with each other, quarrel with each other (94).

じゃれ合う二匹の犬に喩えられたセプティマスとエヴァンズの様子は、明らかにこの二人が同性愛関係にあったことを示唆している。セプティマスが同性愛者であることは、セプティマス夫妻に道を尋ねるメイジー・ジョンソンが、彼に対して用いた 'queer'（28）という表現にも暗に示されている。この 'queer' は、「おかしい」、「変だ」という従来の意味に加えて、20 世紀初頭から「ホモセクシュアル」、特に男性の同性愛者を意味するものとして使われていたからである（OED 1489）。

エヴァンズが終戦になる少し前にイタリアで戦死した後、セプティマスはミラノで帽子を作っている家の娘ルクレツィアと婚約する。彼は、イザベル・ポールに好意を持っていたことや、ルクレツィアと結婚したことから、両性愛者（バイセクシュアル）でもあったことが判断できる。これはウルフと共通する点で、彼女はセクシュアリティにおいて、自分と共通する社会における境界領域的要素を彼に付加している。つまり、セプティマスは外見、教育、社会階級に加え、さらに当時の英国社会において受け入れらなかった同性愛、両性愛というセクシュアリティの問題においても、'border case' であったと判断できる。

4. シェル・ショックと感覚喪失

戦争から戻ったセプティマスはシェル・ショックを患っていたと作品中で言及されている（201）。このシェル・ショックは、砲弾神経症、砲弾ショック、戦争神経症など、さまざまに訳されているが、「戦争において受ける強い心理的ショック」と定義され、その症状としては「自制心、記憶、発語能力、視覚などを失い、判断力が著しく低下する」と説明されている[6)]。小説終盤のパーティでのクラリッサの夫リチャード・ダロウェイと精神科医ウィリアム・ブラッドショーの会話で、ウルフはあえてこの「シェル・ショック」という当時、世間の注目を集めていた用語を用いている（201）。実際に英国国会議事録においても、この用語は 1916 年に初めて見られ、翌 1917 年には、前線から帰還したシェル・ショックを患った兵士の数が 400 名を越え、その救済について議論されたことが記録されている[7)]。恐らくこの問題は、第一次世界大戦中から戦後にかけて英国中の人びとの関心を集めた一種の社会問題であったと思われる。

先に挙げたエディンバラからロンドンに出てきたばかりの娘メイジー・ジョンソンは、偶然セプティマス夫妻に道を尋ねる。ルクレツィアが夫の異常性を彼女に悟られないように気を配るが、メイジーはセプティマスについて「変だ（queer)」と思い（28)、激しい恐怖を感じる（29)。人びとが目の当たりにする、このようなシェル・ショックによる帰還兵の異常性あるいは狂気は、国内にいた当時の英国人たちに、戦争の脅威を痛感させるもので、できれば目を背けたい戦争に対する恐怖を示していた（Bonikowski 2013, 2)。同時にここで明らかなのは、セプティマスがごく普通のロンドンの空間で、一般人であるメイジーに恐怖を感じさせるような「異質な存在」であったことである。

このシェル・ショックは、精神科医のチャールズ・S・マイヤーズ（Charles S. Myers, 1873-1946）が1915年に医学誌 *The Lancet* に発表した論文で初めて取り上げられ、世間の知るところとなった。この論文でマイヤーズは前線での戦いによりシェル・ショックを患った３症例を挙げ、それぞれの症状を分析している。そして、そこに共通して見られた視覚、嗅覚、味覚、記憶における機能不全、あるいは機能低下、また、ヒステリー症とかなり近い関係にある症状を報告している（Myers 1915, 316)。

ウルフは当然このシェル・ショックについての知識を得ていたことが窺われ、この情報は明らかにセプティマスの症状に反映されていることが、次の引用でわかる。

> 'Beautiful!' she would murmur, nudging Septimus, that he might see. But beauty was behind a pane of glass. Even taste (Rezia liked ices, chocolates, sweet things) had no relish to him. ... <u>But he could not taste, he could not feel.</u> ... the appalling fear came over him—<u>he could not feel</u> (96, 下線筆者).

この引用にあるように、セプティマスはものを感じる感覚が鈍くなっており、特にレツィアが好きであったという甘味に対する味覚を失っていることが示されている。マイヤーズはシェル・ショックの罹患者において味覚における機能障害が顕著であることを報告していることからも（Myers 1915,

317)、セプティマスの感覚障害はこの論文からの最新の情報に基づいたものであることがわかる。ウルフはこのような第一次世界大戦後の英国社会の実際の情報を創作に盛り込み、戦争のリアリティを伝えようとしたことが推測できる。

しかしながら、セプティマスの狂気の症状にはマイヤーズが報告した事実に即した面に加えて、ウルフ自身の実体験に基づいて創作されたと考えられるものが多い。それを最もよく表しているのが、セプティマスの感覚喪失である。

> So there was no excuse; nothing whatever the matter, except the sin for which human nature had condemned him to death; that he did not feel. He had not cared when Evans was killed; that was worst; … The verdict of human nature on such a wretch was death（99-100, 下線筆者）.

ここで、感覚の喪失のために「人間性（human nature)」がセプティマスに死を宣告する。実際には、マイヤーズはシェル・ショックの患者に適切な治療を施せば、回復可能であることを指摘していることから、このセプティマスの症状は明らかにウルフの創作部分と考えられる。小説の表層的な文脈からは、セプティマスはシェル・ショックのために常軌を逸し自殺したかのように読めるが、それは狂気の世界を描く一つのきっかけに過ぎず、ウルフはシェル・ショックという表現によって当時の英国社会を描きながら、実は作家独自の内的世界へ読者を誘導したと考えられる。「生を意識の総体」と捉え、「生きることは感じること」と考えていたウルフにとって、感覚喪失は生きていないこと、つまり人間失格を意味した（奥山 2017, 199-203)。そしてそれは、セプティマスにおいて、「感じることができない」ために、人間の枠からはみ出た「境界的存在」への死の宣告という形を取った。つまり感覚喪失のために、「人間性」がセプティマスを生の空間から排除しようとするわけである。このように、セプティマスは「境界的存在」の苦悩を背負い、生の空間から追われるように死を選択するに至ったと考えられる。

5. セプティマスとクラリッサを繋ぐ葬送歌 'Fear no more'

セプティマスとクラリッサは実人生で物理的な接点を一切持たないが、ただ一つ共通するものは、それぞれの意識の中で繰り返されるシェイクスピアの『シンベリン』(*Cymbeline*, c. 1610) の葬送歌「恐れるな ('Fear no more')」である。これはブリテン王シンベリンにまつわる物語で、彼の娘イモジェンは、義母である王妃から薬として渡された毒を飲んでしまう。男装した彼女の死体を見て、生き別れの二人の兄 (グィディーリアスとアーヴィレイガス) が掛け合いで歌うのがこの葬送歌である。しかし実は、その薬は毒ではなく、一時的に仮死状態にするだけのもので、イモジェンは生き返る。ウルフは作品の中でこの葬送歌を冒頭の一部しか使っていないが、この歌全体は以下のようである。

Fear no more the heat o' th' sun, / Nor the furious winter's rages;
Thou thy worldly task hast done, / Home art gone, and ta'en thy wages.
Golden lads and girls all must, / As chimney-sweepers, come to dust.

Fear no more the frown o' th' great; / Thou art past the tyrant's stroke.
Care no more to clothe and eat; / To thee the reed is as the oak.
The sceptre, learning, physic, must / All follow this and come to dust.

Fear no more the lightning flash, / Nor th' all-dreaded thunder-stone;
Fear not slander, censure rash; / Thou hast finish'd joy and moan.
All lovers young, all lovers must / Consign to thee and come to dust.

No exorciser harm thee! / Nor no witchcraft charm thee!
Ghost unlaid forbear thee! / Nothing ill come near thee!
Quiet consummation have, / And renowned be thy grave!

Cymbeline 4 幕 2 場 (Shakespeare 1994, 1282)

この歌は、一言で言えば、現世における辛さや苦しみは全て死ぬことで免れることができ、誰しも結局は塵に帰すという、いわゆる死者への手向けの歌である。その生の空間での苦しみの原因は、太陽の暑さや冬の嵐、稲妻の光や雷鳴という自然現象や、権力者や暴君の攻撃、中傷や批難という社会的な諸事であり、人が生きていれば必ず遭遇する負の要因を示している。しかし死んでしまえば、そのようなものからの苦しさや痛み、煩わしさから全て免れることができると歌われている。

ここで、この葬送歌が作品のどのような場面に使われているのかを見ていきたいと思う。最初に描写されるのは、ロンドンの本屋ハッチャーズ(Hatchard's)のショーウィンドーに飾られている『シンベリン』をクラリッサが目にする場面である。1923年8月にハーリー・グランヴィル-バーカー(Harley Granville-Barker, 1877-1946)が編纂した『シンベリン』が出版されたことから、当時おそらく実際に本屋に並べられていたことが指摘されている(Cam 198)。クラリッサは開いてある本の最初の2行(Fear no more the heat o' the sun / Nor the furious winter's rages.)(10)を読んだ後で、現世における苦しみとして、「近年人びとが被った体験は全ての人びとの中に涙の井戸を作った」(10)と、当時の英国人が体験した戦争による苦しさや悲しさに思いを馳せる。

さらに、クラリッサは個人的な辛い思いに対しても、この葬送歌の同じ一節を口ずさむ('Fear no more,' said Clarissa. Fear no more the heat o' the sun;)(32)。政界の重鎮であるブルートン令夫人が、夫リチャードだけを昼食に招いたことについてクラリッサは心理的な動揺を感じる。クラリッサはインフルエンザの後遺症で心臓が弱っていることもあり、もう誰からも重要視される存在ではないことを自覚している。このことから、「時間それ自体を恐れ(she feared time itself)」、ブルートン夫人の顔に自分の「生命の衰え(the dwindling of life)」さえも感じ取る(32)。さらに、作品に絶えず描かれるビッグ・ベンの時報に象徴される実時間の経過も、クラリッサに彼女自身の生が衰える不安や恐怖を感じさせる。このような彼女の気持ちを和らげるのがこの葬送歌であり、これにより、実人生における恐怖から免れた空間、つまり死への憧憬が表される。

さらに次の二つの場面では、この葬送歌を媒体にしてクラリッサとセプティマスの意識が共振する。

Quiet descended on her, calm, content, as her needle, drawing the silk smoothly to its gentle pause, collected the green folds together and attached them, very lightly, to the belt. So on a summer's day waves collect, overbalance, and fall; collect and fall; and the whole world seems to be saying "that is all" more and more ponderously, until even the heart in the body which lies in the sun on the beach says too, That is all. Fear no more, says the heart. Fear no more, says the heart, committing its burden to some sea, which sighs collectively for all sorrows, and renews, begins, collects, lets fall. And the body alone listens to the passing bee; the wave breaking; the dog barking, far away barking and barking（43, 下線筆者）.

このクラリッサの意識に呼応するかのように、自殺の直前に自宅のソファに横たわるセプティマスの意識にもこの葬送歌が蘇える。

… the sound of water was in the room, and through the waves came the voice of birds singing. Every power poured its treasures on his head, and his hand lay there on the back of the sofa, as he had seen his hand lie when he was bathing, floating, on the top of the waves, while far away on shore he heard dogs barking and barking far away. Fear no more, says the heart in the body; fear no more（153, 下線筆者）.

この二つの引用でわかるように、クラリッサもセプティマスも心が「恐れるな」と語るときに、波の音と犬の鳴き声を聞く。二人はもちろん、それぞれのロンドンの部屋にいるので、これは心的空間において彼らの意識が通じ合い、同じ状況を体感していると想定できる。注目しなければならないことは、「身体の中の心」がこの言葉を語っていることである。それも 'the heart'、'the body' という表現を用いて、個人的な心や肉体を超越した、総体的な心や肉体の存在を強調している。作品の中でクラリッサは「超絶主義的な理論」を持つ（167）と述べられているが、これは、アメリカの思想家ラルフ・ウォルドー・エマソン（Ralph Waldo Emerson, 1803-82）が唱えた超絶主義の 'over-soul'（大霊：全人類の魂の根源）を喚起させる（OED 1247)。そのような個を越えた普遍的な心（魂）が、繰り返す波の音や犬の遠吠えが暗示する「生の流れ」を「これでおしまい」と停止しようとし、「もう恐れるな」とクラリッサとセプティマスを死へと誘う。この後、セプティマスはホームズ医師の訪問を受け、窓から身を投げることになる[8)]。その死の瞬間は次のように描写される。

> But he would wait till the very last moment. He did not want to die. Life was good. The sun hot. Only human beings? … Holmes was at the door. 'I'll give it you!' he cried, and flung himself vigorously, violently down on to Mrs. Filmer's area railings（164, 下線筆者）.

この最期の瞬間において、セプティマスは死ぬことを望んではおらず、しかも 'Life was good' と生を肯定している。しかしそこに彼に死を宣告した、彼にとって恐怖の対象であり、「人間性」（154）の象徴であるホームズの姿を察知し、最終的に彼は自死を選択する。ウルフは草稿において、'Only human beings?' の後に、'What did they want of one?'（彼らは人に何を欲するのか）という一文を入れていた（Cam 350）。つまり人間性が彼に人間としての要素を求め、感覚を喪失した彼は人間とは認められず、人間の範疇から押し出されたのである。そしてそれを決定し、セプティマスに死を宣告する人間性の象徴的存在となっているのが、彼に入院を強制するホームズ医師であった。ここには人間の正常と異常を判別する精神科医の傲りに対するウルフ個人の憤りが明らかに露見している[9)]。

クラリッサは、パーティでブラッドショーからセプティマスの死について聞いたあと、彼の自殺の場面を疑似体験する。

> He had thrown himself from a window. Up had flashed the ground; through him, blundering, bruising, went the rusty spikes. There he lay with a thud, thud, thud in his brain, and then a suffocation of blackness. So she saw it（201-202）.

クラリッサ自身が意識の中で体感した壮絶なセプティマスの自死の感覚は、彼女とセプティマスの意識が重なり合ったことを意味している。またここで、場所を仕切る柵のスパイクで肉体を突き刺すというセプティマスの壮絶な死に方から、彼の人生最大の苦悩の原因であった「境界（border）」によって、彼は生と決別したことが暗示されている。最後の言葉「これでもくらえ（I'll give it you!）」とは、一見医師ホームズに対して吐き捨てられた言葉のように見えるが、実は、彼を苦しめ続けたあらゆる 'border' に投げつけた言葉であったとも解釈できる。

このような彼の死を通し、クラリッサは、「死には抱擁がある（There was an embrace in death.）」（202）と死の包容力、死のやさしさや心地よさを認識する。しかしその後、彼女はパーティの集団から離れて独り小部屋に行き、そこで偶然、真向いの建物の部屋に暮らす老婦人の姿を目にする。

> The young man had killed himself; but she did not pity him; with the clock striking the hour, one, two, three, she did not pity him, with all this going on. There! the old lady had put out her light! the whole house was dark now with this going on, she repeated, and the words came to her, Fear no more the heat of the sun. She must go back to them. But what an extraordinary night! She felt somehow very like him — the young man who had killed himself（204, 下線筆者）.

この引用で、まずビッグ・ベンの鐘の音に象徴される非可逆的な実時間は、確実にクラリッサを含めたすべての人間を死の方向へと向かわせ、死を認識させるものとして提示される。しかし、その中にあっても向かいの建物の部屋にいる老婦人は毎日、日常を淡々と繰り返し、たとえ死へと向っていようとも、生を続行させている。この老婦人の生の営みを見ることで、クラリッサは 'Fear no more' を心に蘇らせ、パーティの部屋、つまり生の空間へ戻らなくてはいけないと感じるのである。日常の毎日繰り返される行為（儀式）が生を回復させると言ったのはアメリカの作家アーネスト・ヘミングウェイ（Ernest Hemingway, 1899–1961）であるが（High 1986, 148）、まさにこの老婦人の日常的に繰り返される行為（儀式）が、クラリッサに「生は続いていく」ことを強く認識させ、彼女を生の空間へ戻らせる。これまで死への憧憬であった 'Fear no more' の葬送歌は、ここで、仮死状態から蘇える『シンベリン』のイモジェンのごとく、死へ誘われていたクラリッサを生の空間に立ち戻らせるのである。

クラリッサは自分がセプティマスに似ていることをここで自覚し、「あの男は死んだが、私は免れた」と認識する（203）。この二人をダブルとして構想したウルフは、明らかに、クラリッサの生を存続させるために、セプティマスに現実社会におけるさまざまな負の要因を背負わせたと考えられる。そして彼を ‘border case’ に位置づけ、自死という行為によって死の世界に送り出した。しかしそれは同時に、クラリッサが「私は彼を憐れまない」（204）と繰り返したように、境界領域から抜け出すことができず、生きることに苦しみ続けた彼にとっては、紛れもなく魂の解放を意味したと言える。そしてこれは、「赤肌のような心を持った」（神谷 1981, 249）ウルフだからこそ描くことができたセプティマスの生と死の有り様であった。

6. 結び

「生きることは大変なこと」、「サイのような分厚い皮が必要だが、そんなものはない」（Gordon 1984, 51）とウルフは述べているように、生まれながらに極めて鋭い感受性を持った彼女にとって、生き続けることは非常に苛酷なことであったと想像できる。クラリッサよりも、セプティマスよりも、心の中で「恐れるな」の葬送歌が繰り返されていたのは、実はウルフ自身であったと思われる。

セプティマスとクラリッサは実生活では接点は全くなかったが、共振する意識を持ち、それは最後に重なり合う。そして、さまざまな負の要因を持つセプティマスが死を選択することで、クラリッサは死から免れ、生を存続させる。これは、自殺未遂を繰り返しながら、自らの負の部分を打ち捨てるかのように生き続けた自分自身の生に対する、ウルフの一つの解釈ではないかと考えられる。しかし、1941 年 2 月末に最後の作品『幕間』を書き終えたウルフは、再び狂気の兆候を見せ始め、過去のことが蘇えってくる、再びものを書くことができなくなるという不安を訴えたという。そして 3 月 28 日ついに、ロドメルの自宅近くを流れるウーズ川で、彼女自身もまた苛酷な生から逃れるかのように自ら死の世界へと旅立ったのである。

本論は死生学研究所 2018 年度連続講座（2019 年 1 月 12 日）における同題の発表に基づいている。

注

1) Woolf, Virginia 2000[1925]: *Mrs. Dalloway*, Penguin, pp.14-16. 以後、この作品からの引用は、本文中に頁数のみを記す。引用の翻訳にあたっては、近藤いね子訳を参考にさせていただいた。

2) この「ダブル」については、1928 年版の序文おいて、セプティマスはクラリッサのダブルであることを意図していると作者自身が記している（Hussey1995, 176)。

3) 原文では次のように表現されている。'Im going to have a man and a woman—show them growing up—never meeting—not knowing each other—but all the time you'll feel them come nearer and nearer.' (October / November 1902)（原文のまま、Woolf 1975, 60）

4) Woolf, Virginia 2015[1925]: *Mrs. Dalloway*, Cambridge UP, p.207. 以後、この作品からの引用は本文中に（Cam 頁数）と記す。

5) *The Compact Oxford English Dictionary*, Second Edition, p.159. 以後、この辞書からの引用は本文中に（OED 頁数）と記す。

6) 『ブリタニカ国際大百科事典』電子辞書対応小項目版による。© 2008 Britannica Japan Co.,Ltd. / Encyclopædia Britannica, Inc.

7) 英国国会議事録における "Shell-Shock (Treatment of Soldiers)" (*HC Deb 03 August 1916 vol 85 cc493-4*)、および "Air Raids (Shell-Shock Hospital Patients)" (*HC Deb 12 November 1917 vol 99 cc50-1W*) による。https://api.parliament.uk/historic-hansard/common/1916/aug/03/shell-shock-treatment-of-soldiers、および https://api.parliament.uk/historic-hansard/written-answers/1917/nov/12/air-raids-shell-shok-hospital-patients 参照。

8) この最後の場面からセプティマスの自殺を、フロイトの『快楽原則の彼岸』(1920) の「死の欲動」と「生の本能」を使って解釈し、彼は最終的に「死の欲動」が勝り、快楽原理の彼方へ到達したとする批評家もいるが、ウルフはフロイトにあまり精通していなかったことが指摘されている。

9) ウルフ自身も 1910 年にトウィカナムにある神経病のための私設療養所に 6 週間ほど入所したが、それ以降、療養所に入ることを極度に嫌悪し、入れられそうになると自殺をはかるようになった。彼女の主治医はジョージ・サヴィジ、モーリス・ライト、ヘンリー・ヘッドといった当時の著名な医師たちであったが、ウルフの彼らへの嫌悪感はセプティマスを通して作品に表現されている（Gordon 1984, 51-67)。

引用・参考文献

Bell, Quentin 1973 [1972]: *Virginia Woolf: A Biography*. vol.2, London: Hogarth.

Bonikowski, Wyatt 2013: *Shell Shock and the Modernist Imagination: The Death Drive in Post-World War I British Fiction*, Surrey: Ashgate.

The Compact Oxford English Dictionary, Second Edition, 1991, Oxford: Oxford UP.

Gordon, Lyndall 1984: *Virginia Woolf: A Writer's Life*, Oxford: Oxford UP.

High, Peter B. 1986: *An Outline of American Literature*, New York: Longman.

Hussey, Mark 1995: *Virginia Woolf A to Z*, New York: Facts On File.

Myers, Charles S. 1915: "A Contribution to the Study of Shell Shock: Being an Account of Three Cases of Loss of Memory, Vision, Smell, and Taste, Admitted into the Duchess of Westminster's War Hospital, Le Touquet." *The Lancet*, 13 Feb., pp. 316-320.

Shakespeare, William 1994: *Complete Works of William Shakespeare*, Glasgow: Harper Collins.

Woolf, Virginia 1975: *The Letters of Virginia Woolf*. vol.1, eds. Nicolson and Joanne Trautmann, London: Hogarth.

—— 2000 [1925]: *Mrs. Dalloway*, Harmondsworth: Penguin.

—— 2015 [1925]: *Mrs. Dalloway*, Cambridge: Cambridge UP.

奥山礼子　2011:『ヴァージニア・ウルフ再読――芸術・文化・社会からのアプローチ』彩流社。

—— 2017:「ヴァージニア・ウルフの死生観――人生と作品から――」東洋英和女学院大学死生学研究所編『死生学年報2017　死から生への眼差し』リトン、197-212頁。

ウルフ、ヴァージニア　1999:『ダロウェイ夫人』近藤いね子訳、みすず書房。

神谷美恵子　1981: 神谷美恵子著作集4『ヴァージニア・ウルフ研究』みすず書房。

Septimus' Death in *Mrs. Dalloway*

by Reiko OKUYAMA

Virginia Woolf created Septimus Warren Smith as a double of Clarissa Dalloway in *Mrs. Dalloway* (1925). Clarissa is an upper-middle-class lady whose husband is a Member of Parliament, and Septimus, aged about 30, has returned from the war and suffers from shell shock. They do not have any connection in the real world. The only thing that connects them is a dirge, 'Fear no more', in *Cymbeline* by William Shakespeare, through which they sympathize with each other on an unconscious, psychic level.

Generally, it has been interpreted that Septimus commits suicide because of shell shock, but I would argue that his suicide has a deeper meaning. He is described as 'a border case' in every aspect such as his appearance, education, class, sexuality, and struggles to overcome these 'borders' throughout his life. After his return from the war, he loses his sense of taste. Charles S. Myers, M.D. attributed this symptom to shell shock in his *Lancet* article in 1915. To that, Woolf added an inability to feel emotion, so 'human nature' condemns him to death for 'this sin'. We can see here Woolf's idea about life that living means feeling. In the end Septimus flings himself down onto the area railings, which symbolize a 'border'. It can be thought that this way of dying represents the various borders in Septimus' life that eventually lead to his death. Clarissa also has a hard time in her life and longs for death, but in the end she chooses life, as if she deposited the burdens of her life on her double, Septimus, and escapes from death.

Woolf had a highly sensitive nature, as she wrote 'Life is a hard business', and consequently suffered mental breakdowns and suicide attempts throughout her life. Through Septimus' character, she portrayed the depth of her own pain and agony. Ultimately, his suicide releases him from 'the hard business of Life'. In 1941, 16 years after this publication, Woolf also put an end to her own life.

〈論文〉

心の病に寄り沿うということ
──高村光太郎と妻智恵子──

福田　周

はじめに

高村光太郎（以下、光太郎）は、明治生まれの彫刻家、詩人であり、大正・昭和にかけて活躍した。明治日本の代表的彫刻家である高村光雲を父とし、自身はフランスの彫刻家オージュスト・ロダンに感化され、西洋造形思考と日本における伝統的造形手法を融合し、『鯰』や『裸婦坐像』などの作品を残す。また、『道程』に始まり、晩年においては太平洋戦争に文化人として賛同し活動した経緯を自己批判した『典型』といった詩集などがある。光太郎は常に自分の生き方を通して作品を制作する人であり、一個人の心の成長と苦悩が自身の芸術と深く結びついている。

ところで、光太郎の人生において、芸術家としての職業的葛藤と同等に、あるいはそれ以上に影響を与えたのは妻智恵子の存在であろう。智恵子が結婚後心の病にかかり、光太郎は妻の看病を通して様々な苦悩を体験する。しかし、それは同時に妻智恵子の存在が自身にとってかけがえのないものであることをより深く理解していく過程でもあった。智恵子亡き後、光太郎は智恵子との心の関わりを『智恵子抄』という詩集として発表する。

本稿では、この二人の関わりを振り返りながら、心の病とは何か、心の病にかかった人に寄り添い共に生きるということはどのような体験となるのかということについて考えていきたい。

1. 高村光太郎と長沼智恵子

ここでは光太郎と長沼智恵子の出会いまでの過程を簡潔に辿っていく。その際、光太郎に関しては主に北川太一編の「評伝」『新潮日本文学アルバム　高村光太郎』（1984）と、湯原かの子著の『ミネルヴァ日本評伝選　高村光太郎』（2003）から、長沼智恵子に関しては北川太一著『画学生智恵子』（2004a）、郷原宏著『詩人の妻　高村智恵子ノート』（1983）の内容を引用して要約していくこととする。

1.1. 高村光太郎

光太郎は、明治16年（1883年）東京下谷西町（現台東区）において、父光雲、母わかの長男として生まれる。父光雲は江戸末期生まれの木彫師で、岡倉天心らの薦めで東京美術学校の彫刻科の教授となり、その後、明治期の日本を代表する彫刻家となった人物である。光太郎は、この職人肌のワンマンな父の家で自然と彫刻に触れて育ち、将来は自分も父の職を継ぐことを当たり前のこととして成長する。明治30年（1897年）光太郎は15歳で父の教える東京美術学校の生徒となり、彫刻科で父から直接の指導を受ける。19歳で彫刻科を卒業し、そのまま研究科に残り制作活動を続ける。22歳の折に、ロダンの彫刻写真を見て衝撃を受け、明治39年（1906年）に海外へと留学をする。ニューヨーク、翌年にはロンドン、その後パリでの滞在を経て、西洋文化に触れた光太郎は、親からの精神的自立を経験するとともに、日本人として、芸術家としてのアイデンティティの葛藤と劣等感もかかえる。特にフランスにおいて洗練された西洋文化と芸術そして自由という空気を体感する。しかし、同時にアトリエでのデッサンの習得において光太郎は絶望を感じる。

結局光太郎は、モデルを使って仕事をしても、人種差別からくる不安のせいなのか、あるいは何かモデルと自分との間に乗り越えられない絶対的な亀裂があるのかと悩むようになり、「神経衰弱のように」なってしまう。ついに「ごみのようなモデルでもいいから、やはり日本人のモデルで勉強しなければ本當には行けない」[1]と思うようになり、挫折をし、明治42年（1909年）に帰国を決意する。帰国後、彼は伝統的な旧態依然とした美術に対する反抗を様々な形で試み始める。それは同時に父に対する反抗となって表出する。

また、芸術界における活動も戦闘的、反抗的なものとなり、いわゆるデカダンス[2]の時代を送る。これに伴って、彼は彫刻だけでなく、評論、詩作、絵画など様々な表現形態を試みていき、芸術家は自分の感覚に従って自由に表現すべきだという信条を宣言する。その代表作が詩集『道程』である。また私生活においても、デカダンス的な廃頽的生活を送るようなる。そして、明治44年（1911年）に長沼智恵子と出会う。

1.2. 長沼智恵子

長沼智恵子（以下、智恵子）[3] は、明治19年（1886年）福島県安達郡由井村（現福島県二本松市）で、父今朝吉と母センの長女として生まれた。長沼家は地元の造り酒屋であり、母センは智恵子の祖父にあたる長沼次助の後添えの連れ子であり、今朝吉はセンと結婚して長沼家に養嗣子として入る。旧姓は斎藤であり、正式に長沼姓を名乗るようになったのは智恵子が小学校に入学したときからであった。父はきわめて温厚な人で、言葉少なく物静かに話す人だったようである。一方母は気が強く、子どもの教育については母が主導権を握っていたようである。

智恵子は、地元の尋常小学校に明治26年（1893年）6歳の時に入学する。小学校の頃から智恵子は成績がよく、常に1、2番であった。性格はおとなしかったが気が強い方であった。[4] 明治30年（1897年）に尋常科を卒業し、そのまま尋常高等小学校に進学し、そこでも極めて優秀な成績を収めている。当時の同級生は智恵子のことを責任感が強く、非常に思いやりがある人だったと述べている。[5] どちらかというとおとなしく生真面目で、面倒見がよい長女的な性格であった。

成績が非常によかった智恵子は、明治34年（1901年）に由井尋常高等小学校を卒業後、福島高等女学校（現福島県立橘高等学校）に進学する。県下で唯一の女学校で、彼女は抜群の成績を収める。特に国語が得意であった。学科だけでなく、裁縫や絵も上手で、スポーツにも打ち込み、特にテニスが強く、いつも試合になると勝っていたようである。その中でも絵画に関して、智恵子はこの高等女学校時代に強く関心を持つようになる。

一方、内気な性格はあいかわらずで、当時の同級生たちは一様にそのおとなしい性格を次のように語っている。「大声で笑うようなことは希で、いつもうつむきにしていた。友人と話すときは右手の甲を上にして口の下に持っていき、首をしならせるようなしぐさをする癖があった。」「勉強中に何かぶつぶつひとりごとをいっているので、なあに？と問い返すと、智恵子はただ黙って首を振るだけだった。」[6]

明治36年（1903年）に智恵子は高等女学校を卒業し、上京して日本女子大学校普通科予科に16歳で入学し、翌年家政学部に進学する。創設まもない日本女子大学校は、平塚らいてうをはじめとする「あたらしい女」が通う、時代の最先端を切り開く活気あふれる場でもあった。智恵子は学内にある寮に住んでいたが、当時の同窓生が語る智恵子の様子は高校時代と変わらない。落ち着いていて口数の少ない、しかし興味のあることには非常な熱心さを持って取り組む学生であった。当時はテニスと自転車にのめり込み、誰よりもうまく乗りこなした。内気な性格は相変わらずであり、らいてうは「低い声で何をいっているのかわからないような、そして、1つのセンテンスをはっきりと喋れないような内気な感じの人でした。豊かな髪を、額やうなじにくずれおちるような結び方をして、全体の印象がまことにゆるやかな人でした。話をする時も人の顔を見ないでいつも下を向いているのです」と語っている。[7)]一方、大胆なこともして、飲食を禁じられている寮の部屋で、平気で盗み食いをし、先生に見つかっても臆することもなく応答し、逆に先生の方が慌てて退散してしまうこともあった。

2年次になると智恵子は突然選科課程に移ってしまう。彼女は、自分のしたいことが出来る道を選んだ。それは絵画である。明治40年（1907年）大学校を卒業後も智恵子は郷里に帰らず、そのまま東京に残って太平洋画会の研究所に通って洋画家としての道を歩き始める。研究所の人体部には二人の女性がいて、その一人が智恵子であった。男性ばかりの中で非常に人目を引いた。しかし、当時の男子生徒の印象は、「無口で誰とも親しまず、ただ静かに人体写生を続けていました。画架の間からのぞかせた着物の裾が、あだっぽく目につくといった女性的魅力は与えながら、智恵子にはそうした気風に触れる誰しも、気軽に近づく訳にはいきません。画に向かっては気むずかしく、時には筆を口にくわえ画面を消したり、首を曲げたなり考え込んでいる時もあります。人体描写が昼までで終わると、さっさと道具を片付けて例の無口さで帰って行きます」[8)] といったものであった。

明治41年（1908年）に、智恵子にとって大きな出来事が起こる。日本で最初の女流文学雑誌『青鞜』の表紙絵を描くことになったことである。これはらいてうが智恵子に依頼をして、明治44年の創刊号で実現することになる。智恵子は青鞜社の社員にはならなかったが、この挿絵によって無名の人から最先端を行く「新しい女性」の一人として世間から注目を浴びる人となる。

1.3. 光太郎と智恵子の出会い

画学生である智恵子が光太郎と初めて出会うこととなるのが、この明治44年（1911年）の12月末である。智恵子はこの年26歳、光太郎は28歳である。日本女子大学校の先輩の柳八重[9]の紹介で、智恵子は光太郎の画室を訪問する。当時光太郎はすでに有名な芸術家であり、智恵子は当然光太郎の名は知っていた。翌明治45年（1912年）6月に光太郎のアトリエが完成した際に、その新築祝いとしてグロキシニアの大鉢を贈った頃から急速に二人の仲が発展する。智恵子はしばしば光太郎のアトリエに訪問して、「ただ私の作品を見て、お茶を飲んだり、フランス絵画の話をきいたりして帰ってゆく」ような関係であり、当時光太郎は智恵子の印象を「ひどく優雅で、無口で、語尾が消えてしまい、」[10]とやはりその内気な性格を述べている。また智恵子は自分の作品を光太郎に見せたりしないので、何を描いているのか光太郎は知らない。

その後、大正元年犬吠埼に写生に来ていた光太郎は、そこで妹と友人の三人で遊びに来ていた智恵子と偶然一緒になる。そして二人はそこで同じ宿に泊まる。光太郎は当時の様子をこう語っている。

「宿の女中が一人必ず私達二人の散歩を監視するように付いて来た。心中しかねないと見えたらしい。智恵子が後日語る所によると、その時若し私が何か無理な事でも言い出すような事があったら、彼女は即座に入水して死ぬつもりだったという事であった。私はそんな事は知らなかったが、此の宿の滞在中に見た彼女の清純な気質と、限りなきその自然への愛とに強く打たれた。君が浜の防風林を喜ぶ彼女はまったく子供であった。しかし又私は入浴の時、隣の風呂場に居る彼女を偶然に目にして、何だか運命のつながりが二人の間にあるのではないかという予感をふと感じた。彼女は実によく均整がとれていた。」[11]

その後、智恵子からの手紙が頻繁に来るようになり、翌大正2年（1913年）の夏には写生旅行として上高地に滞在し、その年に二人は婚約を交わす。大正3年（1914年）に結婚披露宴を開き、二人の生活が始まる。

2. 心の病との闘い―光太郎と智恵子の関わり―

2.1. 結婚当初

当時見合い結婚が一般的であった時代、二人は恋愛結婚をし、かつ婚姻届けを出さない自由な形態の同居生活を始める。光太郎31歳、智恵子28歳であった。二人は光雲が建ててくれたアトリエで暮らすことになる。光太郎は、昼間は彫刻をし、夜には生活費を稼ぐために原稿書きや翻訳に精を出した。智恵子は絵の勉強に打ち込んだ。アトリエという空間に二人きりで内閉し、極端に外との関係は薄れていった。金銭的には苦しかったが、智恵子はそういった経済観念に無頓着であり、貧乏を貧乏と感じないようであった。生活の足しにと絹糸をつむいだり、草木染をしたり、大正10年（1921年）ころには機織りを始めていた。派手な着物も着なくなり、家では飾り気のないセーターとズボンで過ごすようになった。[12)]光太郎は二人だけの生活の様子を次の詩に詠っている。

同棲同類

―私は口をむすんで粘土をいぢる。
―智恵子はトンカラ機を織る。
―鼠は床にこぼれた南京豆を取りに来る。
―それをカマキリは物干し網に鎌を研ぐ。
―蠅とり蜘蛛は三段飛。
―かけた手拭はひとりでじやれる。
―郵便物ががちやりと落ちる。
―時計はひるね。
―鉄瓶もひるね。
―芙蓉の葉は舌を垂らす。
―づしんと小さな地震。
油蝉を伴奏にして
この一群の同棲同類の頭の上から
子午線上の大火団がまつさかさまにがつと照らす。[13)]

まさに時間さえ止まった一心同体のひきこもり生活である。光太郎はこの時期長らく詩を書かなくなり、かわりに彫刻へと没頭する。一方、智恵子は光太郎の創作活動を支えるため、徐々に自分の創作活動を控えて家事に専念するようになっていく。

2.2. 智恵子の発症

智恵子はほとんど光太郎とのみの対人関係の中で暮らしていた。大正4年（1915年）の夏ごろ、智恵子は肋膜炎に罹り、それ以来体調不良が続くようになる。大正8年（1919年）には子宮後屈症（しきゅうこうくつしょう）[14]手術で入院し、さらに肋膜炎の治療のために再入院している。大正11年（1922年）になると病態が悪化し、春ごろから郷里に戻って長期の静養を余儀なくされている。その後病状は回復し、二人の生活が戻る。智恵子は再び芸術家としての活動を開始しようとする。大正15年（1926年）40歳の智恵子は二階を改造して自分用のアトリエを作ってもらい、油絵の制作に力を入れる。母に向けて出した手紙にその思いが語られている。

> 何しろ自分で生活の力を得なければ、何が何でもだめですから。私は一生懸命仕事の為に命を打ち込むつもりです。人並みに出来なくても、苦しい生活でもそれは何とも思いません。質素にして働くことをよろこび、何かしらの仕事をして死にたい願だけです[15]
>
> 大正15年（1926年）9月13日

再び絵の修行に戻った智恵子であるが、思うように絵が描けない。自分では自信をもって文展に出品した風景画が落選してしまい、それ以来どこの展覧会にも出さなくなってしまって、家にこもるようになってしまった。光太郎によれば、智恵子は自分の作品に完璧を求めてしまう傾向があり、常に作品は未完成のままになってしまい、またどうしても色彩の使用に不十分さが残ってしまっていたという。芸術家である光太郎はそれゆえに智恵子の絵の才能の限界を客観的に知っていた。時々智恵子は画架の前で一人涙を流していたようである。[16]

画家としての未熟さへの絶望感を抱える智恵子に大きな不幸が重なる。大正7年（1918年）に父今朝吉が病死した後、家督を11歳下の弟敬助が継いだが、急速に実家は傾き始める。智恵子は姉として実家のことを気に病み、母に手紙でたびたび励ましや具体的な財産問題への助言などを事細かにしている。一方、実家の窮状については夫の光太郎にはひた隠しに隠していた。しかし昭和4年（1929年）、智恵子の実家の商家が破産する。長沼家は一家離散し、智恵子は帰る家を失う。さらには実家の金銭的困難の問題も背負い込むことになる。当時の智恵子の苦しい心情が母宛ての手紙として残っている。

> 此度という今度は決して私に相談しないでください。……よしんば親や夫が百万長者でも、女自身に特別な財産でも別にしていない限り女は無能力者なのですよ。からだ一つなのですよ。まして実家は破産してしまい、母には別に名義上のものはない。自分はまして生活も手一ぱい。なかなか人の世話どころの身分ですか[17)]
>
> 昭和5年（1930年）1月20日

> きのうは二人とも非かんしましたね。しかし決して世の中の運命にまけてはなりません。われわれは死んではならない。いきなければ、どこ迄もどこ迄も生きる努力をしましょう。……私もこの夏やります。そしていつでも満足して死ねる程毎日仕事をやりぬいて、それで金もとれる道をひらきます。かあさん決して決して悲しく考えてはなりません。私は勇気が百倍しましたよ。やってやって、汗みどろになって一夏仕事をまとめて世の中へ出します。……力を出しましょう。私、不幸なかあさんの為に働きますよ、死力をつくしてやります。金をとります。いま少しまっていて下さい。決して不自由はかけません。もしまとめて金がとれるようになったら、みんあかあさんの貯金にしてあげますよ。決して悲観してはなりません。きょうは百倍の力が出てきました[18)]
>
> 昭和5年（1930年）7月29日

自身の職業的アイデンティティの葛藤と同時に、故郷の喪失と経済的問題が一気に重圧として智恵子を襲う。昭和6年（1931年）の夏、光太郎は紀行文の依頼のために岩手県三陸地方へ1か月余りの取材旅行に一人で出かける。これまで光太郎は智恵子を一人残して長く家を空けたことがなかった。残された智恵子の孤独は深刻なもので、光太郎の留守の間訪れた母や姪の春子に、「わたし死ぬわ」と口走ったりしたようである[19]。これ以降智恵子は不眠に悩まされるようになり、睡眠薬を服用するようになった。そして翌年7月15日に睡眠薬を多量服薬し、自殺を図る。

光太郎はまだ智恵子の精神的不調についてそれほど深刻にとらえておらず、この時は更年期による不調であろうと考えていた。同時に不安を感じたのか、光太郎は昭和8年（1933年）8月に結婚生活19年目にして智恵子を入籍した。そして智恵子の保養のために、二本松や塩原などへ温泉巡りの旅行をする。その保養の様子を後に記した詩が、次の「山麓の二人」である。

山麓の二人

二つに裂けて傾く磐梯山の裏山は
険しく八月の頭上の空に目をみはり
裾野とほく靡(なび)いて波うち
芒(すすき)ぼうぼうと人をうづめる
半ば狂へる妻は草を籍(し)いて座し
わたくしの手に重くもたれ
泣きやまぬ童女のように慟哭(どうこく)する
―わたしもうぢき駄目になる
意識を襲ふ宿命の鬼にさらはれて
のがれる途(みち)無き魂との別離
その不可抗の予感
―わたしもうぢき駄目になる
涙にぬれた手に山風が冷たく触れる
わたくしは黙つて妻の姿に見入る
意識の境から最後にふり返つて
わたくしに縋(すが)る
この妻をとりもどすすべが今は世に無い
わたくしの心はこの時二つに裂けて脱落し
闃(げき)として二人をつつみこの天地と一つになつた。[20]

この詩で詠われたのは、旅行の折の智恵子の絶望的な自己崩壊の予兆であり、狂気の世界に転がり落ちていく智恵子をどうすることもできないでいる光太郎自身の無力感であった。事実その後は病状がさらに悪化していく。初めはしばしば幻覚が智恵子を襲い、智恵子はベッドでその幻覚を写生し、形や色の美しさに感激しながら光太郎に語った。その後11月頃、急速に意識混濁を起こしたのか、食事も入浴も光太郎の介助がないとできない状態に陥る。翌年3月頃には一時症状は好転して機織りを始めるようになったが、5月頃には再び悪化する。友人の水野葉舟（ようしゅう）に宛てた光太郎の手紙に当時の様子が語られている。

ちゑ子は一時かなりよくなりかけたのに最近の陽氣のせゐか又々逆戻りして、いろいろ手を盡したが醫者と相談の上やむを得ず片貝の片田舍にゐる妹の家の母親にあづける事になり、一昨日送って来ました。小生の三年間に亙る看護も力無いものでした。鳥の啼くまねや唄をうたふまねしてゐるちゑ子を後に残して帰って来る時は流石に小生も涙を流した[21)]

昭和9年（1934年）5月9日

5月に入り、光太郎は智恵子を九十九里浜に住んでいた義母と義妹のもとに預けた。9月には光太郎の父光雲が病死し、その遺産を智恵子の療養費に充てる。週に1日は見舞いに通う光太郎だが、智恵子の症状は一向によくならず、意識混濁は脱したが、興奮状態は続き、「鳥と遊んだり、自身が鳥になったり、松林の一角に立って、光太郎智恵子光太郎智恵子と一時間も連呼したりするようになった。」[22)]

光太郎はその智恵子の様子を次の詩に記している。

風にのる智恵子

狂つた智恵子は口をきかない
ただ尾長や千鳥と相図する
防風林の丘つづき
いちめんの松の花粉は黄いろく流れ
五月晴れの風に九十九里の浜はけむる
智恵子の浴衣が松にかくれ又あらはれ

白い砂には松露(しょうろ)がある
わたしは松露をひろひながら
ゆつくり智恵子のあとをおふ
尾長や千鳥が智恵子の友だち
もう人間であることをやめた智恵子に
恐ろしくきれいな朝の天空は絶好の遊歩場
智恵子飛ぶ[23)]

2.3. 自宅看護と中原綾子への手紙

12 月末に光太郎は再び智恵子を自宅に呼び戻し、看護を始める。これ以降、光太郎の壮絶ともいえる智恵子の看護生活が始まる。当時の様子を示すものとして、文芸仲間の中原綾子[24)]への手紙が多く残されている。そこには智恵子の病の進行と、それに寄り添い懸命に看病する光太郎の苦悩が綴られている。

……父の死とつづいてちゑ子の病状悪化とで殆ど寧日(ねいじつ)なく今年も既になくならうといたして居ります、ちゑ子の狂気は日増しにわろく、最近は転地先にも居られず、再び自宅に引き取りて看病と療治とに盡してゐますが連日連夜の狂暴状態に徹夜つづき、尚それでも御詩集にまだ間に合ふやうでしたら書きますが、只今はそんな事で頭がめちゃくちゃになつてゐて何を書くかしれません故あぶなくてお送り出来ません、……此を書いてゐるうちにもちゑ子は治療の床の中で出たらめの囈語(にょうご)を絶叫してゐる始末でございます、看護婦を一切受けつけられぬ事とて一切小生が手当ていたしいり殆ど寸暇もなき有様です……[25)]

昭和 9 年（1934 年）12 月 28 日

おてがみは小生を力づけてくれます、一日に小生二三時間の睡眠でもう二週間ばかりやつてゐます、病人の狂躁状態は六七時間立てつづけに独語や放吟をやり、声かれ息つまる程度にまで及びます、拙宅のドアは皆釘づけにしました、往来へ飛び出して近隣に迷惑をかける事二度。器物の破壊、食事の拒絶、小生や醫師への罵詈(ばり)、薬は皆毒薬なりとてうけつけません……女性の訪問は病人の神経に極めて悪いやうなのであなたのお話を聞く事が出来ません、手がミ(ママ)でお教へ下さるわけにはゆきませんか。……病人は発作が起こると、まるで憑きものがしたやうな、又神がかり状態のやうになつて、病人自身でも自由にならない動作がはじまります、手が動く首がうごくといつたやうな。病人の独語又は幻覚物との対話は大抵男性の言葉つきとなります、或時は田舎の人の言葉、或時は侯文の口調、或時は英語、或時はメチャクチャ語、かかる時は小生を見て仇討の如きふるまひをします[26)]

昭和 10 年（1935 年）1 月 8 日

……もう足かけ三年小生は制作欲を殺してゐます、昭和七年七月十五日にちゑ子が突然アダリン自殺を企てた時以来のちゑ子の変調で小生の生活は急回転して勉強の道が看護の道に変わりました、研いだ鑿（のみ）や小刀皆手許から匿してしまひました、小生は木彫が出来なくなりました。……小生はちゑ子の一生を犠牲にしました。どうかして今夜ちゑ子を安泰にしてやりたいと念願します、あなたの御親切を實（じつ）にありかたく思います。あなたの同情は私に絶大の力を添へてくれます……今午后十時、ちゑ子は静かに就寝しました[27)]

昭和 10 年（1935 年）1 月 11 日

ちゑ子は今日は又荒れてゐます、アトリエのまん中に吃（ママ）立して独語と放吟の法悦状態に没入してゐます、さういふ時は食物も何もまつたくうけつけません、私はただ静かに同席して書物などをよんでゐます、仕事はまつたく出来ません、……[28)]

昭和 10 年（1935 年）1 月 22 日

このように光太郎は生活や仕事一切を犠牲にして懸命に病者に寄り添い続ける。しかし、それはあまりにも絶望的な関わりであった。当時の光太郎の心境を示す詩が次の「人生遠視」である。

人生遠視

足もとから鳥がたつ
自分の妻が狂気する
自分の着物がぼろになる
照尺距離三千メートル

ああこの鉄砲は長すぎる[29)]

さらに光太郎は近隣への配慮からか、転居も視野に入れた自宅での看病を2か月余り続け、その困惑と智恵子の病状の様子を手紙で中原に伝えている。

……その後貸家さがしを毎日やつてゐますが中々ありません、二三軒適当の家がありましたが皆断られました、何しろ少々近所迷惑な病人が住むのですから、周囲に空き地があること、新築のこと、風呂場のあること、その上経済上あまり家賃の高くない家、自動車の通ずるところ、風景のあるところ、などといふ条件が多いので大変です、智恵子には未就職の弟が居て其の生活保障も小生がして居ます、此頃はちゑ子は興奮状態の日と鎮静状態の日とが交互に来てゐます、ひどく興奮して叫んだり怒つたりした日のあと急に又静かになり、大きに安心してゐると又急に荒れ始めるといふ状態です、よく観察してゐますと智恵子の勝気の性情がよほどわざはひしてゐるやうに思ひます、自己の勝気と能力との不均衡といふ事はよほど人を苦しめるものと思はれます……[30)]

昭和10年（1935年）2月8日

このように2か月余りの間、自宅での看病を続けたが、いよいよそれも限界を迎え、医師との相談の上、光太郎は智恵子を昭和10年（1935年）2月南品川にあるゼームス坂病院に入院させる。光太郎は見舞いの折の智恵子の様子を中原に語るとともに、入院させたことへの心の揺れも伝えている。

ちゑ子をも両三度訪ねましたが、あまり家人に会ふのはいけないと醫者さんがいふので面会はなるたけ遠慮してゐます。チヱ子もさびしく病室に孤坐してひとり妄想の中にひたりこみ、相変わらず独語をくり返してゐる事でせう。先日あつた時わりに静かにはしてゐるものの、家に居る時と違つて如何にも精神病者らしい風姿（ふうし）を備へて来たのを見て實（じつ）にさびしく感じました、まはりに愛の手の無いところに斯（こ）ういふ病人を置く事を何だか間違つた事のやうに感じました、……もし治る事があつたら其は病気自身の自然治療による事と思います、もう一度平常にかへつたチヱ子を此世で見たいと切願します、……[31)]

昭和10年（1935年）3月12日

3. 統合失調症者としての智恵子

3.1. 統合失調症とは

精神科医町沢静夫は、智恵子の精神病理について40歳を超えてからの発症であることから、M. ブロイラーの提唱した遅発統合失調症の可能性を指摘する。特にせん妄疾患に類似した急性昂奮錯乱状態を示すタイプあるいは、E. ヤコービの提唱する遅発緊張病などにも当てはまる可能性があるとする。[32] いずれにせよ、智恵子の病態は重篤で、統合失調症圏であることは間違いない。

統合失調症とは、陽性症状と呼ばれる幻覚、妄想、まとまりのない思考や異常な行動と、陰性症状と呼ばれる意欲欠如や情動表出の極端な現象、そして自閉行動が現れる精神病であり、様々なタイプが存在する。発症は通常思春期以降に起こることが多い。原因は今のところ不明であるが、生物学的原因による病的素因や中枢神経機能の脆弱性があり、その上に心理社会的ストレスが重なると発症につながるとする「脆弱性・ストレスモデル」が有力である。さらに発病を防ぐ防御因子や逆に病態を悪化させる憎悪因子との複雑な関係によって病が様々な経過を辿る。統合失調症の症状の推移は、まだ異常な精神症状が出現する前の「病前期」、神経症的症状や抑うつ気分がみられる「前駆期」、幻覚妄想などの統合失調症に特徴的な異常な精神症状が出現する「急性期」、その後は、症状悪化を繰り返し、やがて人格の崩壊に至る「慢性期」に移行する場合や、再燃をせず症状が消失する「寛解期」などがある。

3.2. 統合失調症の症状推移に沿った智恵子の経過

①病前期の智恵子

ここで統合失調症の症状の推移に沿って、智恵子の経過を辿っていくこととする。まず病前期であるが、病前性格として統合失調気質（シゾフレニー）があげられる。シゾフレニーは第一に自閉傾向を特徴として、性格的に内向的で非社交的、無口、控え目、生真面目、ユニーク、変り者。第二に精神的感受性の亢進を特徴として、性格的に内気、繊細、敏感、神経質、興奮性を示し、行動として人よりも自然や書物などを好む傾向。第三に精神的感受性の低下を特徴として、性格上の従順、善良、温和、無頓着、鈍感があげられる。

智恵子はまさにこうした性格特徴を子供のころから持っていた。智恵子が常に対人関係を回避するのは、ある意味感受性の過敏さによる対人ストレスに対する脆弱性から自身を守るためであったのだろう。人が嫌いあるいは人に関心がないのではなく、自分が脅かされないで安心して関われる相手を慎重に選んで行動している結果である。智恵子は身内との間では長女的なしっかり者で、身内の世話を積極的に焼いたりしている。つまり内弁慶なのである。友達もいないわけでなく、女子大時代もごく少数の親友と親密な関係を築けている。

一方で普通の人から見ればちょっと風変わりな行動をとることもあり、それが端から見ると魅力に感じられたりする。女子大時代の寮生活でのエピソードがそれをよく表している。また、彼女が打ち込む関心ごとの多くは、一人で黙々とこなすものであることが多い。集団で和気あいあいと交じり合う社交性に富んだ活動には縁遠い。絵画はその典型であろう。一人で黙々と画架に向かい、誰とも交わらず活動しても、誰もそれを奇異なこととしてとらえない。自転車にしても一人黙々と乗るだけであり、テニスでさえも彼女の場合はひたすらボールを打つことだけに集中し、テニスをすることが相手とのコミュニケーションに発展しない。学芸会においても、彼女は他の学生たちとともに制作にかかわり討論したり一緒に演技したりということはなく、舞台美術の制作を黙々とこなしている。参加しているようで常に輪から一人外れている。青鞜社との関わりも同様で、彼女は挿絵を描いただけであり、それをきっかけに青鞜社の女性運動のメンバーになったりすることもなかった。こうした彼女の特徴はシゾフレニーとしての性格傾向ゆえであるといえるし、彼女にとって非社交的であることは、安全な世界との関わりを約束してくれる大事な性質なのであろう。

しかし、ストレスへの脆弱性を有しているところに、外部環境からのストレスが加わるとそれが憎悪因子となる。智恵子の場合、女子大そして画学生時代までは学生であることが守りになって、外的ストレスを回避することが出来ていた。そして光太郎と出会うわけであるが、智恵子が積極的に光太郎にアプローチし、結婚に至る過程は急である。実は光太郎と犬吠埼で過ごす前に、実家で彼女の見合い話が持ち上がっていた。東京に上京している娘が何の仕事もつかず、画学生としていつまでも過ごせるわけはない。当時としては見合い結婚が当たり前であり、結婚は家と家との関係で決まる。本人の意思は二の次である。いわば、彼女はこのとき人生の大きな岐路に立たされていた。それも自分の意志ではなく、外的プレッシャーを伴ってもたらされた危機である。

ところで、統合失調症の発病過程の研究で有名な精神科医のK. コンラートは.統合失調症の症状が発現する前の前駆期をトレマ期と呼び、それは俳優が舞台に上がる前の緊張状態を示すような、緊張感、圧迫感、障壁感にさらされ、病者はそのために心理的に視野狭窄に陥り、そこから不安感、抑うつ感、そしてにっちもさっちもいかない窮地に立たされたという閉塞感を感じるという。[33] 精神科医の中井久夫はこの状態を「焦り」「無理」の時期ととらえ、焦りに駆り立てられ、その状況から一気に抜け出すために無理な行動や判断をし、ますます窮地に陥っていくとする。[34]

智恵子もまた望まぬ結婚話によって、画学生という自分の安心できる世界を消失するという窮地に立たされる。普段は内気で控え目で他者と関わることに消極的な智恵子が、この窮地を脱するために必死に光太郎へ接近したとすれば、智恵子の積極的な姿勢も理解できる。彼女は焦っていたのであろう。幸い光太郎が智恵子を受け入れたことによって、智恵子はこの窮地から脱出することが出来た。光太郎との結婚生活は智恵子にとって親和性のある自閉的世界を保証してくれた。不必要な対人関係や社会的なストレスに晒されることなく、安心できる他者と安定した世界に没入できるからである。

②前駆期の智恵子

しばらくは無理をせず、光太郎の妻として生きていた智恵子であるが、再び発症のリスクとなる憎悪因子が忍び寄ってくる。それは主にふたつある。ひとつは大正15年（1926年）40歳のころから再び智恵子が本格的に絵画活動を開始したことである。つまり画家という仕事人として独り立ちするという大きな決断である。それは当然ストレスを伴う過程である。画家として認められるには外からの客観的な評価に耐えうる結果を出さなければならない。当然そこには「焦り」と「不安」が過度に生じる。このようなライフイベントが、智恵子にとって大きなプレッシャーとなったことは想像に難くない。事実彼女は展覧会への出品をするが、落選したことによって大きく心が傷つく。ストレスに対し脆弱なのである。

ふたつめの憎悪因子は昭和4年（1929年）に智恵子の実家が破産したことである。一家離散し、智恵子は帰る家を失ったばかりか、実家の金銭的困難の問題も背負い込むことになる。この家族内のストレスが一番大きな引き金となったのであろう。智恵子はこうした外的ストレスに対して、何とか自分の力で解決しようして「無理」を重ねる。さらにこうした身内の不祥事を恥と感じたのか、あるいは迷惑を他人にかけたくない一心であったのか、夫である光太郎にひた隠ししたことが「無理」を増幅させる。たぶん「焦り」が「焦り」を呼び、精神的余裕がなくなり、結果として視野狭窄に陥り、自分が画家として独り立ちすることで一挙にすべてを解決するしか道がないと思い詰めてしまったのであろう。そうした前駆期の「焦り」と「無理」の様子が、上記の自殺未遂する前の昭和5年（1931年）の母に宛てた手紙の中によく表れている。

実はこのふたつの憎悪因子は連続したもので、つまり実家の崩壊という危機的因子を何とか自分で解決しようして画家になることを再び目指したのであろう。もし、実家が安泰であったならば智恵子は発症せずに一生を過ごすこともありえたのではないか。

③急性期の智恵子

にっちもさっちもいかない窮地に陥った智恵子は、徐々に抑うつ気分や不眠などの精神症状が出始め、さらに光太郎の長期の不在という環境の憎悪因子が、追い打ちをかける形で智恵子を襲う。コンラートはこの発病寸前の状況に起こる危機感を「ただならぬ気配」、「何かおかしい」といった妄想気分や妄想知覚で説明している。[35] そして、出口のない状況を打開する方法として、智恵子は自殺未遂をする。張り詰めた緊張の糸が切れたように、これ以降、彼女は急性期の状態へと移行していく。東北への保養旅行の折の詩「山麓の二人」の一節、「泣きやまぬ童女のように慟哭する――わたしもうぢき駄目になる」とはまさにこの妄想気分であり、統合失調症の発症前に体験される世界没落体験であったのであろう。こうした智恵子の発症の様子を光太郎は次の詩に記している。

値（あ）ひがたき智恵子

智恵子は見えないものを見、
聞こえないものを聞く。

智恵子は行けないところへ行き、
出来ないことを為（す）る。

智恵子は現身（うつしみ）のわたしを見ず、
わたしのうしろのわたしに焦がれる。

智恵子はくるしみの重さを今はすてて、
限りない荒漠（こうばく）の美意識圏にさまよひ出た。

わたしをよぶ声をしきりにきくが、
智恵子はもう人間界の切符を持たない。[36]

以降、智恵子は緊張病状態と呼ばれる意味連続性の消失、極度の緊張と興奮、混迷、解体へと突き進んでいく。この発症過程は不可逆的であり、了解不能の狂気の世界へと智恵子は落ち込んでいく。それに対して光太郎の「山麓の二人」の一節、「わたくしは黙つて妻の姿に見入る　意識の境から最後にふり返つて　わたくしに縋る　この妻をとりもどすすべが今は世に無い」という絶望感、そしてこの「値ひがたき智恵子」の詩で「わたしをよぶ声をしきりにきくが、智恵子はもう人間界の切符を持たない」と詠った光太郎の心情は、発症過程の不可逆性に対する彼女と、そして光太郎自身の無力感を表しているのではないであろうか。

4. 心の病に寄り添うということ

4.1. 急性期における寄り添い

急性期における激烈な症状の出現の様子は、上記の光太郎の中原に宛てた手紙の中によく表現されている。当時は統合失調症に対する薬物療法や有効な科学的治療方法がなかったこともあり、自宅での看護であっても入院看護であっても、治療としてはそれほどの違いはなかったであろう。ただし放っておけば自傷他害の危険があり、常に見守りが必要である。光太郎はそれを一人で２か月近く行っている。当然一人では限界があり、その後智恵子は入院となるが、光太郎の智恵子への接し方は、統合失調症の急性期における看護の姿勢としてある意味正しい。

外出する際は家中を締め切り釘つけして出かけたというエピソードは、一見するとむごいことのように思えるが、急性期の患者にとって一番安全な守りとは物理的な自閉状態を作り出すことである。病院ではそれは閉鎖病棟あるいは保護室と呼ばれる看護空間となる。つまり自らを傷つけたり他者に危害を加えたりしてしまうことがないように、この急性期では強力な枠で囲って患者を保護する必要がある。光太郎も鑿や小刀など危険なものは隠し、智恵子の身を守っている。そのために光太郎自身は仕事ができなくなるのではあるが。

また、興奮状態のときには言い聞かせても無理であるし、無理やり止めようとしてもかえって興奮状態が憎悪することのほうが多い。中井は、興奮状態にある患者が放歌高吟し誇大的な話をする時も、それを否定したりからかったりすることは控えるべきであり、それよりも病者に接する態度として、シュビング的な関わりが必要であるとする。[37] シュビング的関わりとは「母性性」による寄り添う姿勢であり、シュビングが統合失調症者との関わりの中で発見した「基本的信頼感」をベースとした寄り添いである。中井はこの母性性を、リルケの「マルテの手記」で母親が暗闇におびえる子供に「怖がることはない。暗いのはお母さんだからね」と静かに語りかける、そうした母の姿を指すという。[38]

智恵子の「アトリエのまん中に吃（ママ）立して独語と放吟の法悦状態に没入してゐます、さういふ時は食物も何もまつたくうけつけません」という状況において、光太郎は「私はただ静かに同席して書物などをよんでゐます」と手紙に記している。こうした態度こそがシュビング的関わりであろうと思われる。

それでは治療者としてまったくの素人の光太郎が、どうしてこうした態度を身につけることができたのであろうか。ひとつは智恵子との二人きりの自閉生活において、どのような態度が本人にとってプラスになるのかということを肌で感じ取り、自然に身につけたということが想像できよう。さらに、光太郎自身がこうした「母性」に親和性をもともと持っていたこともあるのではないか。湯原は次のような光太郎の母への思い出を著書の中で紹介している。

> 私は母の暖かい乳くさい懐の中で蒸されるようにして育った。母は無学であったから私をあやすにもただ祖先伝来の子守歌を繰り返すほかに術がなかった。だがあの「坊やはいい子だ、ねんねしな」の無限のリフレインの何と私の心身を快くしてくれたことだろう。私は今でもその声の和らかさと軽く背中を叩かれる時の溶けるような安心さとを忘れない。[39)]

こうした全身を包み込み、まるごと安心感を与えてくれる関係こそが「基本的信頼感」と呼ばれるものの源泉である。光太郎は母との関係の中でそれを実感として身につけている。

4.2. 心の病に寄り添うということと創作活動

入院後の智恵子は、症状が激烈な急性期の状態を抜け、徐々に慢性期に移行していく。光太郎が感じた「入院後の精神病者らしい風姿を備へて来た」というのは、幻覚、妄想、自我障害などの活発な症状が徐々に消失し、その背景に隠れていた感情鈍麻や積極性の低下の方が目立つようになり、極端な常同的生活行動の固着が特徴となる、慢性期特有の姿のことを指すのであろう。智恵子が時に症状の再燃を繰り返し、一進一退の状態が続く中、光太郎は智恵子の見舞いを続けている。そして光太郎は病院への見舞いの折、智恵子に千代紙をもっていくようになる。その理由として、光太郎は次のように語っている。

> 精神病者に簡単な手工をすすめるのはいいときいたので、智恵子が病院に入院して、半年もたち、昂奮がやや鎮静した頃、私は智恵子の平常好きだった千代紙を持って行った。訪問するたびに部屋の天井から下がっている鶴の折り紙がふえて美しかった。そのうち、鶴の外にも紙燈籠だとか其他の形のものがつくられるようになり、中々意匠(いしょう)をこらしたものがぶら下がっていた。[40)]

絵画、音楽、編み物など創造的活動を通して回復を促進する療法は、大きく生活療法に位置づけられる。生活療法は、科学的効果があるというよりも、こうした創作活動や生産活動を通して、他者とのコミュニケーションを図り、社会復帰に向けての準備を整えることにその治療的意義がある。例えばただ絵を描けばよいということではない。絵は他者とのコミュニケーションのための媒介に過ぎず、その媒介を通して他者と了解可能な情緒的共有体験をし、相互に交流しあうことが可能となるという点で有効なのである。智恵子もまた慢性期に入って少し余裕が生まれたのであろうか、自然と折り紙を始めている。

昭和12年（1937年）1月から看護婦となっていた智恵子の姪の春子が、病院で智恵子に付き添うようになる。智恵子はいつ頃からかはっきりしないが、色紙や様々な紙を使って切り抜き絵を制作するようになる。風邪を引いたり熱を出したりするとき以外は、毎日「仕事」をするといって切り紙細工をするようになった。[41] 春子はこの制作をじかに見ていて、その様子を次のように語っている。

> 朝食がすんでしまうと一日の紙絵の製作がはじまる。押入の前にきちんと坐り、おじぎをしながらいろいろの色紙、アラビヤゴム糊、七cmほどの長さの先の反ったマニュキア用の鋏、紙絵製作の素材道具を静かに取り出しはじめる。今日はどんなものをおつくりなさるのかと思うけれども、そばへ行って見たりすると、ひどくお叱りなさるので、少し離れてチラリと見るくらいである。院長先生はじめ諸先生にも絶対にお見せしないので、伯母が入浴のいり、急ぎでお目にかけたりした。その他のかたにはなおさら見せなかった。……こうして紙絵は一枚一枚大切に押入へしまわれて、伯父さまのおいでになられた時だけお見せするのであった。[42]

光太郎はこの智恵子の切り抜き絵に驚き、感嘆する。折鶴から飛躍的に進歩した作品は芸術作品となり、はじめは一枚の紙で一枚を作る単色のものであったのが、だんだんと色調の配合や色量の均衡、付置の比例など微妙な神経が働いて、より複雑に重ね貼りなど技巧を凝らす作品へと変化していく。[43]

光太郎はこの切り抜き絵を「ゆたかな詩であり、生活記録であり、たのしい造型であり、色階和音であり、ユウモアであり、また微妙な愛憐の情の訴でもある」と述べている。[44] 智恵子はその作品を光太郎にだけ見せ、光太郎がそれを鑑賞することを楽しみに待つようになる。春子は作品を光太郎に見せる時の智恵子の様子を、次のように語っている。

> 叔母は押入から丸い手鏡をとり出し、一人で髪をとかしてちょっとのぞき、みだしなみをととのえる。そしてきれいな座布団を出しておく。まもなく伯父さまがいらっしゃって事務所へ会計をすませる。私は伯父さま御持参の大きな風呂敷包を持ってさきに病室にゆく。
> ほどなく伯父さまが入っていらっしゃった。
> 「御機嫌よう」。
> 叔母は、それはそれは嬉しそうなお顔をなさって伯父さまの大きなお膝にだかれる。私はまごついてそうっと廊下にぬけだした。
> 風呂敷包をとくと、様々な色紙、京花紙、半紙、オーデコロン、オリンピックのケーキやクラッカー、ビスケットの数々。そのほかお願いしておいた品々が出てくる。三人でおいしくケーキを頂いて、伯母は押入からうやうやしく紙絵作品を出してお目にかける。
> 「ほう。」
> と伯父さまは美しさに驚かれながらごらんになる。そばで叔母は目を細めて嬉しげになんどもなんどもおじぎをしては伯父さまをみていられる。……[45]

光太郎もまた、自分に絵を見せる智恵子の恥ずかしそうなうれしそうな顔が忘れられないと語り、そこに健康に生きる智恵子の姿を見出している。[46]

昭和13年（1938年）になると、智恵子は長らく患っていた結核の進行が進み、夏には38度を超える熱が続いたが、37度台の時には切り抜き絵の制作を続けていた。しかし、同年10月5日の夜、自分で整理してまとめておいた切り抜き絵を光太郎に渡し、光太郎に看取られながら息を引き取る。享年53歳であった。

中井は統合失調症の患者が慢性期に入り、そこで「画を描くことをきっかけとして治療のヤマ場というか分水嶺となることのほうが実際には多い」[47] と述べ、このきっかけがなければ回復期に入れないことも多いという。また、絵を描くことが重要なのではない点として、「孤独な環境で一人で描いている画は壁に向かっての一人ごとであり、治療の場で描く絵はメッセージであり、語り」[48] であるという。つまり、絵を描くにしても、それが他者に共有され、何らかのメッセージ性があり、それが了解可能な形で伝わり拘留されて初めて、治療的であるということであろう。

このような治療的場で共同作業がなされる創造的活動は、中井によれば「焦り」の環境では生まれず、「ゆとり」があって初めて取り組めるという。[49] このゆとりの中で自由に造型する作業とは、光太郎の感じている智恵子の「たのしい造型」に通ずるものであろう。光太郎はここでも治療的態度として適切な姿勢を自然と身につけている。ただ審美的見地から作品のみを解釈するのではなく、その作品に込められた思いや共有してほしい時間と空間を保証して守り手となることが、病者の隠れていた健康な心の機能を再び取り戻す土台となっていく。智恵子の場合もその回復の兆しが見えつつあったが、残念ながら同時に進行していた結核によって、道半ばでこの世を去ることとなった。

おわりに―心の病に寄り添う人に寄り添うこと

以上のように、光太郎は統合失調症という心の病を抱える妻に対して、ほぼ一貫して治療的な関わりを続けてきたといってよいであろう。しかしそれは身体的、社会的、そして精神的にも相当の負担であったことは想像に難くない。

ところで自宅看護の苦労の中、光太郎を精神的に支えたもののひとつに中原綾子への手紙があると思われる。中原から光太郎への返事の手紙は公にされていないためわからないので、中原が実際にどのような言葉かけを光太郎にしたのかは不明であるが、光太郎からの手紙の内容から察するに、光太郎にとって精神的な支えがそこにあったと思われる。

光太郎は、当時妻の病気のことを対外的には公にしていない。妻の病気を公にしたのは妻の死後である。自宅看護の折は看護にかかりっきりであり、そもそも仕事自体が出来ない状態であった。光太郎は手紙をこの時期に他の者にも出しているが、智恵子の病状を記したものは、中原以外には智恵子の母に宛てたものだけである。しかも、智恵子の母に宛てた手紙の内容は、智恵子の看病に関する具体的な助言や必要なものの連絡に終始していて、看護に関する苦しい胸の内は一切明かしていない。中原にのみ、かなり長文の手紙で光太郎自身の苦悩を率直に書いているのである。なぜであろうか。

中原と光太郎の関係はそもそも文芸仲間であり、先輩後輩の間柄で、中原が光太郎を師と仰ぐ関係であった。中原は自身の詩集を刊行するにあたって、光太郎にその序文を依頼している。そのやり取りの手紙の延長で、徐々に光太郎が中原に智恵子の病状を訴えるようになっていく。

心の病を抱えた家族を持つ人たちは、その戸惑い、怒り、絶望感などを病者本人にぶつけるわけにもいかず、また他の家族にそれをぶつけるわけにもいかない。ましてや極めて個人的な苦悩を、仕事関係の者に吐露するわけにもいかない。また、治療者に対しても、まずは本人の治療が優先で、どうしても自分の悩みは二の次となり、看護をする家族は、自分が我慢して病気の家族を頑張って支えなければという思いに駆られるのが普通であろう。光太郎もまたそうであったと推測される。

そうした時、かえって第三者にこそ本音を出せるということは自然なことではないであろうか。それは利害関係があまりないような、何を話してもそれが何か直接影響を及ぼすような関係ではない相手という意味での第三者である。光太郎にとって中原はちょうどよい距離の人物であったのではないか。全く知らない相手ではなく、それまでの付き合いから自身にとって安心して関われる相手であったのかもしれない。

さらに、中原との関係は手紙のみのやり取りに終始している。智恵子を見舞いに行こうとする中原の申し出を光太郎は断っている。それは見知らぬ来訪者が智恵子に対して精神的に脅威を与えてしまうという意味でもあるし、実際には看護でそのような余裕すらないということもあったろう。もし、直接会うような関係に発展していたら、中原の存在は違う意味を帯び、それは光太郎と智恵子にとって有害な結果をもたらしていたであろう。

手紙という限定された枠においてのみ心情を表出し、そしてそれを秘密として保持することができた点が、心理療法的な構造枠を光太郎と中原二人の間に自然と成立させていたといえる。つまり中原は光太郎の心理療法における治療者としての役割を担ったともいえる。光太郎が智恵子に寄り添ったのと同様に、中原もまた光太郎の苦悩に寄り添ったのであり、この二重構造のシュビング的関わりが、光太郎の智恵子への関わりを支えたといえるかもしれない。光太郎と中原の関わりの意味を考えることで、心の病を抱える人への家族には、それを間接的に支える場が必要であることを、心の援助に携わる者に再認識させてくれるのではないであろうか。

注

1) 高村光太郎（1995a）312 頁参照。
2) décadence：虚無的・退廃的な傾向や生活態度。19 世紀末の懐疑思想に影響を受けて、既成の価値・道徳に反する美を追い求めた芸術の傾向。フランスのボードレール、ベルレーヌ・ランボー、イギリスのワイルドなど。退廃派ともいう（『大辞林』第 3 版）。
3) 戸籍上はチヱ。本人は「ちゑ」あるいは「智恵」と表記し、地元での通り名は「ちゑ」である。東京に上京後、「智恵子」を名乗った。郷原宏（1983）10 頁参照。
4) 郷原宏（1983）18 頁参照。
5) 郷原宏（1983）22 頁参照。
6) 郷原宏（1983）33 頁参照。
7) 郷原宏（1983）49 頁参照。
8) 北川太一（2004a)、60 頁参照。
9) 画家柳敬助の夫人。夫の敬助と光太郎はニューヨーク時代からの友人。
10) 高村光太郎（2005）143 頁参照。
11) 高村光太郎（2005）143-144 頁参照。
12) 湯原かの子（2003）153 頁参照。
13) 昭和 3 年 8 月。高村光太郎（2005）80-81 頁参照。
14) 子宮頸軸が後方に傾いているものを後屈という。通常の子宮は前傾前屈が多いが、後傾後屈もかなりの頻度でみられる。以前は子宮後屈症として腰痛、不妊症の病因としてかなり病的意義を認め、治療としてペッサリーの装着、手術などが行われたが、現在では病的意義は少ないといわれ、診断として子宮後屈症とすることはほとんどない（世界大百科事典第 2 版）。
15) 湯原かの子（2003）164 頁参照。
16) 高村光太郎（2005）136 頁参照。
17) 湯原かの子（2003）174 頁参照。
18) 湯原かの子（2003）174 頁参照。

19）高村光太郎（2005）150 頁参照。
20）昭和 13 年 6 月。高村光太郎（2005）90-91 頁参照。
21）高村光太郎（1995c）123 頁参照。
22）高村光太郎（2005）151 頁参照。
23）昭和 10 年（1935 年）4 月。高村光太郎（2005）84-85 頁参照。
24）歌人。明治 31 年生まれ。与謝野晶子に師事して、第二期「明星」で活躍した。戦後に「すばる」を復刊し主宰した。昭和 44 年死去。享年 71 歳。
25）高村光太郎（1995b）127 頁参照。
26）高村光太郎（1995b）128 頁参照。
27）高村光太郎（1995b）129-130 頁参照。
28）高村光太郎（1995b）130 頁参照。
29）昭和 10 年（1935 年）1 月。高村光太郎（2005）83 頁参照。
30）高村光太郎（1995b）131 頁参照。
31）高村光太郎（1995b）132 頁参照。
32）町沢静夫（1979）『パトグラフィ双書 12　高村光太郎―芸術と病理』金剛出版 238 頁参照。
33）コンラート，K.（1994）『分裂病のはじまり』岩崎学術出版社、65-94 頁参照。
34）中井久夫（1985）「精神分裂病状態からの寛解過程」『分裂病』岩崎学術出版社 131-136 頁参照。
35）コンラート，K.（1994）88-93 頁参照。
36）昭和 12 年（1937 年）7 月。高村光太郎（1956）『智恵子抄』新潮社、88-89 頁参照。
37）中井久夫（1985）144 頁参照。
38）中井久夫（1985）144 頁参照。
38）湯原かの子（2003）『ミネルヴァ日本評伝選　高村光太郎－智恵子と遊ぶ夢幻の生－』ミネルヴァ書房、5 頁参照。
40）高村光太郎（2005）156 頁参照。
41）高村光太郎（2005）156 頁参照。
42）宮崎春子（1959）「紙絵のおもいで」『高村光太郎と智恵子』草野心平編、筑摩書房、309 頁参照。
43）高村光太郎（2005）157 頁参照。
44）高村光太郎（2005）152 頁参照。
45）宮崎春子（1959）309-310 頁参照。
46）高村光太郎（2005）158 頁参照。
47）中井久夫（1998）『中井久夫最終講義　分裂病私見』みすず書房、11 頁参照。
48）中井久夫（1998）11 頁参照。
49）中井久夫（1998）24 頁参照。

引用参考文献

コンラート，K.（1994）『分裂病のはじまり』（山口直彦，安克昌，中井久夫訳）岩崎学術出版社（Klaus Conrad, *Die beginnende Schizophrenie-Versuch einer Gestaltanalyse des Wahns*, George Thieme Verlag, Stuttgart 1958. 第 2 版 1966）。

北川太一（1984）「評伝」『新潮日本文学アルバム 8　高村光太郎』北川太一編、新潮社。

北川太一（2004a）『画学生智恵子（高村光太郎ノート）』蒼史社。

北川太一（2004b）『智恵子相聞―生涯と紙絵（高村光太郎ノート）』蒼史社。

草野心平（1959）『高村光太郎と智恵子』筑摩書房。

町沢静夫（1979）『パトグラフィ双書 12　高村光太郎―芸術と病理』金剛出版。

松島光秋（1977）『高村智恵子―その若き日』永田書房。

松本和男（2002）『歌人　中原綾子』中央公論事業出版。

中井久夫（1985）「精神分裂病状態からの寛解過程」『分裂病』岩崎学術出版社、115-180 頁。

中井久夫（1998）『中井久夫最終講義　分裂病私見』みすず書房。

大熊輝雄（2013）「第 8 章統合失調症，妄想性障害と気分障害」『現代臨床精神医学』改訂第 12 版、現代臨床精神医学第 12 版改訂委員会編、326-363 頁。

郷原宏（1983）『詩人の妻―高村智恵子ノート』未來社。

高村光太郎（1956）『アトリエにて』新潮社。

高村光太郎（1995a）『高村光太郎全集』第十巻、北川太一監修、筑摩書房。

高村光太郎（1995b）『高村光太郎全集』第十四巻、北川太一監修、筑摩書房。

高村光太郎（1995c）『高村光太郎全集』第十五巻、北川太一監修、筑摩書房。

高村光太郎（2005）『智恵子抄』百十九刷、新潮文庫。

高村智恵子（1996）『智恵子　紙絵の美術館』芳賀書店＋有限会社ホワイトポイント編、芳賀書店。

湯原かの子（2003）『ミネルヴァ日本評伝選　高村光太郎－智恵子と遊ぶ夢幻の生－』ミネルヴァ書房。

Living Close to Mental Illness:
Kotaro Takamura and His Wife, Chieko

by Amane FUKUDA

Born in the Meiji era, Kotaro Takamura was a sculptor and poet who was prominent during the Taisho and Showa periods. His wife, Chieko, had a significant influence on his struggle to become a professional artist.

After they got married, Chieko developed schizophrenia and even as her condition worsened, he nursed her alone at home. During this time, he was largely unable to work, and he faced a difficult time physically, socially, and mentally. During this period, he exchanged letters with one of his colleagues in the arts, Ayako Nakahara. At that time, no one in his professional life knew about his wife's illness, but in these letters, he writes in detail about the pain with which he was dealing. This correspondence served as an outlet for his feelings of loneliness, for him to express the difficulties in taking care of a mentally ill person, and it provided him mental support. After Chieko's death, he published a collection of poems about his relationship with her.

In this article, the relationship between Kotaro and Chieko is reviewed. In particular, how family members are able to remain close to a person suffering from schizophrenia and how each can move forward in one's own life in such situations is examined.

〈論文〉

橋本平八の彫刻の精神
――木に刻まれた生命と祈りの表現――

三上　慧

はじめに

木彫作家の橋本平八（1897-1935年）は、明治・大正・昭和にかけての生涯を彫刻家として生きた人物である。38歳で他界するまで多数の一木彫作品を制作し、その結果、東洋・西洋の芸術思想などから影響を受けながらも、日本人彫刻家としての「日本精神」にこだわり独自の木彫の世界を築いた。木彫以外にも、塑造・素描・絵画・書など立体・平面を問わず多くの作品を遺している。2010年に「異色の芸術家兄弟　橋本平八と北園克衛展」(三重県立美術館、世田谷美術館）で両者の芸術活動の全体像が紹介されたことにより、弟の詩人北園克衛（1902-1978年、本名健吉、1928年から北園を作家名として使用）とともに異色の芸術家兄弟として近年注目され、多様な視点から新たな研究の高まりが期待される。しかしながら、これまでの橋本に関する先行研究は少数であり、日本近代木彫史上においてその存在感が確かに認められているにも関わらず、未だ橋本彫刻の総合的な研究は不十分なままである。それは彼が早世し、その後に遺稿集『純粋彫刻論』[1)]が公刊されたものの、やや難解な文章表現であり読み解き推し量るのが容易ではなく、なかなか作品の評価につながらなかったことや作風の異色な印象などが主な原因であると考えられる。作家自身の言説が重視される本研究においては、橋本の文書・手記・日記などの資料、橋本を知る周辺人物による手記、橋本の遺族へのインタビュー、多くの作品の実見調査などは、実証的なデータとして極めて重要である。本稿において、本文中の頁番号は、特に断りのない限り『純粋彫刻論』からの引用・参考とし、必要に応じて古語から現代語に変換して記載した。

筆者は一制作者として一木彫の技法・造形・精神に魅力を感じており、その思いは橋本の精神・理論・実践の統合のあり方に符合する。筆者とすれば、これこそが彫刻家橋本に共鳴を覚え、研究対象として選んだ最大の理由である。これまで「摩訶不思議」の印象を与えてきた橋本像を、より鮮明な実像として再評価されるべく捉えたい。橋本は日記（1925 年 4 月 13 日）の中で木材が材料になる前に備えていた大地に生存する「樹木としての生気」を表すことと、主題の物象の「形姿を正確に体現」することを同時に満たすべきとしている。例えば、羊の像を彫ったなら生存している「羊の木」としての世界をつくるべしと説明している。「木彫は彫刻上に材料を生か」し、「生ける樹木と同等の表現技巧を考慮すべき心要」があるとも述べている。つまり、原木の生命観を生かしながら、彫刻の主題を具象表現することを基本とし、木材を無視して形態だけ追っていてはいけないということである。また、「一つの塊がどっしり置かれてある時に驚くべく胸をうたれる」とも述べ、「仙」や「霊」といった独特な言葉で自分の彫刻の求めるところを表現している。作品からは「用材内部にひそむ自然の力を作品に込めようとする意志」（毛利 2010、H-017 頁）も感じられる。筆者は、橋本の一木彫のもつ塊の存在感に、塊の中心にある核の存在を感じさせるものがあると考える。それが「仙」と「霊」の融合のなせる技であり、橋本を近代彫刻家の中で特異な存在たらしめている理由であろう。筆者は、一木彫は木のもつ生命感が如実に現れ、森に育まれた正真正銘の一本の木が今こうして新たな姿で再び立っているという事実が一目で伝わりやすく、制作経験の有無を問わず訴えかける何かがあると考える。制作者としては、原木のそなえる自然のしるしである木目や年輪から、その木が生きてきた時間の証、生命の軌跡をまざまざと訴えられているような気持ちにさせられ、一本の木を彫ることを通して自然と対峙していることを自覚させられる。

橋本は研究熱心な性格と恵まれた知性・感性が功を奏し、学ぶ対象を広く世界に求め影響を受け、彫刻家としてのみならずその他の多様な芸術分野（絵、書、文筆等）に通じる能力を備えた総合芸術家であり思想家である。よって、橋本の実践活動を支える彫刻精神を狭義な意味でとらえるべきではなく、彼の豊かな芸術作品も総合的に再評価されるべきである。本研究では、筆者自身の博士論文（小嶋 2013）に基づき、彫刻の精神・理論・実践の統合を作品制作において成し遂げようとした橋本平八の一木彫の可能性を、改めて理論的・実証的に究明するとともに、新たな視点として橋本の一木彫にみる生命と祈りの表現に注目し、彼の死生観の源を探究することを目的とする。

1. 橋本平八の生涯と作品

橋本は生まれも育ちも三重県伊勢市朝熊(あさま)町である。ただし彫刻の修行を夢見て22歳に上京した後は、東京(世田谷他)や奈良に短期的あるいは長期的に滞在し、29歳の結婚を機に再び故郷に戻り享年38歳で脳溢血により死去するまで、積極的に研究の場を求め移動を重ねている。橋本の生活・制作の拠点の移動が、彼の彫刻論や作品へ与えた影響は大きい。その流れを簡略的にまとめると以下のようになる。

1.1. 朝熊在住(1897-1919年)

橋本は、1897(明治30)年10月17日に誕生してから22歳まで朝熊で過ごした。家庭環境というのは人間形成に大きな影響を与えるものであるが、橋本の場合もこの朝熊在住時代に家族・縁者からの強い影響があったと考えられる。家庭環境と同様、生まれ育った地域環境も生涯に重要な影響を与える。橋本の郷土は、神道、仏教、朝熊山の山岳信仰など人間の力を超えた何かが混在する所で、これが橋本の彫刻にみる祈りの源になっていると思われる。「お伊勢参らば朝熊をかけよ、朝熊かけねば片参り」という伊勢音頭の歌詞が示す通り、橋本の生家のある朝熊町は伊勢神宮と同じ伊勢市にあり、志摩半島最高峰の朝熊山(標高555 m)がある。山頂の少し先にある金剛證寺(臨済宗南禅寺派)の付近には、橋本平八の顕彰碑(1965年建立)が安置されている。朝熊山一帯が町の子どもたちの遊び場であったことから、橋本の日記にもたびたび登場し、我が子を連れて行ったり、来客を案内したりしている。橋本と石との関わりは、日常的でありながら神聖で精神的な意味合いをもっていたと推測される。宇治山田市常磐町蓮随山の青年学校の農学士森政雄(生没年不明)のもとで、植物生態学や果樹園芸学一般を3年間修め、森のもとで学んでいた後半、郷土伊勢の彫刻師・先代三宅正直(1848-1924年)の家の前を行き帰りに通り、関心をそそられついには弟子入りし、そこで2年間彫刻技術を学んだ。浜郷尋常高等小学校の代用教員となり、同僚の亀田杢介(生年不明-1925年、本名は亀田徳太郎、東京美術学校彫刻科出身)と知り合い彫刻の指導を2年間受ける。三宅・亀田の2名から彫刻の基礎を学び習い、橋本彫刻の土台となる部分を培ったことになる。その2年後、上京し内閣印刷局雇員を拝命し、翌年当時の印刷局長池田敬八の紹介で日本美術院同人佐藤朝山（1888-1963年）の内弟子となる。3人目の師にしてようやく近代彫刻の時代を担っていた佐藤との出会いが待っていた。

1.2. 佐藤朝山宅・日本美術院にて研修（1920-1924年）

22歳で佐藤朝山の内弟子となり、その2年後には日本美術院の研究会員となり同院彫刻部研究室で彫塑を修める。佐藤は1922（大正11）年10月から2年間、日本美術院の創立25周年記念事業として西洋の芸術視察のためフランスに派遣されたため、橋本が住み込んで教えを受けた期間は佐藤の渡仏前の2年弱である。この内弟子時代に橋本は佐藤から新井奥邃(1846-1922年）について紹介を受けている。晩年、橋本が自らの師と認識する者の中にこのキリスト教思想家として活動していた新井を入れている。橋本は、研究所時代より書物を通してその精神に影響を受けていたことが分かる。自身の小論文「上人の彫刻」の中で新井の言葉「夫れ清心なる者神を見る如く、無欲なる者は美と遊ぶべし」を引用し円空彫刻について論じてもいる。居間の壁にはキリストの血塗られた顔を自ら描いて掲げており、仏教のみならずキリスト教も大きな存在であったことが窺える。新井については、北川は「荻原守衛に発する美術家達の芸術観を養った」(2003）とその関係性をみており、『純粋彫刻論』に新井の書に関する記述があり、神の存在を意識した言葉が多いことなどからも橋本への影響の裏付けとしている。

1.3. 奈良滞在（1923-1924年）

佐藤の渡仏中の1923（大正12）年、9月の関東大震災の影響で一時離京を余儀なくされ、11月から奈良市外都跡村において北園としばしの共同生活を送る。その間、奈良近郊の社寺・仏像を見て回り、橋本は古代仏像彫刻への関心を高めていく。橋本がこの後に制作する人物彫刻の基本構造が、こうした飛鳥仏の造形表現から影響を受けることになる。当時のスケッチブックには、仏像のデッサンが多く残されており、近・現代の多くの彫刻家が魅了されてきている日本の古典に、橋本も魅かれていたことが分かる。当時の日記からは飛鳥彫刻に影響を受け傾倒していたことが分かり、奈良を離れた後も、生涯をかけて飛鳥彫刻の素晴らしさについて語る日が多い。1924（大正 13）年 1 月に震災で閉じられた美術院研究所が再開され橋本も帰京し通う。その後も日々の制作の手は止まず、毎年の院展出品を継続し、10 月には、院友に推挙される。そして、内弟子として過ごした大森馬込の佐藤宅を出ることになる。

1.4. 世田谷滞在（1925-1926 年）

1924（大正 13）年 10 月末に奈良から一時朝熊に帰郷後、1925（大正 14）年 3 月から北園と東京府世田谷町太子堂 105（現在の東京都世田谷区）に移り住む。その年の 9 月、日本美術院彫塑部研究室への通学を中止した。兄弟が揃って暮らした期間はそれほど長くはないが、たとえ離れていても、手紙で対話を交わす親密な間柄であり、精神的・物質的に支え合いながら協働的に成長する二人には、彫刻と詩という芸術表現の専門形態は異なっていても、兄弟同士重なり合う部分が多く感知される。

1.5. 朝熊再在住（1926-1935 年）

1926(大正 15、昭和 1）年 10 月、朝熊に戻り、12 月には千代（1907-1996 年）と結婚し、以後は朝熊の生家に定住する。当時の橋本から妻千代に当てた手紙からは、北園が一人前になるまで兄弟子くらいの気持ちで支えようとしたこと、また人工的過ぎる東京にはマスコミ・情報などのメリットはあるが朝熊の方が彫刻に向いていると判断したことが読み取れる。毛利によれば、橋本の作品と朝熊との関係について、「木彫、仏像、自然がミックスしている」(2011 年）と評される。[2)] 1927（昭和 2）年から 1933（昭和 8）年にかけて、橋本家では平八の長男渡、長女蘭子、次女弓子が生まれる傍らで、母ゑい、妹ゆき子、父安吉を相次いで失い、毎年のように家族の生死に直面した。1931（昭和 6）年 10 月には、岐阜の千光寺を訪れ円空仏と衝撃的な出会いを体験しその後の制作への示唆を得たかと思われるが、1932（昭和 7）年 7 月、妻の客への対応が契機となりそれまでの習作全点を破壊もした。千代夫人によれば、橋本は結婚後に塑造は一切やらなかったようである。1934（昭和 9）年 3 月 8 日、横山大観（1868-1958 年）や平櫛田中（1872-1979 年）やその他の援助者の力添えを得て、前年から工事していた工房が朝熊村の自宅裏に成る。工房には「当研究室は精神の分析に関する研究を目的とす」るとされ、彫刻による芸術が精神を表現するのに最も適切な方法であり、当研究室においては「如何に表現すべきかについての研究」をすることが目的であると5月4日付で書き残された。1935(昭和10) 年11月、午前中制作するが、昼食後に来客と対談中、脳溢血で倒れ、38 年と 2 週間の生涯を閉じた。

橋本は、1922 (昭和 11) 年の院展出品作を筆頭に、自らの代表的な彫刻作品を第一課から第三課に分類した。そして、新たな方向性を探る進路変更のために第四課への移動計画だけを告げて逝去した。それらの作品は以下のようになる。

第一課	猫 (A) 【挿図 1】	1922 (大正 11)年	9 月、日本美術院再興第 9 回展覧会に出品。日本美術院研究会員として彫刻部研究室に通い、喜多武四郎と親交を重ねる。
	鷹【挿図 2】	1923 (大正 12)年	9 月、日本美術院再興第 10 回展覧会に出品。11 月、北園克衛と帰郷後、奈良市外都跡村に滞在し、周辺の仏像等を研究。
	猫 (B) 【挿図 3】	1924 (大正 13)年	9 月、日本美術院再興第 11 回展覧会に出品。馬込の佐藤朝山宅を出る。両親と工房建築について協議。この年、日本美術院院友となる。
第二課	少女立像 【挿図 4】	1925 (大正 14)年	9 月、日本美術院再興第 12 回展覧会に出品。11 月、両親と妹の肖像を描く。この年、北園克衛と東京府世田ケ谷町太子堂に住む。
	成女身 【挿図 5】	1926 (大正 15)年	9 月、日本美術院再興第 13 回展覧会に出品。10 月帰郷後に結婚。従兄弟で日本画家の橋本鳴泉と親交を結ぶ。
	裸形少年像 【挿図 6】	1927 (昭和 2)年	9 月、日本美術院再興第 14 回展覧会に出品。日本美術院同人となる。「橋本平八木彫会」(彫刻頒布会)を開催。
第三課	石に就て 【挿図 7】	1928 (昭和 3)年	9 月、日本美術院再興第 15 回展覧会に出品。3 月、日本美術院第 13 回試作展覧会に《十六歌仙其の一》を、1929 年 3 月、同院第 14 回試作展に《弱法師》を出品。
	花園に 遊ぶ天女 【挿図 8】	1930 (昭和 5)年	9 月、日本美術院再興第 17 回展覧会に出品。5 月、聖徳太子奉讃記念展覧会に《奢揭羅府の頃の那迦犀那》を出品。春、「橋本平八秘画展覧会」を開催。1931 年 9 月、日本美術院再興第 18 回展覧会に《幼児表情》出品。この年、岐阜県高山で飛騨地方の原始林を見、千光寺の円空仏に感銘し、以後、円空仏を収集。
	アナンガランガのムギリ像 【挿図 9】	1932 (昭和 7)年	9 月、日本美術院再興第 19 回展覧会に出品。1933 年 3 月、日本美術院第 18 回試作展覧会に《蟇》を出品。この年 8 月、三重県美育研究会主催教員夏季講習会で木彫を指導。

第四課	牛【挿図 10】	1934 (昭和 9)年	9 月、日本美術院再興第 21 回展覧会に出品。3 月、大礼記念京都美術館開館記念京都市美術展に《或る日の少女》【挿図 12】を出品。11 月、名古屋市美術展覧会に《兎》を出品。
	鷹【挿図 11】	1935 (昭和 10)年	9 月、日本美術院再興第 22 回展覧会に出品。6 月、帝国美術院展覧会規則により無鑑査に指定される。11 月、名古屋市美術展覧会に《群猿》を出品。11 月 1 日、脳溢血で死去。

『異色の芸術家兄弟　橋本平八と北園克衛展』図録、三重県立美術館、世田谷美術館、2010、橋本平八・略年譜参照。

【挿図 1】【挿図 2】【挿図 3】【挿図 4】
【挿図 5】【挿図 6】【挿図 7】【挿図 8】【挿図 9】

【挿図 1】橋本《猫（A）》35㎝　三重県立美術館蔵
【挿図 2】橋本《鷲》個人蔵
【挿図 3】橋本《猫（B）》33.2㎝　東京藝術大学大学美術館蔵
【挿図 4】橋本《少女立像》135㎝　個人蔵
【挿図 5】橋本《成女身》180㎝　三重県立美術館蔵
【挿図 6】橋本《裸形少年像》153㎝　東京藝術大学大学美術館蔵
【挿図 7】橋本《石に就て》28.6㎝　個人蔵
【挿図 8】橋本《花園に遊ぶ天女》121.7㎝　東京藝術大学大学美術館蔵
【挿図 9】橋本《アナンガランガのムギリ像》107,5㎝　個人蔵

【挿図 10】橋本《牛》13.3㎝
東京藝術大学大学美術館蔵

【挿図 11】橋本《鷹》
戦災で焼失

【挿図 12】橋本《或る日の少女》
61㎝　東京藝術大学大学美術館蔵

2. 木彫家橋本平八

2.1. 橋本の木彫観

橋本は、「彫刻家は木材を生殺自在することを天分とするもの」であり、材木を生かし得ない彫刻は死物であるから、「この材木の生かし方に依りその彫刻の良悪は定まる」とした。そして、その「材木の生かし方を知った人が木像の生きたのを造り得る」としている。木像の生気はひとり材木が材木として生き生きしているときから始まり、それを生かして始めて仕事の上に意味あらしめることができる。人間の像は人間の姿をした生ける木材であるべきで、この生ける木材によって人間の肖像が造られており、ここに生ける人間の姿を我々は木彫の上に観取することができると理解される。福江（2009、13 頁）は、「橋本は木材を伝統的な木彫という狭い技術的適用から解放し、彫刻素材としての可能性を意識していた」との見方をしている。これは、木材の特質に依拠する従来の木彫観から脱して芸術精神に目覚めた「彫刻」そのものに立ち帰り、《石に就て》が象徴的に示すように、素材としての潜在力を開発する橋本の姿勢を示唆していると考える。何度も「彫刻とは何か」について考えをめぐらしその都度答えを見つけており、真剣に自分の専門に向かい合っていたことを感じさせる。例えば大正 14 年 12 月には、次のような記述がある。「彫刻とは木の燃ゆるかたち」、「彫刻とは立体より入門したる人類の意志的表現そのもの」、「彫刻とは彫刻家の声」、「形ではない真理」という一連の表記からして、「彫刻とは立体もて取り扱われたる純粋意志の的確なる表現なり」と理解される。大正 15 年 11 月のポーズについての記述からすれば、手を左右に拡げたりするのは絵画純ポーズであり、彫刻ではだめになりやすく立体的に波乱を感じ見るにも耐えないものであるから不適当であると見なす。このような考え方から寄木の必要はなく必然的に一木彫になったのであろう。

2.2. 近代彫刻との関わり

橋本の生きた時代は、明治から昭和にかけてであり、明治は西洋から「彫刻」という言葉・芸術様式が導入された時代である。橋本を近代日本彫刻界に属する一人としながらも、一木彫刻作家としての全体像には特異な存在感が認められる。特に一刀彫にこだわり頑固なまでに自己の理論と実践を結びつけようとしたあたりに他の作家との違いを感じさせる。橋本の特異性として、福江（2007、81-82 頁）は橋本の人物の精神性が作品の異色性と重なって語られる傾向を指摘し、人間像を出さねばならぬほどに、平八の作品は難解と述べている。また本間（1965、8-10 頁）は、橋本が《石に就て》で表現しようとした仙が、円空のその木魂世界に通ずるものであるとしている。そして、晩年の石をモチーフにした牛や兎や鷹の木彫は、「石の石らしさを超越した不可思議な生命をもった石を表現した」とし、「現代の彫刻の中にも直接つながってくる考え方」としている。さらに河北（1965、11 頁）は、「基調には、東洋的な精神主義がつらぬいているが、この精神性がするどいニュアンスをはらみ、また清新な発想と感覚をともなってオブジェとしての近代彫刻の行き方を独特の角度から示唆している点が貴重」とし、「古代から流れている日本人本来の彫刻感覚が近代に閃めいた稀有の例」と評価している。

2.3. 一木彫作家としての位置づけ

2.3.1.〈飛鳥彫刻の継承者〉

橋本は、日本の美術史観に関する原稿を遺している。ここで橋本の明記する結論は、自然・真理・宗教・哲学・芸術と名称こそ異なっていても、帰するところは皆一つであるということである。埴輪に関して、彫刻生命を宿すその立体的効果を高く評価する橋本は、「日本彫刻の純粋精神」、「最も平明にして最も深刻なる芸術」として埴輪を「神の位置」に置く（橋本「美術史観」〈日本〉より）。飛鳥彫刻の継承者として自らの努力の成果が推古とどのくらい変わった姿に生まれ出るかを体験したいと思い、また自らの位置や運命との関係を明瞭に認識し、新たな方向性を確定するために奈良まで出かけることにした（大正13年9月8日）。飛鳥彫刻を継承しながらも、日本人彫刻家として一木彫の可能性を切り開く橋本は、時代性を踏まえて自らの新たな位置づけを獲得しようとした。

2.3.2.〈日本彫刻の探究者〉

橋本は、一生涯をかけて日本人彫刻家としてどれ程の仕事をしたかということにより、自分自身が古今東西を通じて如何なる地位に置かれるべきか、その批判は後世に待つ他はないと認識している（大正13年12月16日）。ここには、一木彫作家としてのアイデンティティを探求するとともに、時代を生きる日本人彫刻家として国内外での位置づけを意識する橋本がいる。「東洋の彫刻は天体より降下せる精神の表れ」であり、「西洋の彫刻は地体より湧き出せる精神の表れ」であると宣言する橋本を、「西洋と東洋のはざまで葛藤する一人の日本人」（水上2008、26頁）とする見方があり、筆者としても同感である。国内よりもむしろ海外で評価を高めた弟の北園克衛が実証するように、生涯にわたり日本彫刻のあるべき姿を求め、実験制作を通して果敢に挑戦し続けた橋本こそ、いずれは国際的作家になれる素質を有していたと言えまいか。

2.3.3.〈彫刻学の実験制作者・研究者〉

科学者が実験を繰り返し試行錯誤の中から新しいものを発見し創造に進展させるように、各課の道程において実験制作を試み、「道程の尖端を指示する最も鮮明なるもの」（23頁）を院展に出品し続けた。彫刻は、「形ではない思想哲学から出発する処の芸術的土壌の革新」（大正13年夏）であり、これを己の仕事とする橋本は、芸術家としての純真な霊的震撼を「狂」と称し、「無限に飛び去る魂」と同義であるこれが、「自分にとって最も密接な力」と見なす。霊的直観を備えた芸術家であると同時に思想家、神秘主義者、科学者、哲学者でもある橋本は、「省察せよ。見聞を広からしめて豊かなる知識を養え」（昭和6年1月）と自身に言い聞かせながら、実験制作と研究の往還を省察的に継続し、木材の素材自体の変容の可能性を探究した。

橋本は「研究」と「創作」を区別し（293頁）、研究・探究は創作・表現に先立つものであり（33 頁）、研究を杖とし創作を柱（48 頁）としている。「研究」に関しては、継続的に実験制作を行い、特に彼が特別視している院展出品作は、彼の成長過程をよく表している。彼がもっと長く時代を生きることができていたならば、研究者として彼の芸術における知性と感性が生かされたのかもしれない。橋本は既に、彫刻は人類にとって大切な世界で、「彫刻学」を論説して初めてその必須であることに気づく（11 頁）とし、「彫刻教育」の時代の到来を予言している。筆者を含め、彫刻に関して学術的・教育的分野に携わる者であるならば、橋本が彫刻の精神・価値を作品に具現化するために制作体験を通して理論と実践の統合を図ろうと努力し、さらには教育によって後世へ伝えることを意識したことの意義を理解できるであろう。実践と研究の往還が強調される現代の教育の指導者の姿勢に合い通じるものがあると感じられ、これも橋本の再評価につながる特徴の一つになるであろう。

続いて橋本の創作は、絶えず自己と自作の彫刻を高めるために行われた。日本の古典といわれる仏像彫刻からの学びも多く、例えば仏像の指の水かきを含めそれと認識できる程度の塊とした表現に興味を覚え、自分の芸術にもこの要素を持たせたい（237 頁）と語っている。筆者がとりわけ興味を抱くのは、「彫刻の驚異或いは彫刻の芸術的価値はその天然の模倣でないことは勿論であるがそれと全く撰を異にししかも天然自然の実在性を確保する性質のもの即ち同じ石にも石でありながら石を解脱して石を超越した生命を持つ石そんな石が不可思議な魅力でもって芸術的観念に働きかけてくる」（238 頁）という説である。橋本の創作行為は、省察を経た研究との往還によってさらに深化する。研究と創作の往還により作品とともに成長する橋本像は、現代においても求められる芸術家のあるべき姿であろう。

3. 橋本平八の彫刻論

3.1.『純粋彫刻論』

遺稿集『純粋彫刻論』に基づき橋本の唱える彫刻論を解読・考察し、筆者の一木彫制作者としての視点から論考を加えることがねらいである。本文はⅠ論説編とⅡ日記編の 2 部構成になっている。Ⅰ論説編は、さらに 4 つのタイトル（彫刻の起源、純粋彫刻論、思索、原始精神の文明）から構成されている。Ⅱ日記編は、昭和6年からの5年間（1931-1935年）における制作や思索の記録が事細かに記載されている。全編を通して橋本が考える彫刻精神や芸術観が存分に盛り込まれ、その内容からは彫刻家としてのみならず芸術の研究者としての姿勢も窺われる。

3.2. 彫刻の精神

3.2.1.〈古代精神〉

埴輪に象徴される古代精神への想いは、橋本が木彫において一木彫を貫いていたことと関わりがある。埴輪は胴も首も手足も一個の塊として形成されるが、目の表現も刳り抜くという原始的な方法で、一塊としての表現が成されることが橋本を強く惹きつけたのではないか。これは、「精神の立体形象」は彫刻のみによって把握されるとする橋本の根本的信念に通じることである。土屋（1960）の『円空の彫刻』に基づいて、円空が古代の心に憧憬を持っていたことを指摘する本間（1973、29頁）は、「木彫における木が素材として、最も彫刻的な量をもっているすがたは、先天的な円筒状の形であり、この素材の先在する強さを表出するということが、円空において大胆率直に果たされた」と示唆し、「円空仏と飛鳥仏との造形上の類似は幾つも挙げることができる」とも述べている。

3.2.2.〈日本精神〉

「日本の歴史の語る文化は余りに外国の模倣に過ぎない」（29頁）との見解から、「日本精神を研究することを目的とする彫刻」（33頁）に精進する橋本がいる。これは、「和魂洋才」などに象徴されるように、歴史的に西欧文化から多大な影響を受けてきた日本文化のアイデンティティに関わる重要な問題である。精神主義については、これまでも研究者によって指摘されてきた橋本の一面である。「万葉精神文化の奥底深くに潜在」（31頁）し、清心にして無欲で率直に直観するような純粋精神が橋本の説く日本精神である。「彫刻に導かれて精神生活に入ってきたものであるが常に自分の彫刻的精神生活を保護鞭撻したものは愛国心」（34頁）と語る橋本にとって、彫刻は「純然たる生命の本流真生命であり精神」（56頁）である。

3.3. 彫刻の価値

橋本は、彫刻によってのみ表現し得る「彫刻的価値」について模索した。その彫刻的価値を「立体的な原質を完全に具備すること」(8 頁) と述べている。これは、彫刻を人形や工芸作品と区別し、純粋に空間における構築物としてとらえている姿勢を感じさせる。彼は、救世観世音菩薩を拝観した時の体験を想起し、「人の欲求する立体は全く未だこの世界に現れざりし立体的素質を意味するもの」(9 頁) との考えに至っている。その立体的素質については、彫刻における本体そのものであって、木彫であればその木の特質云々ではなく作家により創造される価値を発生する素質的価値を指すものである、と理解される。例えば石を対象として彫刻した場合、その石の素質を表現しようとするのではなく、石以上の価値あるものを目指すべきであるという主張である。彫刻は精選された黄金であり、研磨された宝石であり、人類の永久絶対的価値である (14 頁) と見なしていることから、橋本が彫刻芸術に価値を見出し誇りを持って取り組んだ様子が窺われる。

3.4. 彫刻の法則

3.4.1.〈天然と自然〉

橋本が自身の主要な彫刻観について述べる際、多く用いられるものとして「天然」「自然」という言葉が挙げられる。橋本の場合、天然は人間の全ての疑問に解決を与える (33 頁) とし、神秘の源泉 (87 頁) であり、人智に対するものとして用いられている。また、天然と自然の分類 (61 頁) については不明瞭な感が否めないが、橋本の文脈においては、天然が外なる大自然界の営みを指す一方で、自然は無作為の内なる自然から生じる人的営みを示唆すると思われる。《石に就て》発表直後の昭和 3 年 12 月の日記には、「ロダンの自然主義、平八の天然主義」とオーギュスト・ロダン (Auguste Rodin、1840-1917 年、フランス) を引き合いに出し、「人間を主観とする自然、神を主観とする天然」と対比するように述べている。さらに、「自分は自然の上に天然を置く」と、天然を自然より優位なものとして位置づける記述もある。そして作家は、天然を模写するのではなく、天然に学び教えられる (233 頁) としている。着色についても同様で、作品論を進める際に必須の内容であるが、植物や花の色など天然に色彩を教えられる。また、石は天然の威力に動かされて次第に下流に運搬され円滑に密度を増していくとした。橋本によれば、この立体的密度を加えるために適用される極めて自然なる法則と作家による制作の勤労は、天然の威力と同様に人間の支配する最も自然で偉大なる威力と考えられる（62頁）。彫刻は意志により、意志は思想により、思想は正義を求め、正義は天然自然も超越し人類の上に最も崇高偉大なる法則であらねばならない（127–129頁）、という見解をとっている。人間の英知から抜け出したものと天然から抜け出したものには相違があり、彫刻の法則に則り、人間の英知で天然自然の現象を一歩前進させて明日の時代をここに表現する（241–242頁）ことが作家に期待されるとする。筆者としては、円空は木の霊性、天然自然が為したものを生かし一体化の中で作品を生み出したとしても、橋本の場合は、木彫家としての自らの英知によって、天然自然を超越しようとしたその強い意志・意図に注目すべきではないかと考える。

3.4.2.〈仙と霊〉

橋本の使用する特殊な言葉として「仙」と「霊」が挙げられ、それぞれについて橋本は、「霊とは静なり。静とは動の終りなり。即ち動中静なり」「仙とは動なり。動とは静の終りなり。即ち静中動なり」（109–110頁）と定義づける。そして、自らにとって驚異であり芸術である立体的神秘に仙と霊が関わっていると認識している（238頁）。仙は天然に習う表現であり霊は内なる魂の表現であると理解される。橋本が内弟子に入る前から、佐藤は既に自然・天・霊という言葉を使用していることから、橋本の内弟子時代にも、その言葉や考え方を話している可能性があり、佐藤の影響も考えられる。また、ロダンの影響を受けた時代の風潮として、静・動という言葉が一般的に使われたと推察される。橋本自身は、静動の哲学と題して、静と動のどちらか一方が不足することなく静動を両立したところに真理（真善美）があり、それが芸術につながるとしている（1924年11月）。さらに「芸術の姿は静動を超越して最も自然にして純一なる姿なるなり。静動もまた自然の一角なり」と述べており、能楽をも鑑賞して静中動や動中静を見取っていたことが日記から窺える（1928年11月）。

4. 橋本の木彫作品

第一課から第四課の分類に基づき、各課の造形的特徴を踏まえて、橋本の実験制作のテーマと計画、制作の実践、省察と次作への課題を見極め、実験の軌跡を体系的に分析しながら彫刻家としての成長過程を辿る。

4.1. 第一課

橋本は晩年まで動物をモチーフにした木彫を制作しているが、第一課の3点には動物の内部生命を表現するという当時注目された西洋風な視点・意図が感じられる。奇抜な表現はなく、いたって真面目に佐藤や日本美術院からの学びを生かしており、橋本の修業時代作と位置づけられよう。本間（1973、24頁）が示唆するように、《猫（A)》は習練の方式を示すもので、《鷲》はそれに自らのものが加わり、《猫（B)》はそれができあがったものと見なせる。しかし、この時点で橋本は観念と方式とに「行きつまり」（21頁）を感じ、それは「一つの特異性でもある」（21頁）という。すなわち、現状の精神・法則においては、動物彫刻を造る実践に限界があることを察知したと思われる。当時の橋本は、1920年から佐藤の内弟子となり、1922年《猫（A)》の発表以後は日本美術院の研究会員として彫塑教育を修め、周りから多くの影響を受けていた。そうした橋本に新たな転機をもたらしたのは、関東大震災後、佐藤宅から避難し奈良に滞在しながら古寺を巡って仏像研究をした経験である。古代仏教彫刻、それも躍動的・構成的・性態的な飛鳥彫刻に強く魅かれている。さらに、「飛鳥仏の正面性が強いアルカイックな造形表現に強い共感を覚えていた」（毛利2010、H-018頁）橋本は、第二課に属する人物の心象表現へと新たな挑戦を準備することになる。

4.2. 第二課

この課では、動物像に続く段階として人物像を扱った。《少女立像》の下図のように文章が添えられたものも含め、いずれの作品も平面資料が残っており、試行錯誤の様子が窺え、一作ずつ実験を繰り返し成長していく橋本の姿が想起される。「童女震憾を表現するものである」（21頁）という本人の言葉からは、本実験制作のテーマは童女が震え動いている様子の表現であることが推測される。その震えは恐怖からくるものか、あるいは感動からくるものであろうか。橋本は本制作以前の1919（大正8）年に溺れかけるまで7時間泳いだり、1924（大正13）年には普段通りの生活の中で7日間断食したりする体験を意図的に積んでいる。橋本の死生観からすれば、死との直面は生の実感に他ならず、死を見つめる目はそのまま生を見つめる目の裏返しとなるものである。こうした橋本の行為は、ともすれば奇人扱いされる原因になりかねないが、北園（1955、2頁）によれば「ひとつの行のつもりであったらしい」とのことである。筆者とすれば実験感覚で遂行されたと思わずにはいられない。なぜなら、芸術家として何を大事とし何に感覚を研ぎ澄ませ心を震わせ生きていくべきかについて、冷静に自己分析（計画・実践・省察）をしながら精神鍛錬を経て実感の伴う答えを導き出していることが、橋本の手記から読み取れるからである。《成女身》のような長身の作品においても一木彫にこだわり潜在力を追求した橋本であるが、《裸形少年像》では、前二作と同様に強い正面性が設定されることに加え、古代エジプト彫刻を思わせる片足を前に踏み出すポーズを試み、濃い彩色と着衣部の線刻や文様がエキゾチックなイメージを醸している。少年像の背面の割れに関連するが、あえて木芯と像の中心を合わせることは、一木彫の特徴でもあり珍しいことではない。材料の持っている法則と自己の彫刻理念との融合の結果である。人物像については、木彫のみならず家族を描いた肖像画にも画家として才能を感じさせるものが多く残っており、総合芸術家としての橋本の力量が窺われる。佐藤宅を出て弟健吉との共同生活を太子堂で始めた橋本は、東京近辺の芸術家と交流して自らの芸術思想を深め、美術・文学・東西思想・仏教・哲学において興味・関心を拡張したことであろう。そして《成女身》発表後に帰郷・結婚した後は、正統的な彫刻表現をこの課で終え、次の課において今日多くの作家・研究者・評論家が関心を寄せる転機を迎える。

4.3. 第三課

この課では、《石に就て》というタイトルに象徴されるように、橋本が常日頃から関心を寄せていたという「石」を鍵に分析を展開した。石は、生家の庭や近所の河原、朝熊山など、橋本にとって幼少時代からの身近な存在であった。自然が造った大中小の塊である石は、誰でも日常的に触れることがあり、彫刻家であればなおさら興味を覚えずにはいられないモチーフであろう。橋本の日記（昭和2年以降）には石にまつわる記述が数年にわたりかなりの枚数割かれており、それらは彼の最も有名な代表作《石に就て》の制作意図につながるものとして有効な資料である。「石には無限の生命を宿す」（中村 1965、18 頁）ととらえ、人体は一体だとぽつねんと寂しいが、石は一個でもそんなことない、として一粒の石から感触や構造について思いを巡らしていたことが読み取れる。《石に就て》を発表当時、本作は考えさせられる作品（金井 1928）として評されている。筆者は、本作もまた木彫の技法と表現の可能性を追究する実験制作と位置づける。前作において、塊表現の技巧と一木彫の精神の統合により体得したものを、さらに昇華させ「仙」を表現したものが本作である。モデルとなった原石に“南無阿弥陀仏”と墨で記されたのは、出品前月の母ゑいの死との関わりで石に託した橋本の思いが窺われ、祈りの表現に結びつく。いずれまた猫をつくり祖母の霊を弔う（昭和 2 年 5 月）など、自作を弔いの呪物のように捉えている一面も見られることから、《石に就て》も母の死の弔いの役割があったと考えられる。それを裏付ける記述（昭和 3 年 12 月 8 日）は、橋本が父と二人で上京し、家族の死による傷心を癒す旅行をしたときのものである。「印度の詩聖タゴールが土に永劫沈黙の言葉を聞くと歌った。まさしく沈黙の内に閃めく土の言葉そのまま原始の塊に還元するものである。今秋出品の石も亦それに他ならなかった。つかれたる魂を養うものはこの静かさではないか。母を失いし自分と妻を失いし我父と今信濃の高原に心の傷を養うことができたのである」と心中を語っている。「仙」の表現をねらい木彫による石の写実化に絶望した橋本は、《花園に遊ぶ天女》で「霊」の表現に転じた。天女の地山には「学神、空神、風神、火神、水神、地神、鳥神、花神、樹神、雷神」など四方面に 3 つずつ神名と直線的な模様が線刻として彫り出されており、文字からも霊を感じさせる。しかしながら、石に関する思いは橋本の中に潜伏しており、次の《アナンガランガのムギリ像》で、異国の雰囲気を漂わせながらも万葉文化に注目し、木彫・石彫の区別なく優れた彫刻をつくるために起こす運動の序幕を配慮している。第三課を終えたところで橋本は、「古今東西を解脱し本来無垢に立ち返る時期に遭遇」（23 頁）したという。また、本課までの代表作を十年間の最も真剣な作品とし、今後はさらに清新なる意識を持って第四課に移動する計画を立てている（23 頁）。

4.4. 第四課

第三課において「仙」と「霊」についての実験を重ねたが、その後の作品群である《牛》と《鷹》については、橋本自身が解説を残していない。先行研究でもあまり取り上げられていないが、《牛》を前作の延長と限界とみる（堀元 1994、49-50 頁）、《石に就て》に展開したオブジェとしての彫刻意識を徹底したものとみる（本間 1973、48 頁）、《牛》は作られたものではなく生まれたものとみる（福江 2009、56 頁）、あるいは仙の表現をさらに追求し新たな可能性を探る方向へと進路変更したものとみる（毛利 2010、H-027 頁）などの多様な解釈がなされている。筆者の場合は最後の毛利の解釈に近いが、仙と霊の融合こそが橋本の新たな方向であると見なす。つまり、仙と霊が一体となって初めて橋本の求めた生命力が生まれると推察される。妻千代が生前、石に墨のついたものは大事なものであるから保存しておくようにと子どもたちに話しておいたおかげで、生家には石に墨をつけたものがいくつも現存している。当時橋本が子どもたちと近所の川原や風呂場（窓から庭の砂利が手に取れた）で遊んでいる際に、面白い形の石を見つけては、何に見えるかと一緒に話し合ったりしていたそうである。[3)] 石にも生死があると捉え、「生動の体を具備せる石」は生があり人間が生きているかのようである。「混迷して体を為さざるもの」は死せる石だという（昭和 3 年 12 月）記述から、生きて動いているような形の石ばかりを選んで採集していたことが窺える。《石に就て》を発表後、モチーフとしての石から離れた橋本が、再び石に戻り新たな進展を見せたことには、1931（昭和 6）年の円空仏との出会い、また彫刻家としての新たな信念が影響していると考える。《牛》と《鷹》において一つの新たな境地に達したと言えるであろう。現存する木取りからは、亡くなる直前まで通常の生活を送り、大きな制作が計画されていたと推される。志半ばで他界した橋本を想うと、中途の感が残る課であることが残念である。同時期に彫られた人物像《或る日の少女》が、見る者の心に訴える完成度の高い一作品であることからしても、橋本の彫刻家としての気高い意識と優れた力量が惜しまれる。

おわりに

本研究では、彫刻の精神・理論・実践の統合を作品制作において成し遂げようとした橋本平八の一木彫の可能性を理論的・実証的に究明するとともに、橋本の一木彫にみる生命と祈りの表現に注目し、彼の死生観の源を探究することを目的とした。橋本の生涯と作品、木彫観、近代彫刻との関わり、一木彫刻作家としての位置づけ（飛鳥彫刻の継承者、日本彫刻の探究者、彫刻学の実践制作者・研究者）、彫刻の精神（古代精神、日本精神）、彫刻の価値、彫刻の法則（天然と自然、仙と霊）などの視点から、各課にわたる作品群やその他のデータを分析した。その結果、彫刻家の精神・理論・実践の三位一体に基づく実験的制作の軌跡が認められ、あくなき探究心を抱いて自らの理念を実験制作に応用し、完成作品に昇華させ続けた橋本の積極的な姿勢が浮き彫りになった。自律的・省察的な制作実践と研究の往還を通して、自らの一木彫の深化と彫刻家としての成長が互恵的に促進されたと見なされる。一方、作品にみられる生命と祈りの源については、橋本の家族の死、生まれ育った地域環境（神道、仏教、朝熊山の山岳信仰）、東西の芸術・思想・哲学・宗教を意識した橋本の精神、仏教や仏像制作への橋本の思い、素材である木や石が内包する生命感・霊性などが互いに影響し合っていると思われる。

先行研究の多くが芸術学・美術史の専門家によって論じられる中で、本研究においては一制作者の理論的・実践的視点から専門的に研究の深化を図ることができたと感じる。また、筆者自身の制作実践と省察の継続、一木彫における技法と表現の可能性の探究に結びついたと考える。今後は、東洋英和女学院大学の保育者養成の仕事に本腰を入れる中で出会った「木育」にも挑戦しながら、木彫・木育の両分野において自律的・協働的・省察的に専門的成長を目指す所存である。

注

1) 『純粋彫刻論』は、橋本の生前から兄弟で発行準備が進められたが、最終的には弟の北園により編集され、橋本が他界して6年半後に遺稿集として刊行された。廃刊になってからは入手し難い状況であったが、2012年10月に復刻版（限定500部）が伊勢文化舎より発行された。
2) 毛利伊知郎による講演会「橋本平八・北園克衛と朝熊」（朝熊町ふれあい会館、2011年5月15日）にて聞き取りしたものである。「橋本平八と北園克衛展」(2010)以降、三重と世田谷では橋本に関する講演会やイベントが複数回開かれており、筆者の調査の機会とした。
3) 橋本の次女弓子氏（1931-2013年）に、聞き取り調査（2010年12月22日）を行った。筆者は2010年9月25日と、2011年10月29日にも生家にてインタビューをしている。生前の橋本（や母から聞く橋本）についての記憶など、大変意義深い証言を頂戴した。

参考文献

金井紫雲：『都新聞』、1928年9月21日。

河北倫明：「橋本平八の木彫」『木彫の鬼才　橋本平八氏建碑記念集』橋本平八顕彰会、1965、11頁。

北園克衛：「橋本平八のこと」『現代の眼』11、1955、2頁。

喜多武四郎：「橋本君を憶ふ」「橋本平八氏追悼」、『アトリエ』13巻2号、1936、43-45頁。

小嶋慧：「橋本平八の一木彫に関する研究—彫刻制作における精神・理論・実践の統合—」平成24年度博士論文、筑波大学大学院、2013。

土屋常義：『円空の彫刻』、造形社、1960。

中村新松：「純粋一路」『木彫の鬼才　橋本平八氏建碑記念集』橋本平八顕彰会、1965、16-18頁。

橋本平八：『純粋彫刻論』昭森社、1942。

橋本平八：「上人の彫刻（遺稿）」『現代の眼』123、1965、2頁。

福江良純：「橋本平八の木彫—作品《石に就いて》と素材の変容」『意匠学会会誌　デザイン理論』50、2007、79-92頁。

福江良純：「神秘不可思議の芸術—橋本平八の木彫と近代性」平成20年度博士論文、京都工芸繊維大学大学院、2009。

堀元彰：『日本の近代美術 11―祈りの造形《或る日の少女》』大月書店、1994。
本間正義：「祝辞」『木彫の鬼才　橋本平八氏建碑記念集』橋本平八顕彰会、1965、7-10 頁。
本間正義：『近代の美術 16　円空と橋本平八』至文堂、1973。
水上嘉久：『橋本平八の生涯と彫刻観―武蔵野美術大学平成 16 年度共同研究』武蔵野美術大学、2008。
毛利伊知郎：「橋本平八―作品と思想」、『異色の芸術家兄弟　橋本平八と北園克衛展』図録、三重県立美術館、世田谷美術館、2010、H-015-H-031。

『新井奥邃著作集』第 8 巻、月報 8、新井奥邃著作編纂会編、春風社、2003。
『三重美育』8、「故日本美術院同人橋本平八年譜」三重県美育研究会、1939、45–51 頁。

図版出典

【挿図 1・2・4・5・6・8・9・10・11・12】
『異色の芸術家兄弟　橋本平八と北園克衛展』図録、三重県立美術館、世田谷美術館、2010。
【挿図 3・7】
『橋本平八と円空』図録、三重県立美術館、1985。

Heihachi Hashimoto's Spirit of Sculpture:
Expression of Life and Prayer in Woodcarving

by Kei MIKAMI

Heihachi Hashimoto (橋本平八 1897–1935) was a sculptor who died young at the age of 38, and an artist whose writings on sculpture are very difficult to understand. In 2010, however, an artistic exhibition *Hashimoto Heihachi and Kitasono Katsue* was held in Mie and Tokyo, and many aspects of these two people's artistic activities were introduced. It appears from this exhibition that new research on Hashimoto is now happening inside and outside Japan. This paper is a study of the integration of his spirit, theory, and practice in sculpture, and through this study, his expression of life and prayer in single-block woodcarving is explored. For this article, much literature was reviewed, synthesized, and analyzed, including a variety of Hashimoto's writings, such as *Junsui-chokoku-ron (On Genuine Sculpture*, 1942). In addition, I visited his hometown and talked with persons connected with him and carefully examined his works of woodcarving. Through this research, his experimental process of woodcarving through the integration of spirit, theory, and practice, and his positive attitude towards the practice of his principles were revealed. Moreover, in exploring his expression of life and prayer in woodcarving, I discovered various influences in his carvings, such as his family members' deaths, Shintoism/Buddhism rooted in his birthplace Asama, his view of Buddhism/Buddha statues, and the inner life/spirituality of the materials he used in his sculptures. Both his woodcarving development and his professional development as a sculptor seemed reciprocally promoted through his autonomous, reflective practice and research. This is an area I also would like to enhance in my own professional growth not only as a sculptor, but also as a *moku-iku* (educational woodworking activities) practitioner and researcher.

〈論文〉

カミーユ・ブノワの批評「ガブリエル・フォーレの《レクイエムのミサ》」
——19 世紀末における死生観と楽園——

林　直樹

はじめに

レクイエムとは、本来ローマ・カトリック教会の儀式の一つである「死者のためのミサ」で歌われる聖歌であった。19 世紀末は、レクイエムが次第に教会を離れ、コンサート・ホールで演奏される独立した音楽作品としての地位を確立させていく時期である。そのため、この時期のレクイエムの演奏に寄せられた批評は、人々が宗教と芸術の狭間で、どのような作品を理想としていたのかを考察する鍵となりうる。

1888 年 8 月、音楽評論家カミーユ・ブノワ（1851-1923）は音楽雑誌『ギッド・ミュジカル』[1]にて、パリのマドレーヌ教会にて演奏されたガブリエル・フォーレ（1845-1924）の《レクイエム》作品 48 の批評を発表した。ブノワの批評「ガブリエル・フォーレの《レクイエムのミサ》」はフォーレの《レクイエム》を扱う先行研究にて頻繁に引用される。この批評がとりわけ注目されたのは、ブノワが批評の中で「異教徒的 païen」という言葉を用いていたためであり、この言葉はフォーレの《レクイエム》を非難する言葉であるとされてきた。ブノワの批評をジャン=ミシェル・ネクトゥーは「風変わりな批評」(Nectoux 1995: 74)[2]、ロバート・オーリッジは「非難」(Orledge 1979: 114-115) とそれぞれ形容しつつ紹介している。確かにキリスト教の音楽であるレクイエムのレビューの中で「異教徒的」という言葉を使うことは、執筆者が作品に対し否定的であるという印象を読者に与えかねないであろう。フォーレの《レクイエム》がこのように評されたことから、従来の研究者は、作曲家の個人的な宗教観が反映され、創意工夫が施されたレクイエムは、当時まだ人々に受け入れられていなかったと考えた (Caballero 1999: 300-301)。

しかし一方で、フォーレの《レクイエム》には肯定的なレビューも寄せられた。例えばマドレーヌ教会での演奏会にブノワとともに列席していた音楽評論家カミーユ・ベレーグ（1858-1930）は、後に著作でフォーレの《レクイエム》を繊細で慎みのある作品と評価している（Bellaigue 1907: 217）。そしてブノワも例外ではなく、先に言及した批評の全文を読解すると、彼はフォーレの《レクイエム》を非難しておらず、むしろ高く評価していたことがわかる。つまり、これまでの研究者たちがブノワの批評をまとまった形で引用せず、「異教徒的」という言葉のみをブノワの解釈の全てであると捉えていたために、フォーレの《レクイエム》の評価が長らく誤って解釈されていたと言える。

では、なぜブノワはフォーレの《レクイエム》を評価する文脈で「異教徒的」という言葉を用いたのであろうか。キリスト教の音楽であるレクイエムの批評に、一見ふさわしくない言葉が用いられた経緯を考察することで、一つの音楽作品の解釈の見直しを図るとともに、19 世紀末の人々の宗教音楽や死に対する捉え方の一側面をも見ることができるであろう。

1. ブノワの批評「ガブリエル・フォーレの《レクイエムのミサ》」

まずブノワがどのような文脈の中で「異教徒的」という言葉を用いていたのかを確認しよう。この言葉は、批評の冒頭からすでに現れる。

> 「異教徒的な芸術家は、生のイメージで石棺と葬式の壺を装飾した……そうすることで、開花が死に勝利し、内側の聖灰は、その静かな囲いの中で、依然として生を楽しんでいるようだ。生のすべての宝物を飾られたこの渦巻き装飾が、その後も詩人の石棺を取り囲んでいる！」ガブリエル・フォーレの《レクイエムのミサ》を聴いた後、ゲーテのこの想いと願いが、私の心に蘇った（Benoît, *GM*, 9 et 16 août 1888）。

最初の一文はヨハン・ヴォルフガング・フォン・ゲーテ（1749-1832）の詩「ヴェネツィアのエピグラム」（1790 年）からの部分引用である[3)]。つまり「異教徒的」とは、ブノワの言葉ではなく、元々はゲーテのエピグラムにあったものをブノワが借用した言葉であった。ブノワはゲーテのエピグラムの中の「異教徒的」の部分にあたる単語「Heide」を訳し[4)]、さらにそれを「古代の精神」という言葉に置き換え、《レクイエム》を古代人の持っていた死と葬儀に対する精神を復興させた作品と評価した。

> 「異教徒的」という言葉が、その典礼のテキストと音楽が演奏されている場所によって誘発される理念と調和しないと思われるならば、私はこの作品を「古代の」精神を持ったものであると言おう。〔中略〕仮に古代人が、最も繊細な喜びの理念を葬儀の観念と婚約させる芸術において、私たちの巨匠だったならば、現代のエリートはこの融合をどのように刷新し、この微妙な技術を細やかなものにするのかを知っていたのだろう。彼の《レクイエム》によってガブリエル・フォーレは明らかにこのエリートの一員になった（Benoît, *GM*, 9 et 16 août 1888）。

「古代の精神」という表現は、すでにフォーレの美学を扱った先行研究にて注目されている。カルロ・カバイェロはフォーレの《レクイエム》が、キリスト教の考え方から逸脱しているために、ブノワによって「古代の精神の作品」と評されたと述べる（Caballero 1999: 300）[5)]。確かにブノワも上の引用に見られるように、「異教徒的」という言葉がキリスト教の音楽を語る上では不適切な表現なのではないかと危惧していた。では、19世紀末当時の人々にとってその言葉はどのような意味を持っていたのであろうか。そこで当時のフランスで出版された辞書の項目を参照し、その同時代的意味を確認する。

2.「異教徒的」の同時代的意味

エミール・リトレ（1801-81）によって出版され、古典的な文学作品からの引用も多い、代表的なフランス語辞書『リトレ』(1863-72年）の「païen」の項目には次の意味が並んでいる。1、古代の多神教を信じていること。2、異教に関係していること。3、異教徒の特性を持っていること。4、複数の神を信仰する人。5、何かしら異教徒的な要素を持つ宗教を信じている人。6、転じて、不敬であること。「古代の多神教」という意味が最初にあげられているのに対して、「不敬である」という意味は、6番目の項目に該当し、意味が転じての用法であった。リトレ以外の同時代の事典として、例えばラルース社の創設者であるピエール・ラルース（1817-75）が刊行した『19世紀ラルース』（1866-76年〔1877年と1878年に補遺が出版〕）が挙げられる。そこでは「多神教を信じていた古代の人々だけではなく、そういった人々や神々に関係するものについても意味する」と定義されている。

ここまで見てきた辞書の「païen」の項目では「古代の多神教」という、ブノワが意図した意味と一致した意味が紹介されていた。しかし一方で、『アカデミー・フランセーズ辞典』（1878年）では、「païen」は「偽の神々、および偶像を崇拝する、偶像崇拝者のこと。主にキリスト教とは対照的なもの、そして福音が宣べ伝えられた後のも偶像崇拝のままであった、エジプト人、ギリシア人、ローマ人のような古代の人々のことを指す」と説明されていた。リトレとラルースでは「古代の多神教」という意味が中心的に紹介されていたのに対し、アカデミー・フランセーズの辞書委員会が編纂する辞書では「間違った神を崇拝するもの」という意味が一番に挙げられていた。このように「異教徒的」という言葉は、辞書によって意味や解釈に差がある言葉であった。つまりブノワは言葉の曖昧さと、それが「キリスト教に反する」という意味に捉えられかねないことを理解し、自らが意図するところを明確に示すために「古代の精神を持つ」と説明を加えたと考えられる。

このように、「異教徒的」という言葉が持つ曖昧さのために、先行研究においてブノワの批評が誤読されてきたといえる。しかしこの誤読の背景には、言葉の問題だけにとどまらず、ブノワの批評がフォーレの《レクイエム》を取り巻く複数のテキストと、半ば強引に関連付けられていたことも見逃してはならない。そのテキストとはフォーレ自身の発言、そしてフォーレの死後に、フォーレの次男フィリップ・フォーレ=フルミエ（1888-1954）が父について語った著書（Fauré-Fremiet 1957）の中の一節である。これらの発言は、《レクイエム》に対して不当な評価をしたブノワに対する反論として解釈された。従来の研究は、そこから遡る形でブノワが《レクイエム》を非難したと考えたのであろう。

3. 作曲家フォーレの発言

自らの《レクイエム》について語ったフォーレ本人の発言がある。これは作曲者が死生観を踏まえながら語っていることから重要な意味を持つとされた。ネクトゥーは次の発言をブノワの批評に対する反論として紹介している(Nectoux 1995: 74)。

> 私の《レクイエム》……それは死に対する恐怖を表現したものではないと言われ、中にはこの曲を死の子守歌と呼んだ人もいる。しかし私は死を次のように感じているのだ――それは苦しみに満ちた移行というよりもむしろあの世での永遠の幸福や喜びに満ちた解放である(Aguettant 1954: 1)。

この発言は、フォーレの死後に発行された新聞パリ・コメディア(1954年3月3､9日)に記載された､1902年にフォーレが音楽学者のルイ・アゲッタンに語ったとされるものである。確かにこの発言からは、《レクイエム》が誰かによって非難されていたということがうかがえるが、その人物がブノワであることは明記されていない。先行研究ではブノワへの反論と紹介された発言であるが、むしろフォーレはブノワが述べていた「喜びの理念を葬儀の観念と婚約させる芸術」という解釈に準えていると言える。

フォーレが「異教徒的」という言葉について自らの考えをあらわしている発言は、別に存在する。それはジャーナリストのフランソワ・クリュシー(1875-1958)とのインタビューの中で語ったものであり、新聞ル・プチ・パリジャン(1922年8月28日)に掲載されている。クリュシーは《レクイエム》が「異教徒的」と評されていることについてフォーレにコメントを求め、それに対してフォーレは「『異教徒的』ということは必ずしも『無宗教的』という意味ではない。さらに私は、古代の『異教徒的』な要素が、いつも私の想像力に非常に生き生きと働きかけていたことを否定できない」(Fauré 1922: 1)と答えている。このやりとりからは、フォーレの《レクイエム》が「無宗教的」と否定的に評価されたという誤読が、フォーレが生きている20世紀初頭においてすでに人々に広まっていたことが考えられる。そしてフォーレは、ブノワの用いた「異教徒的」という言葉の真意、無宗教的という意味ではなく、古代の異教徒的な要素を感じさせるという意味を理解し、世間に対してブノワの解釈に対する評価の訂正を試みていると考えられる。

4. フィリップ・フォーレ=フルミエとアナトール・フランス

ブノワの批評の誤読の原因となったもう一つのテクストは、フォーレの次男フィリップ・フォーレ=フルミエによるものである。オーリッジは、フィリップが著作の中で、ブノワの考え方を非難したと述べる（Orledge 1979: 115）。確かにフィリップはブノワの《レクイエム》の解釈に難色を示している。フィリップは、ブノワが《レクイエム》の批評の中で、高踏派の作家であるアナトール・フランス（1844-1924）を「フォーレの、彼とは別の芸術分野を担う同世代の兄弟」（Benoît, *GM*, 9 et 16 août 1888）として紹介した点について追及している。ブノワはアナトール・フランスとフォーレの《レクイエム》をどのように結びつけて語っていたのか。ブノワがアナトール・フランスの詩を引用しながら、《レクイエム》の最初の楽章である〈イントロイトゥスとキリエ〉について解説している一節が次である。

> それでは、ガブリエル・フォーレの作品に立ち入って見よう。あなたが望むなら、我々は白い大理石の霊廟を訪れよう、それはいくつもの階と区画でできている。広大なペリスタイルのペディメントに、私が碑文を想像しなければならないとすれば、アナトール・フランスの詩を喜んで刻むだろう。その詩は、死の瞬間に若いダフネが彼女の恋人ヒピアスにため息交じりに語ったものである。
>
> 私は生きてゆくことは無駄であり、
> 死は良いものであることを知っている。
> そしてそこには甘い魅力と深い秘密がある。
>
> 墓の向こうに浮かび上がる、甘い魅力のこの感覚は、〈イントロイトゥスとキリエ〉の厳格さを通してまさに明らかとなる。この楽章は、そのスタイルの豊かさ、その構造の比率、その発展の特性、ハーモニーの豊かさと充実さから見て、最も重要だ……（Benoît, *GM*, 9 et 16 août 1888）。

ペリスタイルやペディメント[6]といった古代の建築様式は、フォーレの《レクイエム》が初演されたマドレーヌ教会にも見られる。マドレーヌ教会はローマ・カトリックの教会ではあるが、古代ギリシアの神殿を模している新古典主義建築である[7]。ブノワは、古代ギリシア風の建築を想像し、そのペディメントにアナトール・フランスの詩を刻む。ブノワは特に〈イントロイトゥスとキリエ〉の厳格さや構造の比率を評価しており、それが古代ギリシアの精神を復興させた建築や美術、そして高踏派の詩人と同じ美学を持っていると考えている。ブノワは〈イントロイトゥスとキリエ〉だけでなく、フォーレの《レクイエム》の各楽章にアナトール・フランスの詩をあてる。それはブノワがフォーレの《レクイエム》を文学作品でもって表現しようとした試みであり、それぞれの楽章の曲想に合った詩や言葉を選んでいる。例えばアルペジオが特徴的な〈サンクトゥス〉ではアルペジオの様相を植物のひだにたとえている。ブノワはアナトール・フランスを単にフォーレと親和性を持っている作家として紹介しただけではなく、《レクイエム》の各楽章のイメージに合った詩を引用し、「古代の精神」を文学の側面から表現しようとしていた。

このブノワの批評に対してフィリップは「〔アナトール・〕フランスは完璧な文体ではあるが、古い言葉以外では決して書いていなかったのに対して、フォーレが常に絶対に自分独特のものであった様式を用いる度に新たな発見をしていたことを考えると、〔この両者を〕パラレルな関係とみなすことの非論理性は明らかである」(Fauré-Fremiet 1957: 65–66) と述べている。しかし一方で、フィリップは「アナトール・フランスに存在する全く明晰なもの、古典的なもの、ラテン的なものは、彼をガブリエル・フォーレに近づけている」(Fauré-Fremiet 1957: 66) とも述べており、《レクイエム》に古代の精神を見ている点はブノワと同じ解釈を示していた。つまりフィリップは、アナトール・フランスとフォーレを同じ精神を持った芸術家として語ることについては疑念を抱いているが、ブノワの考え方の全てを否定しているわけではなかった。

5. ヴァトーの絵画と「死の楽園」

フィリップは、ブノワの《レクイエム》評について言及した後に「ガブリエル・フォーレは、古代のエリーゼの園に似たあの世をとかく想像していたと思う」(Fauré-Fremiet 1957: 68) と付け加えている。フィリップが父親の死生観について、「エリーゼの園」という言葉を用いた背景には、フォーレが《レクイエム》に、レクイエム作品としては珍しい〈イン・パラディスム(楽園にて)〉というセクションを作曲したことがある。

〈イン・パラディスム〉は、厳密には死者のためのミサには含まれず、ミサ終了後に教会の外に出て死者を埋葬する際に歌われるテクストであり、基本的にレクイエム作品には含まれない。ブノワはこの〈イン・パラディスム〉に強い関心を寄せている。ブノワは『ギッド・ミュジカル』が楽曲の分析を専門的に行う雑誌媒体では無いことを考慮して、具体的な楽曲分析を批評の本文で語ることを避けている。しかし、脚註にて〈イン・パラディスム〉の転調について評価している (Benoît, *GM*, 9 et 16 août 1888)。さらにブノワは批評の中で「平和の園」という言葉を用いて、それがフォーレの《レクイエム》を象徴する風景と述べ、具体的な絵画の名前を引用しながら次のように述べている。

> 平和――我々が死者が持っているのを急に羨み始めるその平和――の園の中では、ナザレの牧師は彼の群れの世話をしている。〔中略〕フォーレの《レクイエム》を象徴する為に、望み通りに整えられた風景がここにある！　あとは成り行きを見守るだけだ。夜が来て、6月の月が陰影を乱す魔法を放つ。その距離を伸ばし、比率を変え、そしてノルマンディーの墓地はヴァトーの公園に変わる。そこでは、恋人たちがさまよい、リュート、歌謡、そして「マスクとベルガマスク」を演奏する (Benoît, *GM*, 9 et 16 août 1888)。

アントワーヌ・ヴァトー (Antoine Watteau, 1684-1721) の名前がここで挙げられる。「公園 un parc」とはヴァトーの絵画《公園での集い *Assemblée dans un parc*》【図 1】によるもの、ブノワのイメージするフォーレの《レクイエム》を象徴する風景が、この絵画に現れているといえる。ヴァトーの絵画がブノワの批評に引用された背景には、美術コレクターのルイ・ラ・カーズ (1798-1869) の存在がある。ラ・カーズはフランスの医師、美術コレクター、画商であり、ゴンクール兄弟に先立ち新古典主義以前の 18 世紀

【図 1】アントワーヌ・ヴァトー《公園での集い》1716–17年　油彩・キャンバス　32.5cm x 46.5cm ルーヴル美術館

フランス美術作品を蒐集した。ラ・カーズの死後、そのコレクションの275点がルーヴル美術館に寄贈され、その中にはヴァトーの作品も含まれていた（Faroult 2007）。ブノワがルーヴル美術館の学芸員として勤務し始めた1888年はラ・カーズのヴァトーのコレクションがルーヴル美術館に寄贈された後であり、ブノワがヴァトーの作品をルーヴル美術館内で認知していた可能性は極めて高い。

フォーレの《レクイエム》から湧き起こるイメージを、植物に囲まれた園と表現するブノワの着想は、同時代の他の批評にも現れる。批評家のロベール・ブリュッセル（1874-1940）はフォーレの《レクイエム》について、「彼の歌によってうまれた風景、それは光であふれた田園の墓地の、花が散りばめられ、まさに厳かで心静かなやさしさというものに愛された風景だ」(Brussel, *Le Figaro*, 9 novembre 1937）と述べている[8)]。フィリップもまた、ブノワの批評が19世紀末当時のヨーロッパにおいて、強い影響力を持っていたということが推測される発言を残している。

この《レクイエム》については多く書かれているが、すでにマドレーヌ教会での演奏会の後、カミーユ・ブノワがあまりに文学的ではあるが、作品の魅惑的な分析を発表した。この時、高踏派は勝利し、新たに打ち出された『古代への復帰』は若い精神の持ち主たちを喜ばせた（Fauré-Fremiet 1957: 65）。

上の引用でフィリップは「『古代への復帰』が若い精神の持ち主たちを喜ばせた」と述べている。ところで、この「若い精神の持ち主たち」とはどの集団のことを指しているのであろうか。この批評で述べられている古代観が、ブノワの個人的な感想だけにとどまらず、多くの批評家に共有されていたものとすれば、そこから当時の人々が古代に音楽の理想を見出していた姿を見ることができよう。そこで、批評家のブノワのキャリアや交友関係、そして《レクイエム》の批評が掲載された音楽雑誌『ギッド・ミュジカル』について、その実態を整理していく。

6. ブノワと音楽雑誌『ギッド・ミュジカル』

ブノワは 19 世紀末から 20 世紀にかけて活躍した音楽評論家・美術館学芸員である。最初は音楽評論家として活動していたブノワであるが、1888 年以降は並行してルーヴル美術館に学芸員として勤務し、主にフランドル派の絵画を研究した（Landau 2016）。セザール・フランク（1822-90）に作曲を学び、同門のヴァンサン・ダンディ（1851-1931）やエルネスト・ショーソン（1855-99）らと交流があった[9]。

アンリ・ファンタン=ラトゥール（1836-1904）の芸術家の集団肖像画《ピアノを囲んで》【図 2】[10] には、ブノワの姿が描かれている。この群像に描かれている芸術家はいずれもリヒャルト・ワーグナー（1813-83）の愛好家として知られており、アントワーヌ・ラスコー（1839-1906）の家に定期的に集まり、ワーグナーの楽劇のピアノ・リダクションを 4 手で演奏していた（Alsdolf 2013: 228）。

【図 2】アンリ・ファンタン・ラトゥール《ピアノを囲んで》1885 年　油彩・キャンバス　160 cm × 220 cm　オルセー美術館

ブノワはワーグナーに関する論文[11]を発表し、《ニュルンベルクのマイスタージンガー》をフランス語に翻訳した（Landau 2016）。また彼は新ドイツ楽派の支持者でもあり、第1回バイロイト音楽祭にも参加していた（Ellis 2007: 179）。

ブノワが《レクイエム》の批評を投稿した音楽雑誌『ギッド・ミュジカル』は、1855年にマインツのショット社の支社としてベルギーに設立された楽譜出版社「ショット・フレール Schott frères」より出版された。記事はフランス語で書かれているため、主な読者層はベルギーとフランスに集中していると考えられるが、郵便連合に加盟している他のヨーロッパ諸国でも購読が可能であった。この音楽雑誌は、1880年以前は特定のポリシーを掲げる刊行物ではなかったが、徐々に傾向が変わり、1887年にベルギーの音楽評論家モーリス・クッフェラート（1821-1919）が編集長に就任した後は雑誌の副題も「ベルギーと国外からの音楽ニュースの週刊評論」から、「劇場—コンサート：時事—歴史—美学」に変わっている（Vanhulst 2012: 14）[12]。1888年に『ギッド・ミュジカル』が取り上げた作曲家は、ワーグナーが最も多く15件、次いでリストが8件の記事に取り上げられている。ここからこの音楽雑誌が、19世紀後半のドイツ語圏にてワーグナーとリストを中心に形成された新ドイツ楽派を支持している傾向が伺える。新ドイツ楽派は、音楽と文学の結びつきを重視した楽派でもあった。

ではどういった評論家が記事を執筆していたのであろうか。この雑誌は1年間の記事をまとめた媒体の冒頭のページに、主な協力者の名前を掲載している【図3】[13]。ブノワは『ギッド・ミュジカル』の協力者の中で2番目にリストアップされている。またこの一覧からは『ギッド・ミュジカル』が国際的なネットワークを構築しようとしていた意図も窺える（Vanhulst 2012: 15）。『ギッド・ミュジカル』の主な執筆者たちは、ワーグナーを古代の精神を復活させた人物と捉えており、例えばクッフェ

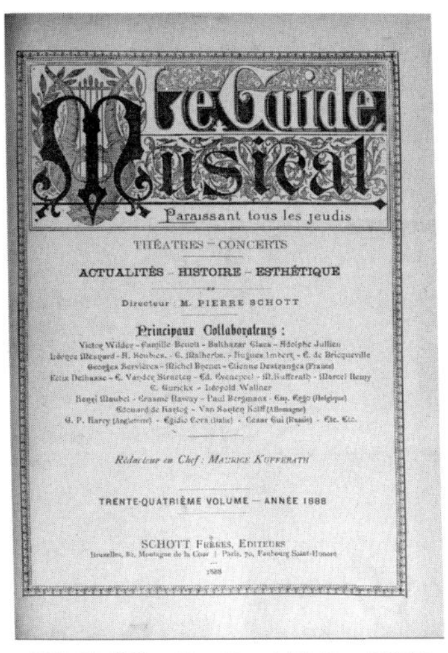
Le Guide Musical
Paraissant tous les jeudis
THÉATRES – CONCERTS
ACTUALITÉS – HISTOIRE – ESTHÉTIQUE
Directeur : M. PIERRE SCHOTT
Principaux Collaborateurs :
Victor Wilder – Camille Benoit – Balthazar Claes – Adolphe Jullien
E. Gurickx – Léopold Wallner
G. P. Harry (Angleterre) – Egidio Cora (Italie) – César Cui (Russie) – Etc. Etc.
Rédacteur en Chef : MAURICE KUFFERATH
TRENTE-QUATRIÈME VOLUME – ANNÉE 1888
SCHOTT FRÈRES, ÉDITEURS
1888

【図3】『ギッド・ミュジカル』1888年　表紙と主な協力者一覧

ラートはワーグナーの楽劇《ワルキューレ》について述べた批評の中で、その作品の持つ神話性や古代観を讃えている（Kufferath, *GM*, 8 mars 1887）。つまりブノワは、ベルギーの音楽雑誌『ギッド・ミュジカル』の多くの執筆者が芸術の理想として捉えている「古代」という切り口でもって、フランスの作曲家のフォーレの《レクイエム》をレビューし、フィリップのいう「若い精神の者たち」、ベルギーで活動していたワーグナー支持者たちからの評価を得ることに成功したと考えられる。ブノワは、あくまでキリスト教の音楽を扱う批評であることから、「異教徒的」という言葉を「古代の精神」という言葉に置き換えていたが、「異教徒的」という言葉もドイツの詩人ゲーテのエピグラムの引用であり、新ドイツ楽派を支持する『ギッド・ミュジカル』の関係者、および読者を強く惹きつける言葉であったことが考えられる。

7. 編集長クッフェラートが語る
ブリュッセルで受容されるフォーレ

さらにクッフェラートは、フォーレがパリではなく、ブリュッセルで受け入れられている作曲家であることを示唆している。1888年3月8日の記事で、クッフェラートは20人会で同時に開催された演奏会についてレビューし、その中でフォーレがフランス音楽の刷新を追求していると述べる（Kufferath, *GM*, 8 mars 1888）[14)]。音楽については「演奏されるフレーズに既成の結論を見出すことを好むブルジョアは、最高の喜びを得るのにいくつかの困難があるだろう。〔中略〕彼の芸術は素朴でかつ洗練されている。構成の明快さによって素朴になり、新しい形式や興味深いハーモニーに対する絶え間ない配慮によって洗練されているのだ」（Kufferath, *GM*, 8 mars 1888）と述べる。そしてパリとブリュッセルにおけるフォーレの受容について、次のように述べる。

> ここに2人のフランスの作曲家、フォーレ氏とダンディ氏がいる。彼らはたいていの場合パリのジャーナリズムの旧習にこだわった批判に酷い虐待を受けている。しかしブリュッセルの公衆の支持を直ちに得たのだ。派手な広告も、ペテン師のファンファーレもなく、ただ単に彼らの

作品の価値と、彼らの個性の魅力によるものである（Kufferath, *GM*, 8 mars 1888）。

クッフェラートは、パリにおける旧習に拘ったジャーナリズムがフォーレを理解していないことを示唆し、フォーレの音楽の商業主義的では無い側面を評価している。ブノワも同様に《レクイエム》の批評の中で、商業主義やサロンを非難していた（Benoît, *GM*, 9 et 16 août 1888）。ブノワがフォーレの批評を掲載した1888年には、パリでは受け入れられていないフォーレが、ブリュッセルにて受容されると考えるジャーナリズムの背景があった。ここから、パリの商業主義やサロンを非難する目的のもと、フランクとその弟子を含む作曲家の系譜の１人としてフォーレを挙げ、その《レクイエム》を評価する批評が『ギッド・ミュジカル』にて掲載される一連の構造を、間接的ではあるが見出せる。

結　び

先行研究では、フォーレの《レクイエム》はブノワによって非難されたと考えられてきたが、批評を読解すると、ブノワはむしろ肯定的に評価していたことがわかる。ブノワは《レクイエム》を「古代の精神」を持つ作品と考えていた。批評の中で使われていた「異教徒的」という言葉は、ゲーテのエピグラムからの部分引用であり、「反キリスト教的」というよりはむしろ「古代の多神教を思わせる」という意味合いに近かったと推測され、《レクイエム》が「古代の精神を持つ」という文脈で援用された言葉であった。ブノワの批評への反論と考えられていたフォーレ自身の発言であるが、その内容はむしろブノワの提示した見解と類似したものであることがわかった。フィリップ・フォーレ＝フルミエは、ブノワの見解に難色を示しているが、それは主にフォーレとアナトール・フランスを同列の芸術家と考えることに対する批判であり、「古代の精神を持った作品である」という見解はブノワもフィリップも一致している。ブノワはフォーレの《レクイエム》が象徴する風景を「平和の園」と表現し、ヴァトーの絵画の名前を引用している。批評家のブリュッセルもまた、フォーレの《レクイエム》から花がちりばめられた風景を想起している。

ブノワはワーグナー支持者であり、その周囲にもワーグナーを愛好する音楽家、批評家が多かった。ブノワが《レクイエム》の批評を掲載した『ギッド・ミュジカル』も、ワーグナーおよび新ドイツ楽派を支持する批評家が中心となって、ブリュッセルとパリにて出版された音楽雑誌であった。ワーグナーの作品を、古代の精神を持つものとして評価するベルギーの音楽ジャーナリズムのもとで、フランスの作曲家であるフォーレの《レクイエム》も同様に「古代の精神を持つ作品」として受け入れられたと言える。編集長クッフェラートは記事の中で、パリでは評価されていないフォーレが、ブリュッセルでは受容されていることを示唆した。先行研究ではブノワの批評の「異教徒的」という言葉のみに焦点が当てられ、それがブノワという一個人の批評家による非難と捉えられてきたが、『ギッド・ミュジカル』というジャーナルの実態を調査すると、ブノワはベルギーにおいて理想化されていた音楽を、批評の中で巧みに表現していたと言える。フォーレの《レクイエム》をめぐる言説が、フランスのパリだけにとどまらない19世紀のヨーロッパ、特にベルギーのブリュッセルにおける音楽ジャーナリズムを背景としていることが、新たに明らかとなった。

本稿は、2019年度 Hitotsubashi International Fellow Program —Outbound—の助成を受け、国際音楽学会第5回東アジア部会（2019年10月20日）での発表内容を基に、加筆修正したものである。

注

1) 本稿では以下 *Le Guide Musical* を略号 *GM* で表す。

2) ネクトゥーは「創作以来、この《レクイエム》には風変わりな批評が寄せられてきた。例えば『ギッド・ミュジカル』の記事ではカミーユ・ブノワによって「異教徒的」とされていることがわかる」と述べ、それに続く形でフォーレ自身の発言を引用し、それを「ブノワに対する反論」としている。このフォーレの発言については、本稿の5の項目を参照されたい。なお、日本で出版されている大谷千正の翻訳（ネクトゥー 2008）では、「風変わりな批評」は「間違った批評」と訳されている。

3) ブノワが部分的に引用したと考えられるゲーテのエピグラムの箇所が以下である。

古の異教徒は、生命の形姿で石棺と骨壷を飾った…〔中略〕
こうして充満は死を圧倒し奥津城の死者の遺灰すら
静謐の国にあってなお生を楽しんでいるかのようだ。
詩人が豊かに生命で飾ったこの一巻がまたいつの日か
詩人の眠る石棺をそのように取り巻いてくれ（Goethe 1949: 305）

4) 19世紀から20世紀に出版されたゲーテの詩「ヴェネツィアのエピグラム」（1790年）のフランス語訳でも、Heide は païen と訳されている（Goethe 1899〔Ralph Schropp 訳〕）。

5) またカバイェロはブノワの「異教徒的でもあり、キリスト教的でもある」というフレーズにも注目しているが、それはアナトール・フランスの劇詩『コリント人の婚礼』の一節に言及する文脈で用いられたものであり、フォーレの《レクイエム》を直接形容してはいない。

6) ペリスタイルとは古代ギリシアや古代ローマ建築にみられる中庭を囲む列柱回廊であり、ペディメントとは切妻屋根の稜線とその下の水平材に囲まれた三角形の壁面である。

7) マドレーヌ大聖堂は1764年に建築が始められるが、フランス革命により一時建築が中断される。その後ナポレオン1世の栄光を讃える神殿としてギリシャ様式の建築が再開され、ナポレオン失脚後はルイ18世によりカトリック教会として用いられた。フォーレは《レクイエム》初演後の1896年にマドレーヌ大聖堂の首席オルガニストに任命された。

8) ブリュッセルはまた、フォーレが《レクイエム》にて示した宗教的感情を、ヨハン・ゼバスティアン・バッハ（1685–1750）に似たものと述べている（Brussel, *Le Figaro*, 9 novembre 1937）。

9) ショーソンの日記（1892年1月28日）には、ブノワと多くの芸術家・評論家が会食したことも記されており、その中にはフォーレの名前もある（Chausson 1999:

285)。

10) ファンタン=ラトゥールの《ピアノを囲んで》に描かれている人物は、(起立、左から右へ) 音楽学者アドルフ・ジュリアン (1845-1932)、ヴァイオリン奏者アルチュール・ボワゾー (1845-1908)、批評家カミーユ・ブノワ、裁判官アントワーヌ・ラスコー (1839-1906)、作曲家ヴァンサン・ダンディ、(着席、左から右へ) 作曲家エマニュエル・シャブリエ (1841-1894)、芸術の後援者エドモン・メートル (1840-1898)、批評家アメデ・ピジョン (1851-1905) である。

11) ブノワは、ワーグナー関連の著作や論文を出版するだけではなく、ヨハン・ゼバスティアン・バッハの《ミサ曲ロ短調》の完全版のパリ初演に関する批評 (Benoît 1891) も発表しており、その後パリで演奏されるドイツやベルギーの作曲家のミサ曲や交響曲の曲目決定にも影響を及ぼしている (Stegemann 2004: 274)。

12) この変化は、『ギッド・ミュジカル』が読者の文化的素養を豊かにすることに専念するようになった兆しであると先行研究では考えられている (Vanhulst 2012 : 15)。また1889年の5月末に『ギッド・ミュジカル』は出版局本部を、ブリュッセルからパリにあった支店へ移している。

13) フランスの項目にある Balthazar Claes はカミーユ・ブノワの偽名である。ジュリアンは先に見たファンタン=ラトゥールの絵画に描かれている人物である。一覧の最後の人物ツェーザリ・キュイ (1835-1918) はロシアの音楽評論家、作曲家である。「ロシア五人組」の1人として知られているが、父親がフランス人の混血で、母親がリトアニア人であり、ファースト・ネームの「ツェーザリ」もフランス語の発音に従って「セザール」とされることがある。

14) 更にクッフェラートは、フォーレがブノワ氏と並び、カミーユ・サン=サーンスとセザール・フランクの指導を受けた若い世代の音楽家に属すると述べ、偉大な古典音楽の学校 (フォーレの出身校であるニーデルメイエール古典宗教音楽学校) で豊かに教育され、フランス音楽の刷新を強く追求していると考えている (Kufferath, *GM*, 8 mars 1888)。

主要参考文献

Aguettant, Louis. 1954. "Gabriel Fauré: Mon *Requiem* est une aspirarion au bonheur." In *Paris-Comœdia*. 3-9 mars 1954. p.1, 6.

Alsdorf, Bridget. 2013. *Fellow men: Fantin-Latour and the problem of the group in nineteenth-century French painting*. Princeton, N.J.: Princeton University Press.

Bellaigue, Camille. 1907. "Le *Requiem* de Gabriel Fauré." In *Étude Musicales*. 3er series,

Paris: Delagrave. p. 217–220.

Benoît, Camille. 1888. “La *Messe de Requiem* de Gabriel Fauré,” In *Le Guide Musical; revue internationale de la musique et de theâtres lyriques*. Brussels; Paris: Schott. Vol. 1887-1888 v. 33-34. 14 et 21 juin 1888. p.195–197.

Benoît, Camille. 1891. “La *Grande Messe en si mineur* de Jean-Sébastien Bach,” In *L'art Musical*. 28 février 1891. p. 29.

Brussel, Robert. 1937. “Requiem.” In *Le Figaro*. 9 novembre 1937. p. 4.

Caballero, Carlo. 1999. “Fauré's Religion and La Chanson d'Ève.” In *Regarding Fauré*. edited by Tom Gordon, Nevada: Breach Publishers.

Chausson, Ernest. 1999. *Écrits inédits : journaux intimes, roman de jeunesse, correspondance*. (choix et présentation de Jean Gallois et Isabelle Bretaudeau; avant-propos de Marius Constant) Monaco: Rocher.

Ellis, Katharine. 2007. *Music criticism in nineteenth-century France: La revue et gazette musicale de Paris, 1834–80*. Cambridge; New York: Cambridge University Press.

Faroult, Guillaume. Sophie Eloy. 2007. *La collection La Caze : Chefs-d'oeuvre des peintures du XVIIe et XVIIIe siècles*. Paris: Hazan.

Fauré-Fremiet, Philippe. 1957. *Gabriel Fauré*. Paris: Albin Michel.〔フィリップ・フォーレ＝フルミエ　1972『フォーレ・その人と作品』藤原裕訳、音楽之友社〕

Fauré, Gabriel. 1922. Interview with François Crucy. “Les Grandes Figures contemporaines: Gabriel Fauré,” In *Le Petit Parisien*, 28 April 1922, p. 1.

Fauré, Gabriel. 1980. Correspondance. In *Gabriel Fauré Correspondance*, edited by Jean-Michel Nectoux, Paris: Flammarion.

Goethe, Johann Wolfgang von. 1949. *Venezianische Epigramme*. In *Gedichte; mit Erläuterungen von Emil Staiger*. Zürich: Manesse.〔Johann Wolfgang von Goethe. 1899. *Épigrammes (Venise, 1790)*. Traduction par Ralph Schropp. Auguste Ghio, éditeur, 1889 (p. 5–56)〕〔ヴォルフガング・ゲーテ　1979「ヴェネツィアのエピグラム―1790―」高辻知義訳、『ゲーテ全集』第 1 巻、潮出版社〕

Imprimerie nationale.1878. *Dictionnaire de l'Académie française*, vol. 2, Paris: Arthème Fayard.

Kufferath, Maurice. 1888. “*La Walkyrie*” In *Le Guide Musical; revue internationale de la musique et de theâtres lyriques*. Brussels; Paris: Schott. Vol. 1887–1888 v. 33–34. 8 mars 1887. p.66–67.

Kufferath, Maurice. 1888. “Chronique de la Semaine Bruxelles,” Ibid., 8 mars 1888. p.76.

Landau, Blandine. 2016. “Benoît, Camille.” In Institut national d'histoire de l'art. https://www.inha.fr/fr/ressources/publications/publications-numeriques/dictionnairecritique-des-historiens-de-l-art/benoit-camille.html（2019年1月10日アクセス）

Larousse, Pierre. 1866–1878. *Grand dictionnaire universel du XIXe siècle (Grand Larousse du XIXe siècle)*, vol. 12, Paris: Larousse.

Littré, Émile. 1863–1873. *Dictionnaire de la langue française*, vol. 4, Paris: Hachette.

Nectoux, Jean-Michel. 1995. *Fauré*. Paris: Seuil.〔ジャン＝ミシェル・ネクトゥー 2008『ガブリエル・フォーレ 1845-1924』大谷千正編訳、新評論〕

Orledge, Robert. 1979. *Gabriel Fauré*. London: Ernst Eulenburg Ltd.

Paul, Hermann. 1897. *Deutsches Wörterbuch (bearbeitet von Werner Betz)*. Tübingen: Niemeyer.

Stegemann, Michael. 2004. „Streitereien um Kaiser und Bärte César Frank und Camille Saint-Saëns“, In *César Frank Werk und Rezeption*, edited by Peter Jost. Franz Steiner Verlag; Auflage: p. 1.

Vanhulst, Henri. 2012. “La critique musicale francophone en Belgique au XIXe siècle,” In *Revue belge de Musicologie / Belgisch Tijdschrift voor Muziekwetenschap*, Vol. 66. p.11–20.

The Review of Gabriel Fauré's *Requiem* by Camille Benoît:
A Late 19th Century View of Death and Paradise

by Naoki HAYASHI

This study provides a unique analysis of a review written by Camille Benoît (1851–1923), "*La Messe de Requiem* de Gabriel Fauré". Benoît reviewed the *Requiem* of Gabriel Fauré (1845–1924) in *Le Guide Musical* (August 9 & 16, 1888). Comments from this particular review have been quoted frequently in previous studies and are sometimes introduced as an accusation that Fauré's *Requiem* omitted the *Dies irae* or "The Day of Wrath" (Orledge, 1979). Above all, Benoît's use of the term "païen (pagan)" was construed as incompatible with reference to a requiem (Nectoux, 1995). However, such criticism was not explained sufficiently, and the wider context in which Benoît reviewed Fauré's *Requiem* was not adequately described.

Throughout Benoît's critique, he did evaluate Fauré's *Requiem* positively. If one refers to French dictionaries published in the 19th century, the term "païen," which Benoît used, a partial quotation from a Goethe epigram, was closer to the meaning of "polytheistic" rather than "anti-Christian." Benoît also asserted that this *Requiem* was a work in "the spirit of Antiquity," and explained how the scenes symbolized by the *Requiem* evoked the works of the French painter Antoine Watteau (1684–1721), which recall the spectacle of paradise. Robert Brussel (1874–1940) also described Fauré's *Requiem* as a landscape with flowers. In addition, *Le Guide Musical*, the periodical in which Benoît's review appeared, was a Belgian and French music magazine. Its chief editor, Maurice Kufferath (1821–1919), talked about the reception of Fauré in Belgium. In contrast, Benoît's review of Fauré's *Requiem* was part of the criticism aimed at French salons and operas, and praising German music, especially that of Richard Wagner.

〈論文〉

ひきこもり状態にある人々の実態
——内閣府調査の結果を中心に——

渡部 麻美

はじめに

ひきこもりは、様々な要因の結果として社会的参加（義務教育を含む就学、非常勤職を含む就労、家庭外での交友など）を回避し、原則的には6ヶ月以上にわたって概ね家庭にとどまり続けている状態（他者と交わらない形での外出をしてもよい）を指す現象概念である（齊藤・中島・伊藤・皆川・弘中・近藤・水田・奥村・清田・渡部・原田・斎藤・堀口 2010）。本稿では、まず、ひきこもりに対して人々が抱くイメージを概観する。次に、内閣府による3回の調査結果から、ひきこもり状態の人の生活状況や心理特性の実態を把握し、ひきこもりに対するイメージと比較する。さらに、ひきこもり状態ではないにも関わらずひきこもりに親和性を示す親和群の特徴を説明する。最後に、ひきこもり現象を自己回答式の調査によって把握する際の課題について整理する。

1. ひきこもりに対するイメージ

ひきこもりは、斎藤（1998）による書籍『社会的ひきこもり—終わらない思春期』が刊行された頃から、社会的問題として広く認知されるようになった。しかし、その頃からすでに、ひきこもりと犯罪や暴力的行動を結びつけるような偏った報道がみられた。檜垣（2004）は、2000年に新潟県柏崎市で発覚した女性監禁事件や、同年に発生した佐賀県の少年によるバスジャック事件の容疑者が、いずれもひきこもり状態であったとの報道を契機に、多くのメディアがひきこもりを取り上げるようになったと述べている。同様の報道は現在でも散見される。例えば、2019年に発生した川崎児童刺殺事件では、事件とひきこもりを結びつけた報道が行われたことを受けて、ひきこもりの当事者や専門家からひきこもりに対する偏見の助長を懸念する意見が示された（朝日新聞 2019.06.02 朝刊, 2019.06.17 朝刊）。

ひきこもり状態ではない人々は、ひきこもり状態の人に対してどのようなイメージを抱いているのだろうか。大学生を対象とした調査では、ひきこもり状態の人について、外出せず自分の部屋に閉じこもっている、インターネットやゲームを利用しているといったイメージが抽出された（勝又・高橋 2015; 温泉・小野寺 2019）。また、大学生はひきこもり当事者世帯の経済状況は裕福であると考えていた（温泉・小野寺 2019）。以上をまとめれば、大学生はひきこもり状態の人について「経済的に恵まれた家庭で、自室にこもってインターネットやゲームをしている人」というイメージを抱いている。心理的支援に関する授業を受講した大学生に対する調査では、ひきこもりが「誰にでも起こりうる身近な問題」と捉えられており、ひきこもり状態の人に対して共感する意見もみられた（勝又・高橋 2015）。大学生をはじめとする若年層は、ひきこもりに対するステレオタイプを持っているが、必ずしも否定的な意見のみを抱いているわけではないと考えられる。

その一方で、中高年層の人々はひきこもり状態の人に対して厳しい意見を持つことが明らかになっている（栗本・吉田・中地 2017）。地方都市の民生委員や児童委員を対象とした調査では、ニートやひきこもりの状態にある人々に対して、「甘ったれている」「わがまま」「自分勝手」といった自由記述が得られた（石阪 2013）。また、地方の民生委員や中小企業の人々はニートやひきこもりの状態に至った原因は本人にあると考えていた（石阪 2013）。甘えやわがままといった記述からは、大学生と同様に、中高年層の回答者も、ひきこもり状態の人が恵まれた環境の中にいると考えていることが推測される。大学生との違いは、中高年層がひきこもりを誰にでも起こりうることとは考えず、本人や家族の自己責任の結果であるとみなしていることである。

以上から、メディアでは、ひきこもりを犯罪と結びつけるような報道が行われ、ひきこもり状態の人に対する偏見が助長されることが懸念されている。また、ひきこもり状態ではない人々は、ひきこもり状態の人が恵まれた家庭で甘えた生活をしていると考えている。特に中高年層の人々はひきこもり状態を本人の責任であると考えるなど、若年層に比べて厳しい意見を持つ傾向がある。

2. ひきこもり状態にある人の実態調査

実際にひきこもり状態になっている人はどのような生活を送り、どのような心理特性を持っているのだろうか。ひきこもり状態にある人の属性や生活状況を把握するために、各種の実態調査が実施されている（伊藤・吉田・小林・野口・堀内・田村・金井 2003；Kondo, Sakai, Kuroda, Kiyota, Kitabata, & Kurosawa, 2011; Koyama, Miyake, Kawakami, Tsuchiya, Tachimori, Takeshima, & The World Mental Health Japan Survey Group, 2002-2006, 2010; 斎藤・佐々木・宮本・半田・松本 2008；中垣内・桑原・増沢・青山・後藤・神林・斉藤・村山 2013; 特定非営利活動法人 KHJ 全国ひきこもり家族会連合会 2017)。

それらの調査からは、いくつかの一貫した知見が確認されている。まず、ひきこもり状態は男性で発生しやすいことが複数の調査で明らかになっている（伊藤ほか 2003; Kondo, et al., 2011; Koyama, et al., 2010; 斎藤ほか 2008; 特定非営利活動法人 KHJ 全国ひきこもり家族会連合会 2016, 2017)。また、ひきこもり状態にある人の中には、自室だけに閉じこもる人もいれば、自宅外でも活動している人もおり、個人によって外出状況が異なることも、複数の調査間で共通した見解である（伊藤ほか 2003; 特定非営利活動法人 KHJ 全国ひきこもり家族会連合会 2017)。

しかし、先行研究の調査はそれぞれ対象者が異なっている。Koyama et al.（2010）の対象者は国内の 11 の地域において無作為に抽出した地域住民であるが、その他の多くの調査は各種の相談機関やその利用者を対象としている。相談機関を介した調査は、信頼性の高い回答が得られるという利点がある。ただし、ひきこもり状態の人の中には相談機関に相談しない人もいることが指摘されているため（東京都青少年・治安対策本部 2008)、ひきこもり現象の全容を把握するためには、相談機関の利用経験のない人も対象とした幅広い地域における調査結果を参照することが求められる。

3. 内閣府のひきこもり実態調査の概要とひきこもり状態の人の人口推計

内閣府は、2010年と2015年に全国の15歳から39歳までの人を対象としてひきこもり状態の若年者の実態調査を行なった（内閣府政策統括官2010, 2016)。これらの調査は、内閣府に先立って調査を実施した東京都青少年・治安対策本部（2008）とほぼ同様の項目を使用したものであった。さらに、2018年に、内閣府は全国の40歳から64歳までの中高年層の人を対象に同様の調査を実施した（内閣府政策統括官2019)。内閣府の3回の調査は無作為抽出した全国の一般世帯在宅者を対象としていたため、それらの調査データには相談機関の利用経験のない人やひきこもりである自覚を持たない人も含まれていた。したがって、内閣府の一連の調査結果には、ひきこもり現象にみられる一般的な特徴が現れていると推測される。

2010年の調査（内閣府政策統括官2010）では、以下の4つの条件を満たす回答者がひきこもり群とされた。第1に現在の外出状況において、「ふだんは家にいるが、自分の趣味に関する用事のときだけ外出する」「ふだんは家にいるが、近所のコンビニなどには出かける」「自室からは出るが、家からは出ない」「自室からほとんど出ない」のいずれかを選択していること、第2にその状態が6ヵ月以上継続していること、第3に現在の状態になったきっかけが統合失調症、身体的な病気、出産・育児、仕事の形態のためではないこと、第4にふだんの自宅での活動として「家事・育児をする」を選択していないことの4つである。

2015年調査（内閣府政策統括官2016）では、以上の4つの条件に加えて、現在の就労状況で「専業主婦・主夫又は家事手伝い」と回答した者が除外された。なお、2010年調査のひきこもり群の中に「専業主婦・主夫又は家事手伝い」と回答した者はいなかった。

2018年調査（内閣府政策統括官2019）では、ひきこもり群の定義が2010年調査や2015年調査とは若干異なっていた。第1と第2の条件は前の2回の調査と共通であるが、第3と第4の条件を設定する代わりに、次の①～③の条件に該当する回答者が除外された。①現在の状態になったきっかけが身体的病気であること、②現在の状態になったきっかけが妊娠、出産、育児、介護、看護、現在の就労状況を専業主婦・主夫または家事手伝い、ふだんの自宅での活動として「家事をする」「育児をする」「介護・看護をする」と回答している人のいずれかで、かつ最近6か月間に家族以外の人と「よく会話した」または「ときどき」会話したと回答した者、③現在の状態になったきっかけが自宅で仕事をしている、現在の就労状況が「勤めている」または「自営業・自由業」、ふだんの自宅での活動として「仕事をする」と回答している人、の3つの条件である。

ひきこもり群の定義における、2018年調査と2010年調査および2015年調査の大きな違いは、2018年調査では家族以外の人と会話のない専業主婦・主夫や家事手伝いの人がひきこもり群に含まれていることである。また、2010年調査および2015年調査では、統合失調症を抱える人はひきこもり群から除外された。ただし、2015年調査では回答者本人の回答のみで統合失調症の罹患状況を判断することは困難であるという理由で、統合失調症と回答した人も含めた場合のひきこもり群の人数（51名）も併記されている。2018年調査では統合失調症に関する条件は設けられなかった。

各調査におけるひきこもり群の人数は、15歳から39歳までの人を対象とした2010年調査で59名（1.79%）、2015年調査で49名（1.57%）、40歳から64歳までの人を対象とした2018年調査で47名（1.45%）であった（内閣府政策統括官2010, 2016, 2019）。それぞれの調査実施時期における対象年齢人口をもとに推計されたひきこもり状態の人の数は、2010年では69.6万人、2015年では54.1万人、2018年では61.3万人であった（内閣府政策統括官, 2010, 2016, 2019）。2015年と2018年の推計数を単純に合算すれば、15歳から64歳までのひきこもり状態の人は100万人を超えることになる。

4. ひきこもり状態にある人々の生活状況と心理特性

本項では、2010年、2015年、2018年の3つの調査結果（内閣府政策統括官2010, 2016, 2019）を概観していく。各調査のひきこもり群と一般群（ひきこもり群以外）[1] の結果を比較することで、ひきこもり群の心理特性を整理する。

ひきこもり状態の人の性別（Figure1-1, 1-2, 1-3）をみると、いずれの調

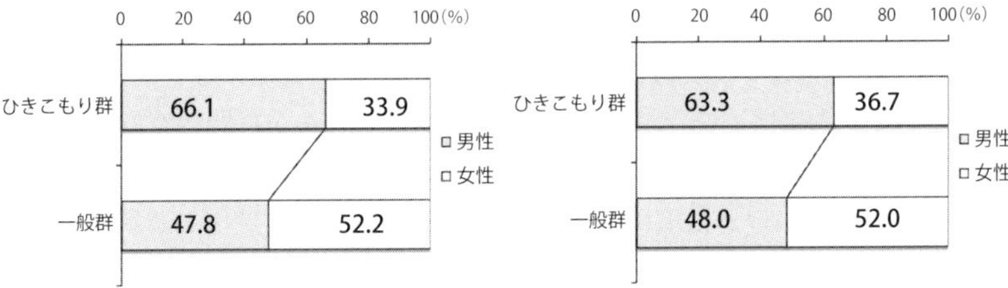

Figure1-1 2010年調査のひきこもり群と一般群の性別　注）内閣府政策統括官（2010）をもとに筆者が作成

Figure1-2 2015年調査のひきこもり群と一般群の性別　注）内閣府政策統括官（2016）をもとに筆者が作成

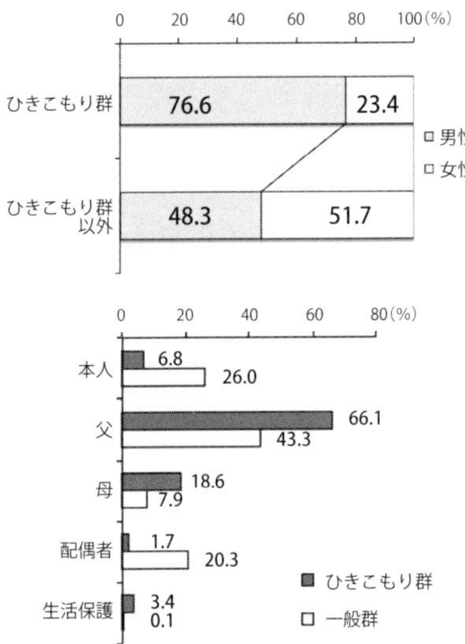

Figure1-3 2018年調査のひきこもり群とひきこもり群以外の性別　注）内閣府政策統括官（2019）をもとに筆者が作成

Figure2-1 2010年調査のひきこもり群と一般群の主生計者（抜粋）　注）内閣府政策統括官（2010）をもとに筆者が作成

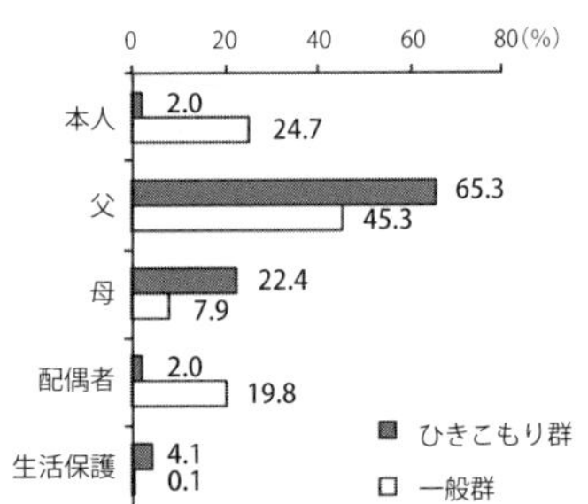

Figure2-2 2015年調査のひきこもり群と一般群の主生計者（抜粋）　注）内閣府政策統括官（2016）をもとに筆者が作成

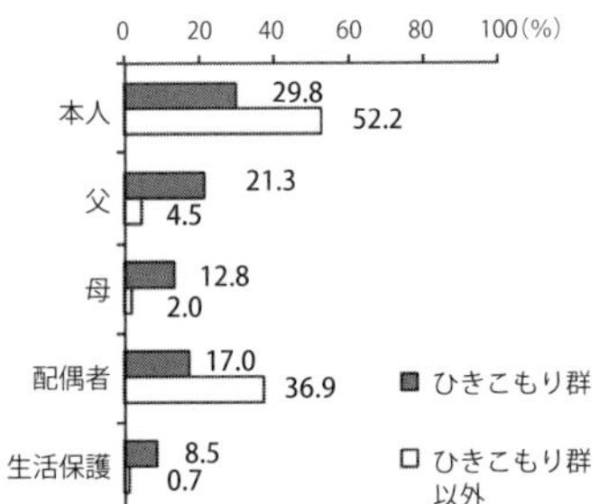

Figure2-3 2018年調査のひきこもり群とひきこもり群以外の主生計者（抜粋）　注）内閣府政策統括官（2019）をもとに筆者が作成

査時期においても男性の割合が多い。2010 年ではひきこもり群の 66.1%、2015 年では 63.3%、2018 年では 76.6% が男性である。この傾向は他機関が実施した調査結果と一致している（伊藤ほか 2003; Kondo, et al., 2011; Koyama, et al., 2010; 斎藤ほか 2008; 特定非営利活動法人 KHJ 全国ひきこもり家族会連合会 2017）。

ひきこもり状態の人が暮らす世帯内で生計を担う人（Figure2-1, 2-2, 2-3）については、若年者層と中高年層で異なった結果が確認されている。2010 年では 84.7%、2015 年では 87.7%のひきこもり群が父または母が主に生計を担っていると回答していた。同世代の一般群では、父または母と回答した割合は 2010 年で 51.2%、2015 年で 53.2% であるから、若年層のひきこもり群は経済的に両親に依存する傾向が高いと言える。一方、2018 年では父または母と回答したひきこもり群は 34.1% であった。それ以外の人々では父または母と回答したのは 6.5% であるため、中高年層であっても、ひきこもり群は同世代の他の人々に比べて経済的に親を頼る傾向があると考えられる。ただし、2018 年では、主に生計を担っている人を本人（29.8%）、配偶者（17.0%）と回答するひきこもり群もいた。親の高齢化などによって、生計を自身で維持しなければならない実情がうかがえる。本人と答えたひきこもり群では、おそらく就業していた頃の貯蓄などが生活費になっていると推測される。さらに、3 回の調査のいずれにおいても、生活保護の選択率がひきこもり群で一般群（ひきこもり群以外）よりも高い。特に 2018 年では 8.5% が生活保護を選択しており、2010 年（3.4%）や 2015 年（4.1%）の若年層の選択率を上回っている。中高年層のひきこもり群は、若年層のひきこもり群よりも経済的に困窮しやすいと考えられる。

ひきこもり群の外出頻度（Figure3-1, 3-2, 3-3）をみると、ひきこもり状態の人が必ずしも自室のみで生活しているわけではないことがわかる。前項で示した通り、3 回の調査では、「ふだんは家にいるが、自分の趣味に関する用事のときだけ外出する」「ふだんは家にいるが、近所のコンビニなどには出かける」「自室からは出るが、家からは出ない」「自室からほとんど出ない」の 4 つの選択肢のいずれかを選択していることが、ひきこもり群の要件となっていた（内閣府政策統括官 2010, 2016, 2019）。これらの選択肢それぞれの選択率をみると、2010 年と 2015 年では「ふだんは家にいるが、自分の趣味に関する用事のときだけ外出する」が最も多い（2010 年 66.1%、

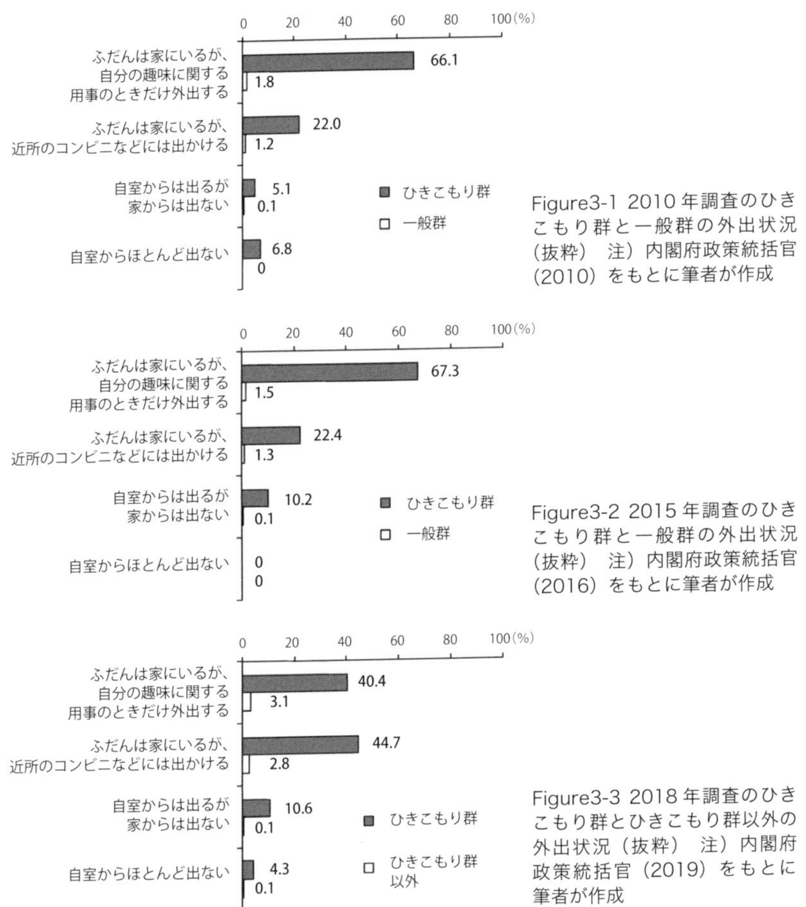

Figure3-1 2010年調査のひきこもり群と一般群の外出状況（抜粋） 注）内閣府政策統括官（2010）をもとに筆者が作成

Figure3-2 2015年調査のひきこもり群と一般群の外出状況（抜粋） 注）内閣府政策統括官（2016）をもとに筆者が作成

Figure3-3 2018年調査のひきこもり群とひきこもり群以外の外出状況（抜粋） 注）内閣府政策統括官（2019）をもとに筆者が作成

2015年67.3%）。「ふだんは家にいるが、近所のコンビニなどには出かける」の選択率（2010年22.0%、2015年22.4）と合わせれば、若年者層のひきこもり群の90%近くは、日常生活において何らかの形で外出していることになる。他方、2018年のひきこもり群では、「ふだんは家にいるが、自分の趣味に関する用事のときだけ外出する」が40.4%、「ふだんは家にいるが、近所のコンビニなどには出かける」が44.7%であった。「趣味に関する用事」がある程度遠方まで出かける場合を含むと想定すれば、中高年層のひきこもり群は、若年層のひきこもり群に比べて遠方まで外出する人が少ないと

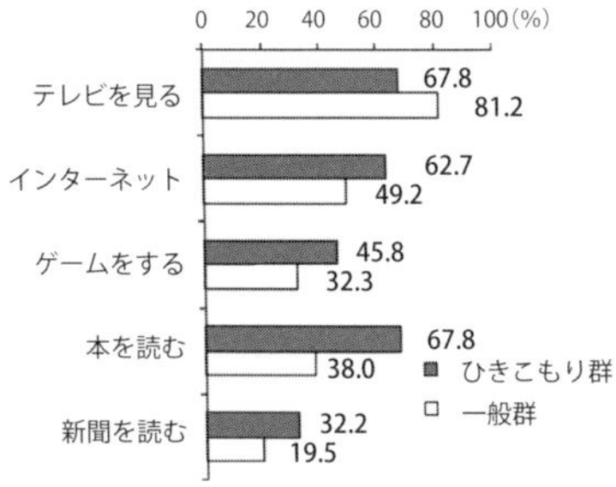

Figure4-1 2010年調査のひきこもり群と一般群の自宅での活動（抜粋） 注）内閣府政策統括官（2010）をもとに筆者が作成

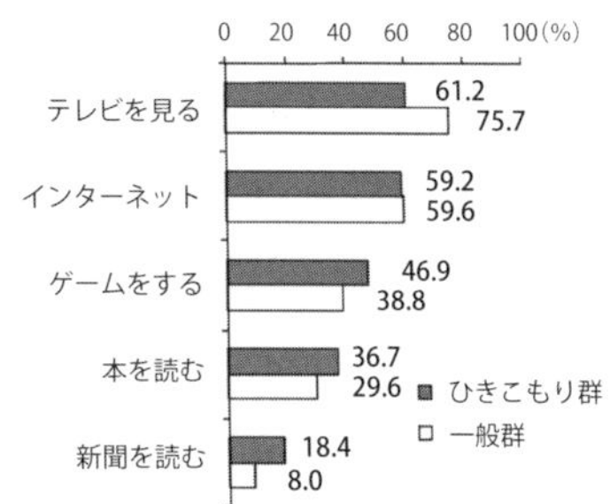

Figure4-2 2015年調査のひきこもり群と一般群の自宅での活動（抜粋） 注）内閣府政策統括官（2016）をもとに筆者が作成

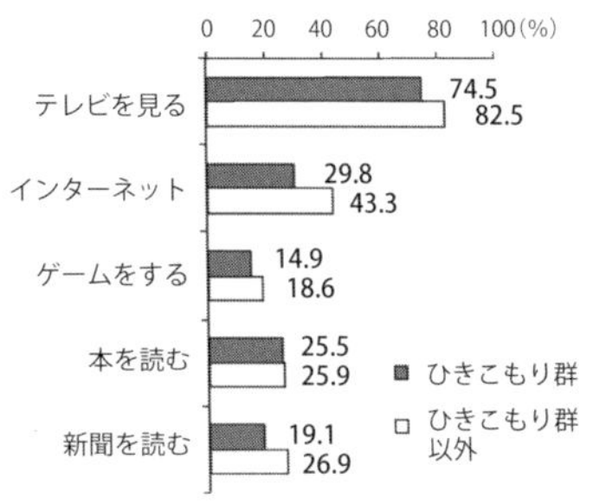

Figure4-3 2018年調査のひきこもり群とひきこもり群以外の自宅での活動（抜粋） 注）内閣府政策統括官（2019）をもとに筆者が作成

考えられる。また、ひきこもり群における「自室からは出るが、家からは出ない」と「自室からほとんど出ない」の選択率を足した数値も、2018年度（14.9%）は2010年（11.9%）と2015年（10.2%）に比べてわずかに高い。したがって、中高年層のひきこもり群は自宅を中心とする狭い範囲で生活をする傾向があるといえる。これらの結果には、年齢が上昇したことに伴う体調の変化や生活習慣の固定化が影響していると推察される。

ひきこもり状態の人は、ふだん自宅でどのような活動しているのだろうか。3つの調査の自宅での活動（Figure4-1, 4-2, 4-3）の回答をみると、いずれにおいても最も選択率が高いのは「テレビを見る」であった。もっとも、「テレビを見る」は一般群（ひきこもり群以外）でも一番選択率が高いため、この結果は一般的な自宅での活動傾向を反映しているに過ぎないだろう。ひきこもり状態の人の活動としてイメージされやすい「インターネット」の選択率は、2010年調査ではひきこもり群が62.7%、一般群が49.2%であり、ひきこもり群で一般群よりも10%以上多く選択されていた。しかし、2015年調査ではひきこもり群が59.2%、一般群が59.6%と、両群の選択率はほぼ等しい値になっていた。2018年調査の「インターネット」の選択率は、ひきこもり群が29.8%、ひきこもり群以外が43.3%であり、2010年とは逆にひきこもり群以外の方が10%以上高い。「ゲームをする」は2010年調査と2015年調査ではひきこもり群が一般群よりも高い選択率を示したが、2018年調査ではひきこもり群以外がひきこもり群よりも高い。ひきこもり状態の人々は、ある程度の外出をしているとはいえ、一般群（ひきこもり群以外）に比べれば、自宅にいる時間が圧倒的に長い。そのような生活状況を考慮すれば、自宅で行う余暇活動の多くで一般群（ひきこもり群以外）よりも選択率が高くなることは当然である。ところが、調査時期によっては、ひきこもり群は一般群（ひきこもり群以外）より「インターネット」や「ゲーム」の選択率が低いことから、インターネットやゲームを利用することがひきこもり状態の人々特有の活動とはいえない。さらに、2018年調査のひきこもり群では、自宅での活動の選択率が全般的に低くなっている。「テレビを見る」は70%を超える人が選択しているものの、他の選択肢はすべてひきこもり群以外の人々より選択率が低い。このことは余暇活動全般への関心や意欲の低さを表している恐れがある。

ひきこもり群には無職の人が多い（内閣府政策統括官 2010, 2016, 2019）。ひきこもり状態にある人は仕事についてどのように考えているのだろうか。内閣府の調査では、職業に関する考え方を尋ねる項目が複数設定されていた。このうち、「仕事をしなくても生活できるのならば、仕事はしたくない」（Figure5-1, 5-2, 5-3）に対して「はい」または「どちらかといえば、はい」と回答したひきこもり群の割合を確認すると、2010年は49.1%、2015年は49.0%、2018年は42.5%であった。一般群（ひきこもり群以外）の「はい」または「どちらかといえば、はい」の割合は、2010年は41.1%、2015年は47.7%、2018年は46.3.%であった。若年層のひきこもり群は一般群よりも「仕事をしなくても生活できるのならば、仕事はしたくない」と考える傾向がわずかに高いが、中高年層では一般群よりも低くなっている。これらの結果をふまえれば、ひきこもり状態の人が働くことを避けて自宅にひきこもっているとは断定できないだろう。現に、3回の調査のいずれにおいても、ひきこもり群の大半は就業経験を持つことが明らかになっている（内閣府政策統括官 2010, 2016, 2019）。

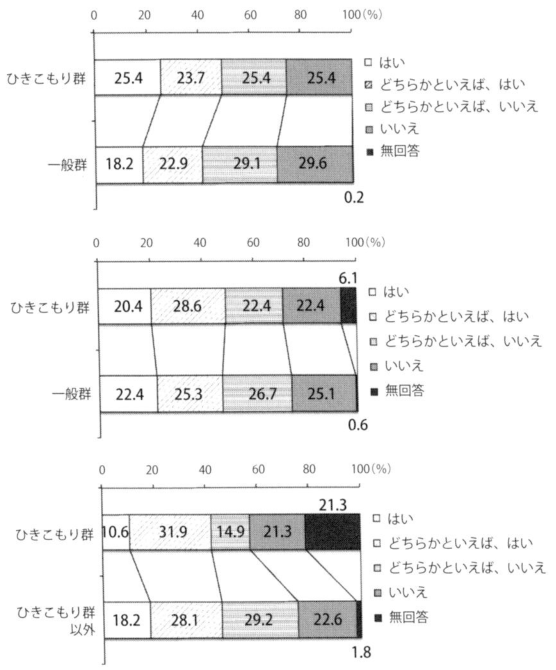

Figure5-1 2010年調査のひきこもり群と一般群の「仕事をしなくても生活できるのであれば、仕事はしたくない」の回答　注）内閣府政策統括官（2010）をもとに筆者が作成

Figure5-2 2015年調査のひきこもり群と一般群の「仕事をしなくても生活できるのであれば、仕事はしたくない」の回答　注）内閣府政策統括官（2016）をもとに筆者が作成

Figure5-3 2018年調査のひきこもり群とひきこもり群以外の「仕事をしなくても生活できるのであれば、仕事はしたくない」の回答　注）内閣府政策統括官（2019）をもとに筆者が作成

3回の調査で一貫して浮かび上がったひきこもり群の顕著な特徴は、対人スキルの苦手意識である。内閣府の調査で設定された対人スキルの苦手意識を尋ねる項目のうち、「初対面の人とすぐに会話できる自信がある」(Figure6-1, 6-2, 6-3）に対して「はい」または「どちらかといえば、はい」と回答したひきこもり群の割合を確認すると、2010年は22.0%、2015年は32.7%、2018年は44.7%であった。一般群（ひきこもり群以外）の「はい」または「どちらかといえば、はい」の割合は、2010年は57.3%、2015年は57.1%、2018年は62.1.%であった。また、「人とのつきあい方が不器用なのではないかと悩む」(Figure7-1, 7-2, 7-3）に対して「はい」または「どちらかといえば、はい」と回答したひきこもり群の割合は、2010年は69.5%、2015年は57.2%、2018年は49.0%であった。一般群（ひきこもり群以外）の「はい」または「どちらかといえば、はい」の割合は、2010年は43.8%、2015年は40.3%、2018年は30.7.%であった。2つの項目への回答は、一般群と比較してひきこもり群が人との関わりに自信が持て

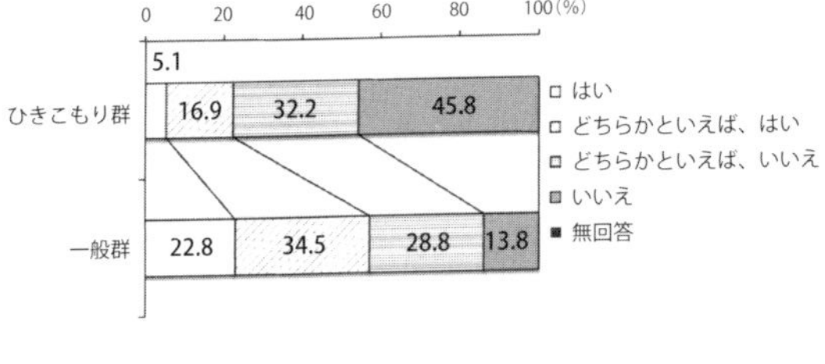

Figure6-1 2010年調査のひきこもり群と一般群の「初対面の人とすぐに会話できる自信がある」の回答　注）内閣府政策統括官(2010) をもとに筆者が作成

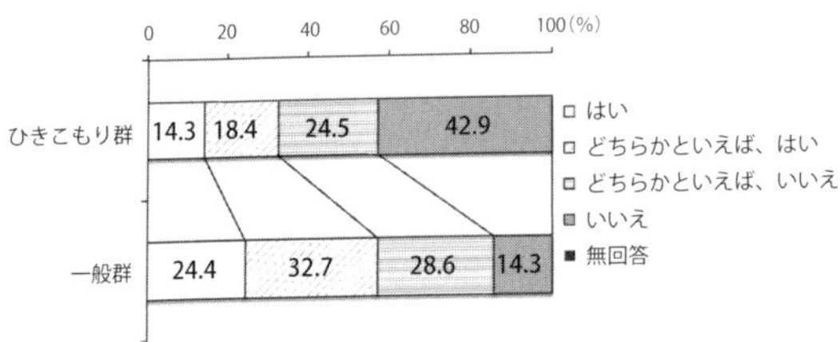

Figure6-2 2015年調査のひきこもり群と一般群の「初対面の人とすぐに会話できる自信がある」の回答　注）内閣府政策統括官(2016) をもとに筆者が作成

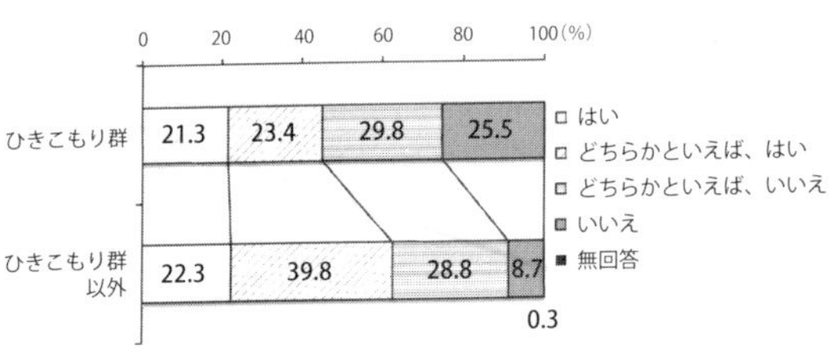

Figure6-3 2018年調査のひきこもり群とひきこもり群以外の「初対面の人とすぐに会話できる自信がある」の回答　注）内閣府政策統括官(2019) をもとに筆者が作成

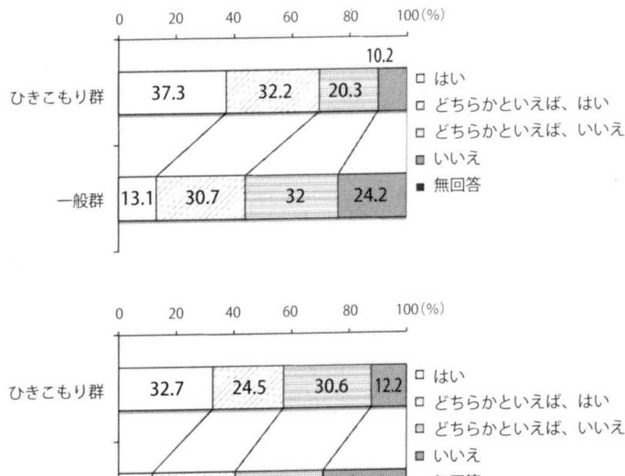

Figure7-1 2010年調査のひきこもり群と一般群の「人とのつきあい方が不器用なのではないかと悩む」の回答　注）内閣府政策統括官(2010) をもとに筆者が作成

Figure7-2 2015年調査のひきこもり群と一般群の「人とのつきあい方が不器用なのではないかと悩む」の回答　注）内閣府政策統括官(2016) をもとに筆者が作成

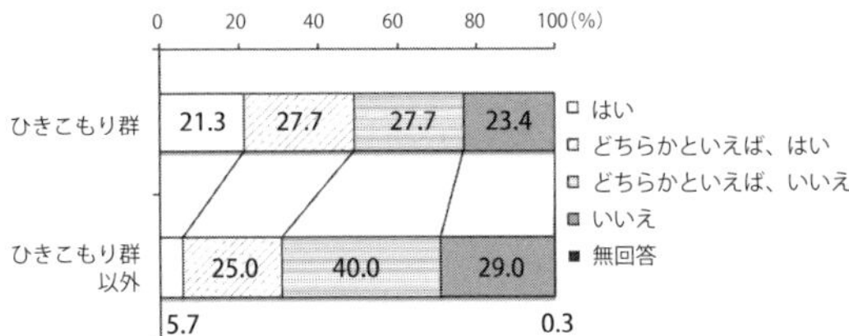

Figure7-3 2018 年調査のひきこもり群とひきこもり群以外の「人とのつきあい方が不器用なのではないかと悩む」の回答　注）内閣府政策統括官（2019）をもとに筆者が作成

ず、対人スキルの苦手意識を持っていることを表している。社会心理学領域における対人スキルの代表的な尺度である KiSS-18（Kikuchi's Scale of Social Skills: 18 items）を用いた測定では、年齢が高くなるほど対人スキルの自己評価が上昇する傾向が明らかになっている（菊池 2007）。しかし、2018 年の結果をみると、ひきこもり群は年齢から期待されるほど、対人スキルの自己評価が高まらないと考えられる。

対人関係以外にも、ひきこもり群は不安要素（Figure8-1, 8-2, 8-3）を抱えていることが多い。ひきこもり群における「家族に申し訳ないと思うことが多い」の選択率は、2010 年が 71.2%、2015 年は 69.4%、2018 年は 48.9% であった。また、「生きるのが苦しいと感じることがある」の選択率は、2010 年が 47.5%、2015 年は 44.9%、2018 年は 48.9% であった。調査時期や年齢にかかわらず、ひきこもり状態の人の多くは、家族への申し訳なさや生きていることそのものに対する困難さを感じている。特に、若年層のひきこもり群で家族への申し訳なさを感じる傾向が高いことは、経済的な面で親に頼らざるを得ないことが一因であろう。ひきこもり状態の人は、家族に依存することを心苦しく感じていると推測される。

以上の内閣府の 3 回の調査結果を概観して言えることは次の 2 点である。第 1 に、ひきこもり状態の人の生活状況は、自室に閉じこもってゲームをしているというステレオタイプには合致しない。ひきこもり状態の人は自室や自宅に閉じこもっているわけではない。ひきこもり状態の人のほとんどは、他者と関わらない形での外出をしている。加えて、ひきこもり状態の人は、ゲームやインターネットの利用率が高いとは限らない。特に、中高年層に関しては、ひきこもり状態の人はそれ以外の人よりもゲームやインターネットを利用していない。第 2 に、ひきこもり状態の人が経済的に恵まれた環境で甘えて暮らしているとはいえない。ひきこもり状態の人の中には、経済的に困窮している人が一般群（ひきこもり群以外）と比べて多く含まれている。

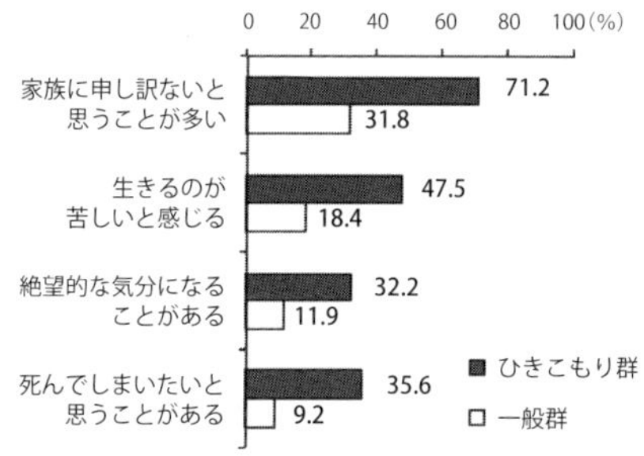

Figure8-1 2010年調査のひきこもり群と一般群の不安要素（抜粋）　注）内閣府政策統括官（2010）をもとに筆者が作成

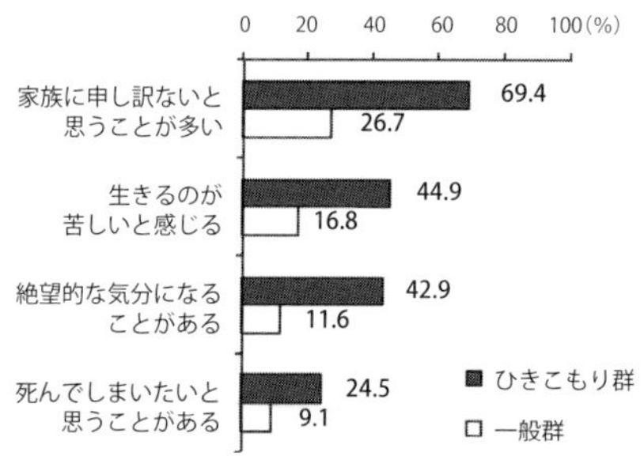

Figure8-2 2015年調査のひきこもり群と一般群の不安要素（抜粋）　注）内閣府政策統括官（2016）をもとに筆者が作成

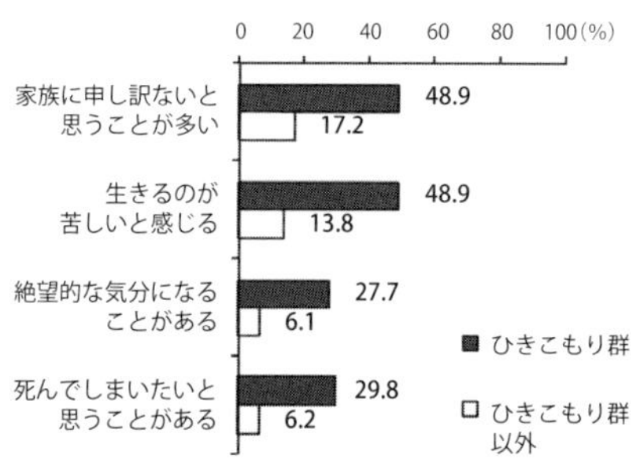

Figure8-3 2018年調査のひきこもり群とひきこもり群以外の不安要素（抜粋）　注）内閣府政策統括官（2019）をもとに筆者が作成

また、ひきこもり群は決して働きたくないと考えているわけではなく、家族への申し訳なさや生きる上での苦しさを感じている。以上から、実際にひきこもり状態となっている人の生活状況や心理特性は、ひきこもり状態ではない人が抱くひきこもりイメージとは異なっていることが明らかである。

5. 実態とは異なるひきこもりイメージの流布の影響

ひきこもり状態の人の実態とは異なるイメージが広がることは、ひきこもり状態の人への支援の遅れを引き起こす恐れがある。その理由として、以下の2点が挙げられる。

第1の理由は、イメージと実態の齟齬が、当事者のひきこもり状態であるという自覚を不足させることである。「ひきこもりの状態の人は部屋に閉じこもってゲームをしている」「ひきこもりは裕福な家庭で起こる」というステレオタイプに当てはまらないために、本人や家族がひきこもり状態であることを自覚できず、支援を受けないまま長期間放置される可能性がある。

第2の理由は、他者からの否定的な評価を懸念したひきこもり当事者が、援助希求を抑制することである。栗本ほか（2017）は、ひきこもりに対する厳しい認知や身近な人間への不信感が当事者を自分の殻にこもらせる構図があることを指摘している。温泉・小野寺（2019）は、ひきこもりへの否定的な印象を当事者やその家族が取り込むことで、援助要請行動が抑制される可能性を危惧している。ひきこもり状態の本人や家族が、周囲から「甘えている」「自己責任である」と責められることを懸念して、支援を求めなくなる恐れがある。あるいは、当事者自身がひきこもりに対する否定的な意見を持つことで、ひきこもり状態であることを周囲に隠したり、支援を拒んだりする場合もあろう。

以上のように、ひきこもり状態そのものだけでなく、実態とは異なるひきこもりのステレオタイプや否定的な意見の流布による支援状況への悪影響も看過できない。ひきこもり状態の人が早期に十分な支援を受けられる環境をつくるには、当事者も含めた一般の人々のひきこもり現象に関する理解を深めるための啓発も必要である。

6. ひきこもり親和群の存在

東京都青少年・治安対策本部（2008）や内閣府の2010年調査および2015年調査では、ひきこもり群と一般群に加えて、ひきこもり状態の人に対する共感や自分もひきこもりたいという願望を示す親和群の検討が行われた。親和群は、ひきこもり親和性という変数の得点に基づいて同定された。

ひきこもり親和性の測定項目は、「家や自室に閉じこもっていて外に出ない人たちの気持ちがわかる」「自分も、家や自室に閉じこもりたいと思うことがある」「嫌な出来事があると、外に出たくなくなる」「理由があるなら家や自室に閉じこもるのも仕方がないと思う」の4項目であった（東京都青少年・治安対策本部2008; 内閣府政策統括官2010, 2016）。4項目すべてに「はい」と回答するか、4項目中3項目に「はい」、残りの1項目に「どちらかといえば、はい」と回答した回答者が親和群に分類された（東京都青少年・治安対策本部2008; 内閣府政策統括官2010, 2016）。

以下に、内閣府政策統括官（2010, 2016）で明らかになった親和群の特徴をまとめる。内閣府の調査では、ひきこもり群とは対照的に、親和群には女性が多いことが見出された（2010年63.4%、2015年59.3%）。また、親和群の多くは10代から20代であった（2010年61.0%、2015年73.3%）。親和群のふだんの自宅での活動内容をみると、「インターネット」の選択率が2010年で60.3%、2015年で74.7%、「ゲームをする」が2010年で36.6%、2015年で64.0%であり、特に2015年の親和群のインターネットやゲームの利用率が高かった。職業に関する考え方を確認すると、「仕事をしなくても生活できるのならば、仕事はしたくない」に対して「はい」または「どちらかといえば、はい」と回答した親和群の割合は、2010年が71.0%、2015年が74.0%であり、ひきこもり群や一般群よりも多かった。ひきこもり群で顕著であった対人スキルの苦手意識を確認すると、「初対面の人とすぐに会話できる自信がある」に対して「はい」または「どちらかといえば、はい」と回答した親和群は2010年で46.5%、2015年で42.7%であり、ひきこもり群と一般群の間に位置していた。他方、「人とのつきあい方が不器用なのではないかと悩む」に対して「はい」または「どちらかといえば、はい」と回答した親和群は2010年で76.3%、2015年で70.7%となっており、ひきこもり群よりも高い値を示した。親和群の「家族に申し訳ないと思うことが多い」の選択率は、2010年が52.7%、2015年は56.0%であり、一般群よりは高いものの、ひきこもり群に比べて低い値となっていた。しかし、親和群の「生きるのが苦しいと感じることがある」の選択率は、2010年が63.4%、2015年は56.7%であり、いずれもひきこもり群より高い値を示した。以上より、親和群は就業を回避しようとする傾向を持っており、ひきこもり群とは様相の異なる対人関係の問題や不安要素を抱えていると考えられる。

親和群はひきこもりへの願望や共感を示しているが、ひきこもり状態になりやすい人々であるとは限らない。東京都青少年・治安対策本部（2008）の調査データを再分析した渡部・松井・高塚（2011）によれば、親和群の中で実際にひきこもりに移行する可能性の高い人は4割程度であり、残りの6割の人は自己に関する自信や心理的独立傾向が高い点でひきこもり群とは異なっていた。また、ひきこもり群のひきこもり親和性得点の平均値が、親和群であると同定される基準値に届いていない（東京都青少年・治安対策本部2008）ことからも、ひきこもり親和性の高さがひきこもりやすさを表すわけではないと考えられる。

以上から、ひきこもり状態にある人々とひきこもり親和性の高い人々は部分的に重複している可能性はあるが、基本的には独立した集団であるとみなすことが妥当である。ひきこもり群が実際にひきこもり状態にある人々であるのに対し、親和群は実際にはひきこもり状態にないにも関わらず、何らかの心理的問題を抱えた結果、ひきこもりへの共感やひきこもりたいという願望を抱く層であると考えられる。

親和群の自宅での活動内容や職業に対する考え方の回答をふまえれば、親和群はひきこもり状態の人に近い人々というよりも、むしろ「自分の部屋でインターネットやゲームをしている」「甘ったれている」というひきこもり状態の人のイメージ（石阪2013; 勝又・高橋2015; 温泉・小野寺2019）に近い人々である。若年層ではひきこもりが「誰にでも起こりうる身近な問題」とみなされる傾向（勝又・高橋2015）があることから、心理的問題を抱えた若年層の人が、自らが抱くひきこもりのステレオタイプに自分の生活の仕方や仕事に対する考え方を重ね、ひきこもりへの共感や願望を示していると推測される。

7. ひきこもり実態調査の課題

ひきこもり現象に関する実態調査には、調査手法上の複数の課題が残されている。第1の課題は、ひきこもりの定義の仕方である。内閣府の調査のひきこもりの定義は、調査のたびに議論を重ね、操作的に設定されたものである。例えば、2010年調査では、統合失調症に罹患している人をひきこもり群から除いたが、2015年調査では統合失調症の人も含めている（内閣府政策統括官 2010, 2016, 2019）。2018年調査では、職業を主夫または主婦と回答した人もひきこもり群に含まれているが、2010年調査と2015年調査では含まれていなかった（内閣府政策統括官 2010, 2016, 2019）。ひきこもり群の定義の揺れは、ひきこもりという現象自体が確固とした定義を持たず、どのような状態をひきこもりとみなすかが調査実施者によって異なることに起因している。ひきこもり状態であるという自覚を持たない対象者も含んだ大規模調査では、何をもってひきこもり状態であるとみなすかが分析上の大きな課題となる。

第2の課題は、調査における回答拒否である。内閣府の3回の調査は、いずれも対象者本人が調査票に回答を記入する自己回答式で実施された。自己回答式の調査の結果を解釈する際には、調査の際に回答を拒否する人が一定数存在することに留意しなければならない。内閣府の3回の調査の有効回収率は2010年が65.7%、2015年が62.3%、2018年が65.0%であった（内閣府政策統括官 2010, 2016, 2019）。ひきこもり群に該当する人は、他の人々よりも調査回答を避ける傾向が高いと推測される。自室から出ない人であれば、調査票が自宅に届いたことに気づかないこともあるだろう。回答を拒否する人または回答不可能な人がいることを考慮すれば、3回の調査結果から推計されたひきこもり状態の人の数は下限値を示していると考えるのが妥当である。実際には、回答を得られなかったひきこもり状態の人が、さらに存在すると推測される。

第3の課題は、複合的かつ多面的なひきこもり現象を捉える上で、自己回答式調査のみでは把握できる内容に限界があることである。ひきこもり状態の人には、多様な背景を持った人が含まれており、属性もひきこもった理由も様々である。また、長期間ひきこもり状態が継続するうちに、生活状況や心理特性が変化していくこともある。ひきこもり状態の人の実態を的確に把握するためには、自己回答式調査に加えて、面接調査や事例研究などの複数の手法を併用する必要がある。

注

1) 2018年調査では、一般群ではなくひきこもり群以外という名称が用いられた（内閣府政策統括官 2019）。これは、2010年調査と2015年調査において、ひきこもり群と一般群の他に後述する親和群を設定したのに対して、2018年調査では親和群を設定せず、ひきこもり群以外の人を一つのグループにしたためである。

参考文献

朝日新聞（2019.06.02）「ひきこもり報道　偏見が怖い」東京 朝刊26面。

朝日新聞（2019.06.17）「ひきこもり　感じた偏見」東京 朝刊24面。

石阪督規（2013）「地方都市におけるニート・ひきこもり支援―三重県伊賀市における調査結果をふまえて」『東京未来大学研究紀要』6、1-11。

伊藤順一郎・吉田光爾・小林清香・野口博文・堀内健太郎・田村理奈・金井麻子（2003）付録「社会的ひきこもり」に関する相談・援助状況実態調査報告（ガイドライン公開版）伊藤順一郎（主任研究者）『10代・20代を中心とした「ひきこもり」をめぐる地域精神保健活動のガイドライン―精神保健福祉センター・保健所・市町村でどのように対応するか・援助するか 厚生労働科学研究事業こころの健康科学研究事業「地域精神保健活動における介入のあり方に関する研究」』114-140。

温泉美雪・小野寺敦子（2019）「大学生の「ひきこもり」に対する印象」『目白大学心理学研究』15、29-37。

勝又陽太郎・髙橋夕佳梨（2015）「大学生におけるひきこもりのしろうと理論」『人間生活学研究』6、93-100。

菊池章夫（2007）『社会的スキルを測る：KiSS-18ハンドブック』川島書店。

栗本淳子・吉田かける・中地展生（2017）「ひきこもりに関する調査の現状を今後の課題」『帝塚山大学心理学部紀要』6、35-49。

斎藤 環（1998）『社会的ひきこもり―終わらない思春期』PHP研究所。

斎藤 環・佐々木一・宮本克己・半田聡・松本悟志（2008）「後期思春期・早期成人期のひきこもりに対する精神医学的治療・援助に関する研究」齊藤万比古（主任研究者）『厚生労働科学研究費補助金こころの健康科学研究事業「思春期のひきこもりをもたらす精神科疾患の実態把握と精神医学的治療・援助システムの構築に関する研究」』（平成19年度総括・分担研究報告書）、137-153。

齊藤万比古・中島豊爾・伊藤順一郎・皆川邦直・弘中正美・近藤直司・水田一郎・奥村雄介・清田晃生・渡部京太・原田豊・斎藤環・堀口逸子（2010）『ひきこもりの評価・支援に関するガイドライン 厚生労働科学研究費補助金疾病・障害対策研究分野こころの健康科学研究「思春期のひきこもりをもたらす精神科疾患の実態把握と精神医学的治療・援助システムの構築に関する研究（H19-こころ・一般-010)」』

東京都青少年・治安対策本部（2008）『実態調査からみるひきこもる若者のこころ」（平成 19 年度若年者自立支援調査研究報告書）』東京都青少年・治安対策本部総合対策部青少年課。

特定非営利活動法人全国 KHJ ひきこもり親の会（家族会連合会）（2016）「ひきこもりの実態に関するアンケート調査報告書」http://www.khj-h.com/pdf/15houkokusho.pdf（2017.08.08 閲覧）。

特定非営利活動法人全国 KHJ ひきこもり親の会（家族会連合会）（2017）「ひきこもりの実態に関するアンケート調査報告書」http://www.khj-h.com/pdf/20170413sakai.pdf（2017.08.08 閲覧）。

内閣府政策統括官（2010）『若者の意識に関する調査（ひきこもりに関する実態調査）報告書』内閣府政策統括官（共生社会政策担当）。

内閣府政策統括官（2016）『若者の生活に関する調査報告書』内閣府政策統括官（共生社会政策担当）。

内閣府政策統括官（2019）『生活状況に関する調査報告書』内閣府政策統括官（共生社会政策担当）。

中垣内正和・桑原秀樹・増沢菜生・青山雅子・後藤公美子・神林 渚・斉藤鎮哉・村山敏永（2013）「日本における“ひきこもり”の構造変化について―“ひきこもり外来”218 名の統計分析から」『アディクションと家族』29、236-243。

檜垣昌也（2004）「〈ひきこもり〉に関するイメージの研究」『淑徳大学大学院研究紀要』11、167-193。

渡部麻美・松井 豊・高塚雄介（2011）「ひきこもり親和群の下位類型―ひきこもりへの移行可能性に注目して」『筑波大学心理学研究』42、51-57。

Kondo, N., Sakai, M., Kuroda, Y., Kiyota, Y., Kitabata, Y., & Kurosawa, M. (2011): General condition of hikikomori (prolonged social withdrawal) in Japan: Psychiatric diagnosis and outcome in mental Health welfare centres. *International Journal of Social Psychiatry* 59, 79–86.

Koyama, A., Miyake, Y., Kawakami, N., Tsuchiya, M., Tachimori, H., Takeshima, T., & The World Mental Health Japan Survey Group, 2002-2006 (2010): Lifetime prevalence, psychiatric comorbidity and demographic correlates of “hikikomori” in a community population in Japan. *Psychiatry Research* 176, 69–74.

The Actual Situation of Individuals Called *Hikikomori* (Socially Withdrawn) in Japan:
Results of Surveys Conducted by the Cabinet Office of the Japanese Government

by Asami WATANABE

There were four main areas of focus in regard to people in Japan who are called *hikikomori* (socially withdrawn) in this study. First, in this article the general image of *hikikomori* among Japanese people is presented. Second, three surveys on *hikikomori* conducted by the Cabinet Office of the Japanese Government were reviewed. Results of the three surveys showed that the actual situation of the *hikikomori* surveyed did not match the usual image held by others about them. This discrepancy between their actual situation and the perception others might have of them may cause a delay in providing appropriate support for such people.

Third, people identified with an affinity for social withdrawal are discussed. Two of the three surveys conducted by the Cabinet Office of the Japanese Government (2010, 2016) examined psychological traits in individuals who showed an affinity for social withdrawal although they were not in a state of withdrawal. Those identified with an affinity for social withdrawal appeared to fit the usual image others have of *hikikomori* as explained in the first part of this article.

Finally, survey and research methods in regard to *hikikomori* are discussed. These include potential problems with self-report surveys, finding an accurate definition of *hikikomori*, refusal of respondents to answer questions, and using a combination of different survey methods for understanding *hikikomori* more deeply.

〈論文〉

責務としての「健康」が立ち上がるとき

——20世紀初頭アメリカの医療政策に対する科学と統計の影響——

平体 由美

はじめに

健康の維持や回復は、誰もが願ってやまないものと言ってよい。病人は回復や寛解を願い治療を続け、健康な者はその維持のために情報を求めて行動する。喫煙やドラッグ使用、肥満やストレスの放置など、健康に害を与えるとされる行動をとる人であっても、他方では健康リスク低減のための情報を検索したり、実践したりする。健康であること、健康を回復することは人間の普遍的な欲求なのである。

現代では、健康を希求することが社会的な責務となりつつある。福祉国家において増大し続ける医療費を抑制するために、現代人は生活習慣病を予防するよう、様々な方向からの圧力を受けている。かかりつけ医からの指導、産業衛生医の助言、政府の広報だけでなく、マスメディアやインターネット、家族、そして個人が所属する諸々のコミュニティが、健康の維持や促進について硬軟虚実とりまぜた情報を送り続ける。健康はパーソナルでプライベートなものであると同時に、パブリックな現象となって久しい。

とはいえ、健康という概念の曖昧さは否定できない。1946年に制定されたWHO憲章は健康を「身体的、精神的、社会的に完全に良好な状態であり、単に疾病又は病弱の存在しないことではない」と定義する。これは疾病のコントロールと死亡率の減少を目標としていた20世紀前半までの医療・公衆衛生に、人の健康を考える際には精神的・社会的な要素も加味するよう促したという点で、大きな転換点となった。一方でこの憲章は、健康を概念化することの困難さも突きつけることとなった。WHO憲章から70年余の科学と医療技術の発展、そして知のあり方の変化により、健康は病の治療に関わることだけでなく、個人のあり方や死生観、そして公共の財としての位置づけをまとうようになった。近年発表されている健康観に関する研究に論者の数だけ定義があるのも、それらを反映してのことである。[1)]

健康観を形作る身体や病の認識は、自然科学的な知識だけでなく、それぞれの社会の歴史・文化・経済・制度の影響を色濃く受けて形作られてきた。[2)] それゆえ健康は、医学の及ぶ範囲において普遍的な部分があると同時に、その社会の経験と深く結びついているという点において個別的なものともなる。健康観の歴史分析は、個別性のなかで検討されることでその社会の特徴をあぶり出すものとなろう。

本稿は、複雑に拡大し続ける健康観の諸問題のうち、パーソナルでプライベートである健康と病がどのようにしてパブリックなものになってきたのかについて、20 世紀初頭アメリカの文脈において検討するものである。この時代は、科学の発展がもたらした医学知の果実を住民が享受できるようになってきた時期、医療が専門職化していく時期という点では当時の先進国に共通するものである。この時期は同時に、ビジネスの急成長、大量の移民の到来、人種的に多様なアメリカ人が織りなす確固とした人種秩序、政府による一律の介入の不在という、アメリカ独特の社会的条件を有している。健康はこの状況下で、パブリックな概念、つまり集団としてのアメリカ人が特定の方向に互いに導きあい対応すべきものとして浮上してきた。以下において経済利益、国家の対外的印象、個人のモラル、公共的な正義が健康観の形成に重層的に作用する実態を、「あるべき身体」に焦点をあてて検討する。

1. 19 世紀アメリカにおける健康
——パーソナルでプライベートな実践

19 世紀のアメリカのミドルクラスはヨーロッパの下層民の貧困や不潔で過密な住環境を自らの生活と対比し、自然に寄り添って生活するアメリカ人の健康はまだ良好といえると理解していた。一方で、時代が下るに連れてアメリカ人の健康は損なわれていっているとの認識も、ミドルクラスの人々の間に広まっていた。人は神が創造した自然から離れ、不自然な生活を送るようになったと彼らは考えた。精製した小麦粉で作られたパンを買い、肉を食べ、さまざまな混ぜものを入れた酒を飲むことは、自然からの離反と感じられた。産業化の進行に伴い発生した都市化と過密化した住宅環境は、不自然という理解をさらに推し進めるものだった。世俗化に伴い健康の「黄金時代」は過去のものとなり、アメリカは「社会のヨーロッパ化」がもたらす病やストレスに、個人のモラルの改善——自然に沿った生活や神との関係修復——によって対応していく必要が説かれるようになった。[3)]

病の原因が神からの離反であるならば、それは社会制度や公的な介入ではなく個人に帰すべき問題、パーソナルな問題となる。実際、アメリカのほとんどの地域においては、病気も怪我も障害も、個人とその家族が向き合う現象であった。労働者である夫や息子が病気や怪我で働けなければ、その分収入が減り、家計は危機に陥る。妻が病に伏せると、家が荒れ、家族の食事が滞る。隣近所の人々はそのような家族を日常的に支援した。ルイーザ・メイ・オールコットの小説『若草物語』(1868) で、マーチ家の四姉妹が病に倒れた隣人に食事を届ける描写がある。19 世紀に各地で生まれた工場村でも、南部の小作人のコミュニティでも、彼らは家族のように支えあっていた。[4)] これはアメリカの近所づきあいの基本であり、キリスト教信仰を実践するものでもあった。健康な人が病人を援助し、病が癒えた者がまた他の人を助けることは、共同体的な行動ではあったが、この時代には未だ公共的な支援、すなわち「われわれ」以外の他者の支援を意味しなかった。

19 世紀半ばには、病への対処だけでなく健康維持のためにも、女性の主婦としての役割が強調されていくようになる。健康を意味する health、wellness、fitness などの言葉を辿っていくと、男性の本のみならず、女性が手に取る本にもそれらが現れてくる。1830 年代から 60 年代半ばまで読まれたエリザ・レズリーやサラ・ジョセファ・ヘイルの料理指南本を分析した研究では、家族の健康の維持を目的としたレシピの紹介が、ミドルクラス女性の大きな支持を得たこと、家事や料理を手掛かりに健康を焦点として女性の領域が家庭から外の世界へと拡大されていく過程が明らかにされた。[5)] また、家庭における菜食主義や禁酒、清潔、緩やかな体操を奨励する健康改革運動が、生活改善と結びついて発生したことも指摘されている。[6)] この時代、女性の領域すなわち家庭においてモラルを維持する役割を担った女性たちが、家庭を守るためにその家庭を超えて社会の改善に足を踏み出したことは、女性史で繰り返し指摘されている。それは健康においても同様に発現した。家庭を切り盛りする主婦の健康意識を高めるために教育が称揚され、科学や体育などを含む女子教育の充実、そして後には女性の医療職(医師や看護師)の養成にもつながっていく。労働者であった男性の健康維持も、それを支える家庭＝女性の役割と位置づけられていく。[7)]

こういった家庭管理と健康との結びつきは、ミドルクラスに特有のものであったことは強調されなければならない。料理指南本（cook book）や生活改善本（advice book）を手に取る余裕のある家庭・家族だけが、適切な食材を選んで料理をし、飲酒を控え、室内の掃除を欠かさず、清潔な衣服を身につけることができたともいえる。そしてビジネスもこのような家族をターゲットとした。都市化が進み、パンを家で焼くのではなく購入する家庭が増加すると、かねてより若い男性のマスターベーションへの衝動を抑制し健康を維持するものとして穀物食の有効性を主張してきたシルベスター・グレアムは、全粒粉パンを売り出し成功を収めた。これは1880年代にはグラハム・クラッカーに受け継がれ、現在に至る。[8)] ミドルクラスの人々は、アメリカのあるべき健康規範を、雑誌や本の流通と、食品ビジネスとともに作り上げてきた。ただし、健康観とビジネスが結びつきアメリカの主流文化を作り上げているという意識が生じてはいるものの、19世紀のミドルクラスは健康をパーソナルでプライベートなものであるとの認識を持ち続けていた。

一方、健康をアメリカ市民の資質と位置づけて他者をコントロールする動きも、一部ではあるが生じていたことは見逃せない。南北戦争期から再建の時期（1860～1870年代）に、奴隷から解放された黒人にfitness for freedom、すなわちアメリカ市民としての自由と権利を獲得するためには、それにふさわしい資質を身につけなければならないという考え方が生じた。その資質とは、戦時中は主として兵士として参戦すること、そのような兵士を物心両面あるいは看護で支援することであったが、戦後はそれらに加えて子供に教育を与えること、勤勉であること、家屋や衣服・身体の清潔を保って健康を維持することなどが加えられた。戦前から奴隷解放論者として執筆活動をしていた北部マサチューセッツ出身の白人女性リディア・マリア・チャイルドは書いている。「適切なふるまいをすることは……あなたが劣った人種ではないことを証明する最良の方法なのです。」[9)] この考えは解放された元奴隷を支援する各地の解放黒人局でも共有されており、「正しい」掃除と整頓、入浴、衣服の修繕などの指導が、指導のために南部に滞在した北部女性によってプログラム化されることとなった。[10)] しかし、これはあくまでも解放された黒人の支援に動いた、ごく一部の白人が抱いていた理想に過ぎなかった。

アメリカ市民として適切なふるまい――健康管理を含む――をすることの要請は、奴隷解放を支援してきた白人によってなされたものであり、解放されたばかりの黒人が、健康を維持することがアメリカ市民としての証明となるとの認識をどれだけ共有していたかは定かではない。実際、解放黒人局の支援を受けた黒人の行動が大きく変わったことを示す証拠は見いだせない。白人からの助言を実践し続けるだけの時間的・金銭的余裕を持つ黒人は少なく、乳児死亡率は高く推移し、結核などの病の罹患率も高かった。とはいえ、1860 年代後半には黒人が自分たちの健康を守るために医療職の養成を求め、黒人医学校や看護学校の設立のために政治的な行動を起こすようになったことは、彼らが少なくとも人種集団としての利益を念頭に置いていたことを示している。[11] 白人にとっては、健康情報の入手も医者へのアクセスも、パーソナルなレベルでの実践が可能であった。しかし黒人にとっては、自らをアメリカ市民として規定する言語を用いながら政治的な圧力をかけなければ、自分たちを親身になって診察してくれる医者を確保することさえ難しかった。

白人奴隷解放論者が用いた健康をめぐる言説と、家族でも知人でもない他者の健康維持への介入は、南部再建への関心が薄れるとともに消滅した。「適切なふるまい」としての健康を維持することの圧力が次に高まりを見せるのは、19 世紀末から 20 世紀初頭にかけての大量移民の時代である。

2.「国民」の健康の浮上――20 世紀初頭大量移民の時代

大量移民の時代とは、東欧・南欧や東アジア、中米からの移民がアメリカの主として大都市に集中した時代である。19 世期末から 20 世期初頭、移民が全国民に占める割合は 10 ～ 14% 程度であったが、ニューヨークやシカゴなどの大都市では、移民とその子供達が住民の過半数を占めた。安アパートに暮らす貧困層の写真を多数掲載し、その生活を視覚的に紹介した 1890 年出版の書籍『もう半分の住民はいかに暮らしているか』は、白人都市ミドルクラス住民に大きな衝撃を与えた。移民の家族が往々にして貧しく病に苦しんでいること、その住居が過密で臭気に満ちていること、溌剌としているべき子供たちが様々な労働に従事し疲労困憊していることは、当時導入されたばかりのハーフトーン印刷を駆使した写真の衝撃とも相まって、ミドルクラス住民の間に介入が必要との認識を生み出した。[12)]

1880年代には、大都市の様々な組織や団体が移民に対する働きかけを開始した。例えば大都市に開設されたセツルメント・ハウスは、ヨーロッパから移住してきたばかりの人々に英語教室や保育、アメリカ的な家事教育などの支援を提供した。プロテスタント系親睦団体のYMCAとYWCAは、レクリエーション活動を通して移民の若者に居場所を提供し仲間づくりを促すことで、身体的・霊的健康の増進を図った。政党マシーンは、彼らの生活上の不便を軽減しながら特定候補への投票を促した。移民、特に南欧・東欧からの移民は20世紀転換期の社会改革運動の焦点であった。ここに「われわれ」以外の住民への介入の契機を見ることができる。

移民の存在を意識することで、ミドルクラス市民はアメリカ社会において重視すべき価値や規範を再確認し、産業化の進行に伴う社会変容に一定の方向づけ＝国民化を試みるようになった。国民化への動きは、同時期の西欧諸国や日本においても、それぞれの国の状況や歴史的・社会的資源を活用する形で進行していた。アメリカにおいては、それが移民の存在を契機としていたことから、とりわけ「アメリカ化」という言葉で表された。とはいえアメリカ化が後々、移民だけでなくアメリカ生まれのアメリカ人にとっても身につけるべき価値や規範とされていくことを鑑みると、アメリカ化は国民化とほぼ同義であったと位置づけられよう。[13)] そこには労働者の規律と労働効率を高めること、子供を扱いやすい道具としてではなく国家の将来を担う存在として育成すること、アメリカ人として社会的にも個人的にも性的にも適切なふるまいをすることなどが含まれた。このようにアメリカ化として重要な規範は多々あるが、病を減らし、健康を維持・増進するための生活規範を共有する様々な実践――室内を掃除し換気をよくすること、衣服・身体の清潔を保つこと、飲酒を控えること――は、それらを横断的にカバーするものであった。これは南北戦争後の解放黒人に対する助言と共通する点が多々あるが、異なるのはその範囲と参加者の規模、そして介入のために使用される概念であった。

その概念の一つに「科学」がある。20世紀初頭は、19世紀半ば過ぎ以来発見されてきた諸々の科学知識が、研究者の実験室から一般の教養層へと拡散した時代である。とりわけ細菌学は、当時致命的であった伝染病の原因の特定と予防に大きな役割を果たした。コレラ菌の作用が明らかになったことで、上水道の整備が一層進行することになった。また腸チフスやジフテリアのワクチンが開発され、多くの命を救うことになった。細菌学や免疫学、遺伝学などを基礎とした「科学的医療」は、1830年代以来維持されてきた「民主的医療」、すなわち民間医療、伝統医療、スピリチュアル医療の並立状態を終わらせただけでなく、それらを非正規医療として一段下がった地位に置くことになった。科学の知は公衆衛生と医療に関する様々な介入や管理を生み出したのである。

加えて、「統計」も日常生活への介入を促進させる一助となった。20世紀初頭には平均寿命、乳児死亡率、疾病数、ワクチン接種率など、さまざまな数字が集められるようになった。これらの数字は他の州や自治体、あるいは諸外国との比較によって、地域の健康や疾病の状況を明らかにしたに留まらない。統計が整備されていないことが自治体行政の不備・不足ととらえられるようになり、幅広く正確な数字を集めるよう推進する力として働いた。アメリカの統計は州ごとに濃淡があり、州内でも都市と農村部では整備状況にばらつきがあった。人口動態統計や疾病統計が取られるようになったのは19世紀末からであるが、アメリカ全体をカバーするようになるのは1930年代である。[14] こういった数字の比較はまた、数値改善への動機づけになった。自治体は疾病の発症数を減らし、ワクチン接種率を上げるために、訪問看護制度を採用したり、ワクチン接種を強制したりするなどの介入に乗り出すことになった。統計もまた介入と管理を推進する一つの行政手段であった。

科学と統計は、病と健康に関して、従来のパーソナルな側面に加えてパブリックな意味をも持たせるきっかけとなった。都市スラムに住む移民家族への訪問看護は、科学的医療知識を伝達し、育児の方法を改善することで、乳児死亡率を低下させる契機となった。移民の若者はセツルメント・ハウスでの諸活動を通して、飲酒や性的不品行などの「悪徳」ではなく、バスケットボールやレスリングなど「健康的」なアクティビティに参加するよう導かれた。アメリカ社会において常に底辺に押し込められてきた黒人に対しても、黒人医師や看護師を養成してコミュニティの健康改善を図る方策がとられた。アメリカ人としてあるべきふるまいの形と結びつくことによって、個人のものであった病と健康は、コミュニティの、そしてアメリカという国全体の関心事として浮上してきたといえる。

3. 子供の健康というプロジェクト

「その国家の発展度は、児童の権利をどれだけ保護しているかに表れるものなのかもしれない。」[15] 長く連邦児童局長を務めたグレイス・アボットは、その著書をこう始めている。この書物は、アメリカが19世紀末から40年にわたり、教育や労働制限に加えて子供の健康と病を、プライベートな問題からパブリックな問題に転換してきたことを示すものである。19世紀末のアメリカでは、将来のアメリカを担う子供たちを国民として適切に育て上げることに関する様々な政策が議論された。その焦点は、乳児死亡率の引き下げ、適切な育児の実践、児童労働の制限、義務教育の整備など多岐にわたった。これらは家庭のプライベートな役割と理解されてきた子育てと子供の生活の諸々に、公的な介入がなされるようになったことに留まらず、それが国家としての将来や外国からの国家イメージを左右するという認識が支持されるようになったことを意味する。この転換は、女性の領域を家庭から押し広げ、社会においてモラルや健康を維持・増進するプロジェクトに参与した、アボットをはじめとする高学歴ミドルクラス女性によって推進された。以下では当時着手された様々な活動のうち、乳児死亡率引き下げのための施策と、健康優良児コンテストを取り上げる。前者は「統計」が、後者は「科学」が社会にもたらした影響を照射するものである。

20世紀初頭アメリカの1歳未満の乳児死亡率は、ヨーロッパ諸国と比較して決して低くはなかった。1912年の比較では、フランス7.8%、イギリスとウェールズを合わせて9.5%、ベルギー16.7%、ドイツ19.2%（1911）に対し、アメリカは11.1%である。[16] しかしここには統計の取り方の問題が存在する。当時のアメリカでは死亡統計や疾病統計が未整備であり、数字は一定数以上の住民規模をもつ都市や町で集計されたに留まっていた。そのため1910年の段階で、死亡統計は全人口の58.3%、経験的に死亡率が白人の2倍程度高いと認識されている黒人は16%をカバーしているに過ぎなかった。[17] とはいえ、黒人をほとんど排除しているこの数字が、必ずしも実際より低いとも言えない。一般に都市の乳児死亡率は農村の値よりも高かった。死亡統計によれば都市では20%、農村では18%である。[18] これは都市貧困地区の健康状態が悪いことと、人口密集地域を形成するために伝染病の感染率が高かったことに起因する。農村部をかなりの程度除外している統計は、数値を上振れさせていることも考えられる。

不十分な統計は、問題の所在を誤認させるだけでなく、近代国家としての「未熟さ」を表すものともなる。アボットら女性ソーシャルワーカーは、一方で乳児死亡率を引き下げるための活動を活発化させ、他方で連邦児童局を通して統計の整備を州や地方政府に働きかけていく。[19]

ニューヨーク市は1890年代より様々な医療・公衆衛生的介入を実施した。市の保健局はジフテリア抗毒素や天然痘ワクチンの接種を勧奨し、貧困層を中心とした子供の死亡率を低下の方向に向かわせた。天然痘ワクチンは、警官を伴った医師が各家庭を訪問し、接種歴の確認できない者にその場で接種するといった、貧困層にとってはほとんど強制に等しい圧力のもと実施された。[20] また、保健局はジョセフィン・ベイカーを児童衛生課課長に任命し、すでに訪問看護の実績を上げていたヘンリー・ストリート・セツルメントのリリアン・ウォルドとの協働で、移民の家庭を訪問し「科学的」育児方法の指導を行う取り組みを始めた。訪問看護婦は、できるだけ母乳を与えること、母乳が不十分な場合はミルクを煮沸して飲ませること、適宜沐浴させ身体を清潔に保つこと、部屋の換気を良くし小まめに清掃することなどを、移民の母親に助言した。[21] 訪問看護婦の派遣は黒人家庭に対しても行われた。この時代の人種観の影響下、白人看護婦ではなく黒人看護婦を派遣せざるを得なかったため、黒人家庭の必要を満たすだけの訪問は不可能であった。しかしこれは医療職を目指す黒人女性にとって、社会進出の機会となった。[22]

訪問看護はニューヨーク市の成功をモデルとして多くの都市で実践された。そこにはメトロポリタン保険会社など数々のビジネスも参入した。[23] また、各地の看護協会や看護学校、慈善団体も訪問看護を積極的に支援した。子供の健康に関する家庭の外からの助言は、乳児の死が一般的だった時代にその健やかな成長を願う親にとっては、受け入れることへの抵抗が小さいものだった。第一次世界大戦後には自動車の利用が増えたことにより、都市部だけでなく農村部でも訪問看護が行われるようになった。アメリカ赤十字は両大戦間期、公衆衛生業務に力を入れるようになり、戦場救護にあたった専門看護婦を訪問看護へと誘導した。[24] 貧困家族は移民であれアメリカ生まれであれ、育児支援の形で親族・知人サークルの外からの介入を受け入れることに慣れていった。

もっとも、乳児と学童では介入に対する受容には差があった。学校におけるアデノイドやトラコーマなどの検査や、治療への誘導、そしてとりわけ女児に対する脱衣を伴う発育調査には、多くの親が抵抗し抗議したことに留意する必要がある。[25] 乳児であるからこそ人々は介入を受け入れることができたともいえる。

出生に関するパブリックな介入の最も極端な例は、優生断種であったことは疑いない。これは「生存する価値のある命」を前もって選別し、社会にとって「不適」な存在の出生を食い止める施策である。「不適」な要素を排除することは、アメリカ社会全体の健全さ——健康で正常な人々からなる民主主義国家——を維持するために積極的に追及されるべき目標となった。1907年のインディアナ州断種法を皮切りに、1913年までに12州で、その後の時代も含めると32州で断種法が制定され、知的障碍者、犯罪常習者、性的少数者、売春婦などが、場合によっては説明や同意なしに断種処置を施されることとなった。[26] 留意すべきは、この政策が断種の対象とされた人々の「罪」を矯正するためというよりもむしろ、そのような「不適切」な資質が「遺伝」し後の社会に不利益をもたらすのを防止することが目的だった点である。20世紀初頭は、社会的に「不適」な人物の出生を「科学」によって「予見」することができるという楽観的な確信が広がった時代なのである。

このような優生政策の陰に隠れてはいるが、広報や啓蒙、誘導によって「アメリカ社会に望ましい子供」を育成する健康優良児コンテスト（Better Baby Contests）も、穏やかな優生政策を構成したとする研究が相次いで発表されている。[27]「可愛いベビー」を競うベビー・コンテストは、古くから農村部における娯楽の一つとして各地で祭の折に実施されていた。それが20世紀初頭には「科学的健康」と結びつき、社会に適した身体と精神を持つ子供のモデル提示と、育児指針や「アメリカ的家族の姿」の共有の場となった。健康優良児コンテストは、1900年代にインディアナやアイオワ、カンザスなど農村部の広がる地域において女性クラブなどの主導で始まり、1910年代半ば以降は連邦児童局や優生学協会の積極的支援を受けて全国で実施された。検査項目は身長、体重、胸囲、頭囲の他、腕や足の長さと割合、栄養状態、眼や鼻・歯・皮膚・頭髪の状態、歩き方、性格、刺激に対する表情や行動上の反応など多岐にわたった。これらは村の有力者や主婦のような素人ではなく、専門家である小児科医や看護師、ソーシャルワーカーによってチェックされ、発見された「異常」に対しては育児指導や治療への助言がなされた。

健康優良児コンテストに参加することができたのは白人に限られており、その点で「アメリカ社会に望ましい子供」が誰を含んでいないかは明らかである。しかし南部諸州、例えばノースカロライナ州で黒人団体が州公衆衛生局の協賛を得て黒人幼児の健康優良児コンテストを実施し、親が子供の健康に気を配る契機としたのみならず、親の性行動の改善と性病への警戒を呼び掛ける機会ともしたことは、黒人も白人と同様に「人種の改良」に大きな関心を払っていたこと、そして人種隔離政策の下にあったからこそ黒人だけのコンテストを正当化し実施することが可能であったことを意味する。[28)]

都市から始まり農村部へと実施が拡大した訪問看護と、農村部から全国に広がった健康優良児コンテストは、科学的医療、科学的育児、科学的家庭管理をキーワードとして、子供と家庭へのパブリックな介入を大幅に拡大させた。アメリカの乳児死亡率は、20世紀に入って以来、上下の振れはあるものの低下の傾向を示している。ただし、この変化をもたらしたのは訪問看護であるとは断言できない。景気や気候、浄水管理や食品安全管理の進行、麻疹や天然痘等の伝染病の流行規模などが複合的に影響したと考えるほうが自然である。むしろ訪問看護と健康優良児コンテストは、育児への介入を通してアメリカ人のあるべき家庭像、ふるまい、そして科学を重視する姿勢を、ミクロなレベルで浸透させるものと位置づけられるべきだろう。乳児はある意味で、家庭というプライベートな空間にパブリックな介入をもたらすチャンネルでもあったのである。

4. 第一次世界大戦のインパクト

アメリカ社会は20世紀への転換期より、子供を通して健康と病のパーソナル性、プライベート性を転換してきた。そこには助言と管理を通してヨーロッパ系移民をアメリカ人へと変身させ、あるいは農村部の子育てを「科学化」する、民間団体と公的機関双方の小さな努力の集積が関わっていた。乳幼児期を脱した子供には、学校を通してのアプローチが行われた。学校における一律の健康調査やワクチン接種には抵抗を示す親も、子供が病気を避けるための教育を受けることは否定しなかった。州や自治体の公衆衛生局は、医師会や訪問看護組織、女性クラブ、PTA、またローゼンワルド財団やロックフェラー財団など慈善団体との連携の下、子供への介入を制度化していった。

一方、大人への介入に関しては、伝染病の大流行時以外には成功したとは言い難い。公衆衛生に従事する専門家は、新聞や雑誌、機関紙、パンフレットを通して、疾病統計や死亡統計、病気の原因調査などを用いて、都市貧困層や農村住民にワクチン接種の効果や適切な食事の重要性を説いた。しかし、大人が主張する身体の自由や選択の自由を乗り越えることは困難であった。

ただし、公衆衛生専門家による公的な介入は難しくても、職場を通しての介入は不可能ではなかった。工場労働者に対する天然痘ワクチンの接種奨励、シャワー利用の推奨、衣服や手指の清潔保持を、生産性を高める手段として推進した例が複数ある。[29] 学校と同様に、工場は内部の人間を規律化し管理する動機を持つ。健康な労働者は企業の収益を上げるからである。労働者の健康管理は、安全管理と並んで、被雇用者に対しては福利厚生となり、株主に対しては生産性上昇のアピールとなった。もっともこれは余裕のある企業に限られていたことは言うまでもない。

第一次世界大戦は、大人の健康の諸問題を一般に認識させる契機となった。徴兵登録を行った若者の24%が健康上の問題により軍務につくことができなかった事実は、「国民の健康」について何らかの対処が必要との認識を、医療・公衆衛生関係者を超えて、広く政治家や政府関係者に持たせることになったからである。アメリカ陸軍軍医総監メリット・アイルランドによると、初期の徴兵登録者200万人のうち軍務から除外された者の除外理由は、整形外科的欠陥17.8%、眼科疾患4.8%、心臓疾患3.9%、発育障害3.7%、性病3.2%等であった。これは徴兵登録者、すなわちここから召集されることを承知したうえで登録した者の中での割合である。総力戦の熱狂の中、国民の間に徴兵登録への社会的圧力が働いていたとはいえ、明らかに軍務に向かない者はおそらく最初から徴兵登録を行っていない。アイルランドは、次に戦争が勃発する前にこの状況は改善されなければならない、この国の男性と女性の両方が身体的健康を平時のうちに高める必要がある、と述べ、産前から乳児期の健康、そして学童期を経て社会に出た後に及ぶ適切な健康チェックと社会的行動の助言、適切な性行動の奨励を提言した。[30)]

戦争をきっかけに政府が国民の身体への関心を高めるのは、19 世紀後半のヨーロッパ諸国と同様である。アメリカでは 1898 年の米西戦争時には、小規模かつ短期間で終了したことが影響し、兵士の身体に関する議論はほとんど見られなかった。第一次世界大戦は、幅広く徴兵登録を募ったこと、国内に多数の訓練キャンプを設置したこと、軍需の高まりに応じて工場や会社で黒人や女性など様々な労働者の雇用やボランティア活動が増大したことで、それぞれの場において効率的に動ける身体が意識された。それまで女性らしさを損なうとして積極的には奨励されなかった女性の運動――緩やかな体操は別として――が、批判の目を向けられなくなり、女性たちは自転車に乗ったりバスケットボールなどのスポーツを楽しむようになった。[31)] 戦争に参加することで「国民としての義務」を果たし社会的上昇を目指した黒人たちは、戦後も自分たちの受けられる医療の充実を目指して活動を継続した。かつては病気罹患率が高い黒人を「脆弱な種」「消えゆく人種」として傍観していた白人の態度も、少しずつ変容していった。訓練キャンプが設営された地域におけるマラリアをはじめとする環境対策は、全てのキャンプ地周辺ではなかったにせよ、戦後も継続された場所があった。[32)]

ただし、戦時に高まった「国民の健康」への関心が、戦後に新たに何らかの全国的な政策に結実したわけではない。アメリカ軍がヨーロッパ戦線から引き揚げてくるに従い、一般人も政治家も子供を除く健康管理への新たな熱意を失っていった。子供の健康管理も必ずしも拡大一辺倒ではなかった。戦前から議論され 1921 年に制定された時限立法である連邦母子保健推進法、別名シェパード＝タウナー法は、1920 年代の反共産主義の流れの中で「社会主義的医療」を推進するものとして厳しく批判され、一度は有効期間が延長されたものの、大恐慌に突入する直前の 1929 年 6 月に失効することになる。

1920 年代は、「国民の健康」を増進させる包括的な政策はとられなかったものの、科学と統計に基づく研究と、個人への助言はより一層活発になった。アメリカ人のモラルに悪影響を及ぼすとして憲法修正をも実現した禁酒法について、禁酒の健康効果を数値で示す研究が行われ、禁酒の継続が奨励された。[33)] タバコの害とコントロールに関する研究や、性病に関する研究などが、連邦公衆衛生局の主導で進展した。新たに開発されたワクチンによる伝染病コントロールの制度化も州や自治体レベルで進行し、ワクチンの接種を学校への入学の条件としたり、公務員への接種を義務化するといった政策が実施されるようになった。人々は少なくとも子供に関しては介入慣れし、大人への助言や介入に対しても昔ほどの抵抗は示さなくなった。健康維持と回復の努力が社会的責務となるための地ならしは完成しつつあったといえる。

おわりに

専門家の助言に基づく「科学的実践」によって健康を維持することと、「科学的医療」によって病を治療することは、20 世紀の最初の 30 年間に定着した現象である。19 世紀の世俗化、産業化、科学化の進行を背景として、アメリカでは、キリスト教の神との関係において病と健康を認識し適切に行動する健康観が転換され、科学と統計によって病を認識し健康を守る行動をとることが一般の常識となった。さらに、家族やコミュニティの中における適切なふるまいを構成していた病への対処と健康の促進が、より広い範囲の、個人的な交流のない住民に対する関心事項としても立ち上がってきた。

この過程は、アメリカだけでなくイギリスやフランスなどヨーロッパ諸国、また神こそ異なるが日本においてもほぼ同様といってもよい。アメリカを特徴づけるのは、子供を介入と管理のチャンネルとしたこと、その際に移民という「他者」が触媒として大きな役割を果たしたこと、社会的に劣位に置かれた黒人をも包摂するにあたって様々な口実を採用しなければならなかったこと、民間諸団体のボランタリーな活動とビジネス利益が動きの遅い・動けない政府を先導していったことである。「国民の健康」論の推進力として他国には大きな影響を及ぼした第一次世界大戦も、政府の権力の拡大という意味ではアメリカには長期的な影響を与えなかったようである。アメリカ政府は、統計を整備し、科学的知識を蓄積・整理・編集し、広報に寄与することで、病と健康の認識転換を支援した。

こういったアメリカの特徴は、健康と病に関する以後の展開を規定していくことになる。個人の選択による健康獲得という健康のパーソナル性はある程度維持されたものの、公的な介入を拒否するプライベート性は後退し、個人的な努力によって病を回避し健康を維持することが社会における責任を果たすことになるというパブリックな認識はより拡大していく。

健康はモラルと密接な関係にある。神との関係において正しくふるまうことが健康維持の秘訣でありモラルだった時代は過ぎたが、健康を維持することで社会の重荷とならないようにふるまうことが新たな時代のモラルとして浮上してきた。そして、アメリカ政府の役割——例えば国民皆保険制度など——を拡大せず、個人の努力として肥満を防ぎ、タバコとドラッグを遠ざけ、適切な食事をとりつづけることによって社会に貢献することが、モラルという名の責務として現在定着しつつあるのである。

注

1） Rene J. Dubos, *Mirage of Health: Utopias, Progress, and Biological Change* (Rutgers University Press, 1987); 北澤一利「近代的身体と健康概念の歴史性」『環』第 7 号、2001 年；桝本妙子「「健康」概念に関する一考察」『立命館産業社会論集』36 (1)、2000 年 6 月など。

2） 北澤、180.；Harvey Green, *Fit For America: Health, Fitness, Sport and American Society* (New York: Pantheon Books, 1986), ix.

3） James C. Whorton, *Crusaders for Fitness: The History of American Health Reformers* (Princeton University Press, 1982), 6.

4） 佐々木孝弘「外に向かって開かれた家族とコミュニティ——1900 年、ノースキャロライナ州ダーラム市のアフリカ系アメリカ人たち」樋口映美『流動する〈黒人〉コミュニティ——アメリカ史を問う』彩流社、2012 年; Jacquelyn Dowd Hall, et.al., *Like a Family: The Making of a Southern Cotton Mill World* (Chapel Hill: The University of North Carolina Press, 1987).

5） 相本資子（2019）「クック・ブック・アメリカ型——Eliza Leslie と Sarah Josepha Hale の場合」『女性学評論』第 33 号。

6） 稲垣伸一（2013）「健康な女性、健全な国家——アンテベラム期アメリカにおける退化の不安と健康改革」『實踐英文學』第 65 号。

7） Whorton, Chapter 4.

8） Kyla Wazana Tompkins, “Sylvester Graham's Imperial Dietetics,” *Gastronomica*, Vol. 9, No. 1 (Winter 2009), 52.

9） Lydia Maria Child, “Advice from an old friend,” by Lydia Maria Child, *The*

Freedmen's Book (Fields, Osgood, & Company, 1869), 269–276.

10) Gretchen Long, *Doctoring Freedom: The Politics of African American Medical Care in Slavery and Emancipation* (Chapel Hill: University of North Carolina Press, 2012), 60–65.

11) Vanessa Northington Gamble, *Making a Place for Ourselves: The Black Hospital Movement, 1920–1945* (Oxford: Oxford University Press, 1995), 10–11.

12) Jacob A. Riis, *How the Other Half Lives* (New York: Dover Publications, Inc., 1971, 1890); Matthew Schneirov, *The Dream of a New Social Order: Popular Magazines in America, 1893-1914* (New York: Columbia University Press, 1994).

13) 平体由美「第一次世界大戦時アメリカ合衆国における戦争広報――アメリカ化運動との関わりにおいて――」『札幌学院大学人文学会紀要』67、2000 年、11 頁。

14) アメリカ本土全体で死亡統計が取られるようになったのは 1933 年である。

15) Grace Abbott, ed., *The Child and the State*, Vol.1, (University of Chicago Press, 1938), Preface.

16) 数字は United States, Bureau of the Census, *Historical Statistics of the United States 1789-1945* (Washington, 1949), 49; United States Department of Labor, Children's Bureau, *Infant Mortality, Monclair, N.J.: A Study of Infant Mortality in a Suburban Community* (Washington D.C.: Government Printing Office, 1915), 11-12. より。

17) Census Bureau, *Mortality Statistics 1910* (Washington, 1912), p.8; *The United States Census Report 1910* (Washington, 1911), 42–46. 1910 年死亡統計の人口カバー率 58.3%をどう評価するかは難しいところだが、1880 年の 17%からかなり整備が進んでいる。Douglas C. Ewbank, "History of Black Mortality and Health before 1940," *The Milbank Quarterly*, 65, Supplement 1 (Part 1), 1987, 102.

18) *Mortality Statistics 1910*, 14.

19) 大鳥由香子「産声を記録せよ：アメリカ合衆国における出生登録制度」『アメリカ研究』53、2019 年; 平体由美『連邦制と社会改革――20 世紀初頭アメリカ合衆国の児童労働規制』世界思想社、2007 年、155 頁。

20) Michael Willrich, *Pox: An American History* (New York: Penguin Books, 2011), 211–212.

21) S. Josephine Baker, *Fighting for Life* (New York: Anno Press, 1974, c1939), 85–86.

22) 黒人世帯への訪問看護については、地域差が確認されている。黒人看護婦が派遣されるのが一般的ではあったが、南部ヴァージニア州リッチモンドでは当初から白人看護婦が派遣された。Steven J. Hoffman, "Progressive Public Health Administration in the Jim Crow South: A Case Study of Richmond, Virginia, 1907–1920," *Journal of Social History*, Fall 2001, 187.

23) Lee K. Frankel and Louis I. Dublin, "Visiting Nursing and Life Insurance," *Publication of the American Statistical Association*, 16 (122), June 1918: 杉山恵子『ジェシー・ターボック・ビールズのアメリカ――写真が映し出した世紀末のアメリカ』慶應義塾大学出版会、2011 年、74–78 頁。

24) Foster Rhea Dulles, *The American Red Cross—A History* (Westport, CN: Greenwood Press, 1950), 240.

25) David Tyack, "Health and Social Services in Public Schools: Historical Perspectives," *The Future Children*, 2 (1), Spring 1992, 23; 杉山、71–74 頁。

26) Kim Severson, "Thousands Sterilized, a State Weighs Restitution," *New York Times*, Dec.9, 2011; 小野直子「アメリカ優生学運動と生殖をめぐる市民規範――断種政策における「適者」と「不適者」の境界」、樋口映美、貴堂嘉之、日暮美奈子編著『〈近代規範〉の社会史――都市・身体・国家』彩流社、2013 年。

27) 例えば Alexandra Minna Stern, "Making Better Babies: Public Health and Race Betterment in Indiana, 1920-1935," *American Journal of Public Health*, 92 (5), May 2002; 貴堂嘉之「健康優良コンテスト狂騒曲――革新主義期の「科学」とアメリカ優生学運動」、樋口他編『〈近代規範〉の社会史』など。

28) Michele Mitchell, *Righteous Propagation: African Americans and the Politics of Racial Destiny after Reconstruction* (Chapel Hill: The University of North Carolina Press, 2004), 97–98.

29) 上野継義「産業看護婦による移民のアメリカ化―安全運動と訪問看護運動との協働」、平体由美・小野直子編著『医療化するアメリカ――身体管理の 20 世紀』彩流社、2017 年。

30) Meritte W. Ireland. 1922. "Health lessons of the World War," Health. Available through: Adam Matthew, Marlborough, Medical Services and Warfare, http://www.medicalservicesandwarfare.amdigital.co.uk/Documents/Details/NLM_MSC117_BX1_FL16 [Accessed December 29, 2019].

31) Whorton, 322–326.

32) Sam Taggart, M.D., *The Public's Health: A Narrative History of Health and Disease in Arkansas* (Arkansas Times, 2013), 50; Albert G. Way, "The Invisible and Indeterminable Value of Ecology: From Malaria Control to Ecological Research in the American South," *Isis*, 106 (2), 2015, 319.

33) Walter F. Willcox, "Arrests and Deaths Since 1920 Attributable to Alcohol," *Journal of the American Statistical Association*, 21 (156), Dec., 1926.

The Rise of Public Health Services in Early 20th Century America:
Science, Statistics, and Intervention to Change Health Behavior of "Others"?

by Yumi HIRATAI

Coping with disease and taking action to maintain one's health have been both personal and private undertakings in many cultures of the world. In 19th century America, people sought help among family, relatives, and the surrounding community when they were sick, or turned to advice books when they wished to improve their health. Such practices continue even now, though public health interventions have also become common since the early 20th century. In this article, some factors leading to the rise in public health interventions in 20th century America are explained. Initially there was criticism and resistance when unknown persons such as public health officials or well-meaning third persons advised the public to get vaccinated or follow proper sanitation and hygiene rules, so as to be admitted as "decent citizens" by the mainstream. However, through seemingly scientific child-rearing advice given by people who were concerned about decreasing the infant mortality rate, immigrants and poor families began to accept check-ups and interventions by visiting nurses and public health officials. Children were also a channel for promoting modern public health services, and for spreading the ideology that personal health connects to public responsibility.

〈論文〉

この人生をどう終えるか
――人生の終末期における意思決定と死生観について――

奥野 滋子

はじめに

今世間では「終活」をテーマとした本の売り上げが増えているという。公的機関でも「人生の終い方ノート」「終活ノート」といった冊子が配布されており、企業などが主催する「終活セミナー」への参加者が後を絶たない。もちろん、財産などに関する問題や葬儀や墓などの死後の問題も重要ではあるが、そうした形式的なものではなく、自分の人生をどう生き、終えるべきかといった死生観、あるいは哲学的、宗教的な問題に元気な時から真剣に向き合っている人がどのくらいいるだろうか。たいていの人は、何らかの病気やけがで自分の死を意識するようになるのだろうけれど、死はいつやってくるかわからない。それは突然やってくるかもしれないし、長患いの末のことなのかもしれない。今、医療現場ではアドバンス・ケア・プランニング（Advance care planning: ACP）への取り組みが行われており、終末期医療の在り方に関しては、本人の価値観や意思決定が最重要であるという認識が広まっている。その一方で、患者の自己責任を問う社会も存在している。

著者は、アドバンス・ケア・プランニングの重要性は認めており、これを否定するものではない。しかしその中心にある「本人ファースト」という考え方は医療倫理的に正しいのであろうか。そして本人の意思は常に主体的かつ絶対的なものと言えるのだろうか。

1. アドバンス・ケア・プランニングとは何か

1.1. アドバンス・ディレクティブについて

1990年代に米国では過度な延命治療が問題視され、本人が希望する治療を求める声が高まっていった。以前の医療のあり方は医師のパターナリズムの上に成立し、患者本人の考えよりも医師の決定によって行われていた。しかし、心臓マッサージや人工呼吸などの処置を望まず、自然に最期を迎えたいと考える人も少なくなかった。そして「人生の最終段階において望む治療を事前に決め、書面に残しておく」という「アドバンス・ディレクティブ(事前指示書)」に関する取り組みが始まったのである。しかしその後、一度決断した後でも意思は変わりうる、元気なうちに書面を作ることに意識が向かない、最期に至るプロセスが疾患ごとに異なるため治療内容についてもあらかじめ記すことが容易ではないといった課題も指摘されるようになった。

1.2. アドバンス・ケア・プランニングについて

そこで生まれたのが、「アドバンス・ケア・プランニング」である。アドバンス・ケア・プラニングは、患者、家族、医療者の対話を通じて本人の価値観を明らかにし、治療やケアの方法の決定にこだわるのではなく、これからの治療やケアの目標を繰り返し話し合って共有しておくことが大事なのではないかというものである。厚生労働省が公表した、「人生の最終段階における医療・ケアの決定プロセスに関するガイドライン」(平成30年度版)[1]では、本人の意志決定が基本とされている。

このアドバンス・ケア・プランニングの名称を、もっと親しみのあるものにしようと、厚生労働省が愛称を広く募って2018年11月に生まれたのが「人生会議」という言葉である。11月30日は、「いい看取り、いい看取られ」のゴロ合わせから「人生会議の日」となっている[2]。

1.3. アドバンス・ケア・プランニングで話し合われる内容とは

次は、以前著者が勤務していた病院の患者向け質問用紙の一部であるが、どの施設においてもその内容は類似していると思われる。

「病状のために自分で身の回りのことができなくなった時のことについて話し合っておきたいと思います。そのような時はどこでどのように治療・療養をするか考えたことはありますか？　そのような場合に何か具体的な希望はありますか？　その場合に一番心配なことはどんなことですか？　またこれだけはしてほしくないということやあなたが大切にしていることなどがあったら具体的に教えてください」という書き出しから始まっている。

① 病気についてすべてを知りたいですか？
② 終末期の医療はどのように望まれますか？
　□入院して積極的に治療を受けたい　□自宅でできる範囲の延命治療は受けたい　□延命治療ではなく、緩和ケアを受けながら自然に過ごしたい　□今はわからない
③ 下記の医療行為についてのご希望をお聞きします
　□輸液　□中心静脈栄養　□経管栄養（胃瘻を含む）□昇圧剤の使用　□人工呼吸器の使用　□その他の医療行為についてのご希望
④ 急変時（心停止･呼吸停止）の蘇生についてのご希望をお尋ねします。
　□希望する　・心停止状態時の心臓マッサージ　・心停止状態時のＡＥＤ使用　・呼吸不全における人工呼吸器装着・呼吸不全時における気管切開
　□希望しない　□今はわからない
⑤ 不明な点についての確認・緊急時の場合に親族を代表して意思決定を行う方の氏名・連絡先・続柄を教えてください。(署名者と異なる場合)
⑥ 終末期を迎えたい場所はどこですか？
　□自宅　□病院に入院　□施設に入所　□今はわからない
⑦ その他、私たちにご希望されることがありましたらご自由にお書きください。

このうち、⑦の項目で、死に方（安楽死、鎮静の希望、その時に家族にそばにいてほしいなど）や死後のこと（死に装束や葬儀、墓のことなど)、遺族へのメッセージやグリーフケアの依頼などを語られる人も少なくない。

1.4. アドバンス・ケア・プランニングの効果

アドバンス・ケア・プランニングを行うと 患者の自己コントロール感が高まる、死亡場所との関連（病院死の減少)、代理決定者と医師のコミュニケーションが改善 、より患者の意向が尊重されたケアが実践され、患者と家族の満足度が向上し遺族の不安や抑うつが減少するなどの報告もある。

一方で、アドバンス・ケア・プランニングが患者のみならず家族にとってもつらい体験となることがあること、時間や手間がかかりすぎてすべての患者に適応することが難しいといった声も聞かれる。また今後の状態を予測す

ること自体が患者・家族にとって困難であり、治療やケアを含めた生き方・死に方に関する具体的な意思表明・決定を求められても難しいのではないかと思う。

1.5. 普及・啓発のため PR ポスターをめぐって思うこと

厚生労働省が、「人生会議」の普及・啓発のため PR ポスターを公開したところ、患者団体の方々等から、患者や遺族を傷つける内容であるといった意見が寄せられて差し止めにあったことは記憶に新しい。ポスターは「命の危機が迫ったとき、想いは正しく伝わらない」ので、「こうなる前に人生会議しとこ」というものである。これに対し、一般社団法人全国がん患者団体連合会と特定非営利活動法人日本緩和医療学会の連名で、「人生会議(アドバンス・ケア・プランニング)の普及啓発に関する意見書」が提出された（令和元年 11 月 29 日)。その中で、「アドバンス・ケア・プランニング(ACP)」は本来、「もしものとき（意思決定能力がなくなった時）に備えて、本人が望む医療やケアについて前もって考え、家族等や医療・ケアチームと繰り返し話し合い、共有する取組のこと」であり、本人が家族等や医療者との繰り返される対話の中で「本人の価値観や大切にしたいことを明らかにし、それに基づいた生活や医療・ケアの内容を話し合い、最期まで自分らしく生きることを支える取組のこと」と理解しています。死が近づいたときなどの特定の時期に限定せず、また、生命維持治療など特定の治療やケアの選好に限定せずに、本人の「大切にしたいこと」や「自分らしく生きること」を支えていくためにどのような治療やケアが最も望ましいかを話し合うプロセスであるということが、市民にも医療福祉従事者にも正しく認識される必要があると考えます」とした上で、「アドバンス・ケア・プランニング(ACP) をはじめ死に関する話題に触れる普及啓発活動においては、現在、生命の危機に直面している患者やその家族等、またそれを経験した遺族の気持ちや尊厳を十分に踏まえて行う必要がある」と指摘した。

確かにポスターデザインが死の接近を連想させると言われればその通りかもしれない。この意見書の中では「最期まで自分らしく生きることを支える取組」とされていることから、アドバンス・ケア・プランニングはよりよく生きることを主な目的としたものであって、よりよく死ぬことまでを目的としているのかどうかは疑問である。どう生きどう死ぬかというテーマについて、死が迫ったときではなく普段から医療者や家族、知人など周囲の人たちと相談しておいてほしいと一般人向けに啓発することが、厚生労働省の考えではなかったかと個人的に推測するのだが、この一件からもいかに人が「死」を見つめて人生計画を立てることがいかに難しいかがわかる。これからアドバンス・ケア・プランニングを推進するうえで必要なのは、医療の枠を超えて、生きること、死ぬことそのものに正面から向き合うための死生観、宗教観、倫理や哲学的な取り組みであるべきではないだろうか。

2. 医療における意思決定について考える

医療現場では、患者の意思決定がしばしば求められる。患者の能動的な意志に基づくと考えられている意思決定が、実は非常に不安定なものであり、さまざまな過去の経験や自然や他者から影響を受けて作られた受動的なものであるかもしれない。「生きる」や「死ぬ」という動詞は果たして能動態でありうるか。「生きる」「死を決す」「死を致す」という言葉は主体である自分が生きる、または死ぬのであって能動態といえる。しかし「生かされる」には何らかの作用が必要になり、「死を賜る」となると自殺や切腹を意味し、何かによる強制が背後にあるので能動態であると同時に受動態でもある。「生」と「死」は受動態でもあり能動態でもある、もしくは能動態でもなければ受動態でもないものと考えざるを得ない。そうであるならば、患者の意思決定内容をサポートすることで、患者に何らかの不利益が生じたり、家族が納得できない事態が発生しても、「あなたが決めたことだから」と患者の自己責任と処理してよいのだろうか。

2.1. 意志とは何か

「意志」とは、広辞苑によれば「㋐道徳的価値評価を担う主体。理性による思慮・選択を決心して実行する能力。知識・感情と対立するものとされ、併せて知・情・意という。㋑ある行動をとることを決め、かつそれを生起させ、持続させる心的機能」であり、「意思」は「考えや思い」と記されている[3)]。医療現場では、「意思」を使用することが多い。

國分によると、「意志とは一般に、目的や計画を実現しようとする精神の働きを指す。精神は実現に向かっているのだから、何らかの力、あるいは原動力である。ただし、力ないし原動力とはいっても、制御されていない剥き出しの衝動のようなものではない。意志は目的や計画を持っているのであって、その意味で意志は意識と結びついている。意志は自分や周囲のさまざまな条件を意識しながら働きをなす。おそらく無意識のうちになされたことは意志でもってなされたとは見なされない。(中略) ところが不思議なことに、意志はさまざまなことを意識しているにもかかわらず、そうして意識された事柄からは独立しているとも考えられている。というのも、ある人物の意志による行為とみなされるのは、その人がと言われる行為のことだからである。誰かが『これは私が自分の意志で行ったことだ』と主張したならば、この発言が意味しているのは、自分がその行為の出発点であったということ、すなわちさまざまな情報を意識しつつも、そこからは独立して判断がなされるということである」と述べ[4]、責任を負うためには自分の意志で自由に選択ができなければならず、人は能動的でなければならないとしている[5]。受動的である場合には人は責任を負うものではないとみなされるのである。

2.2. 家族のために苦痛に耐えて治療を継続した事例

30 代女性。胃癌末期で既に積極的治療を終了し余命数週間と言われている。ある日、新薬での治療を試したいというのである。その薬は臨床研究段階のもので、研究に参加するには、症状を緩和する治療も制限し新薬の効果や経過を観察しなければならない。幸い臨床研究への参加は許されたが、治療を始めても症状は改善せず苦痛症状が増悪してどんどん動けなくなっていった。誰の目から見ても治療効果がないことは明らかであり限界と思われた。

「娘は小学生で、これから思春期を迎えると益々母親の存在がとても大切になってきます。子供のために、一日でも長く生きることが私の使命。だからどんなにしんどくてもやれる治療は続けたい」と彼女は言う。彼女にしても、自分自身、入浴時に鏡に映るやせ細った自分の身体を見て涙がこぼれたが、「こんな姿を子供に見せたくない、見せてはいけない」という思いで子供の前ではつらい顔を見せないように頑張っていたという。

彼女の目標は娘の小学校の卒業式に出席することであったが、自宅療養を始めて 10 か月後、腹水で大きく膨らんだ腹を隠すためのサイズの大きい服と抗がん剤で髪が抜けてしまった頭に似合うかつらを被って式に参加することができた。そして次に中学校の入学式を目標に治療を続け、中学校の門前で制服姿の娘と写真に納まった。1か月先の体育祭にも行く予定であったが、さすがに心身の限界を感じて自ら臨床試験の中止を決めた。「もっと早くに苦しさを取ってもらうこともできただろうけれど、家族のためには私は一日でも長く生きなければならない。どんなに苦しくても私は生きたい」。

亡くなる数日前、彼女はケアをしてくれていた訪問看護師に、家族一人ひとりへのメッセージを託した。もはや自分の力で書くことはできないので、伝えてほしいということだった。自分の死後に家族にどう生きてほしいとか、これまで言葉にすることができなかった思い、感謝の気持ちなどを看護師が書き取り清書して後日夫に手渡した。また死後に家族が寂しくならないようにと、家族への思いやメッセージをひそかに日記帳やスマホに残していた。

一方、夫は徐々に衰えていく妻の姿を見るのが忍びなくて、「もちろん長く生きていてほしいが、自分たちのために無理に苦しい治療を続けずに、多少命の時間が短くなっても体のつらさをとって少しでも楽に過ごしてほしいと思う。今は本人の思いを全力で応援するしかない」と話していた。治療法の選択肢が増えれば増えるほど意思決定は困難になる。彼女は娘のために苦痛に耐えぬいて新薬での治療を続けていくことを選択したが、このような背景がない単身であったならばどんな生き方を選んだのであろう。「生きたい」は「家族のために生かされる」と言う意味で、能動的でもあり受動的でもある。そして「家族のために生かされている」自分がいたからこそ、主体性をもって死後の準備ができたのではないか。

2.3. 死を覚悟のうえで自宅に退院した独居高齢者の事例

80代男性。慢性呼吸不全、慢性心不全、腰椎圧迫骨折。数か月前に妻に先立たれ、以降一人暮らし。同じ自治会の友人がたまに訪ねてくることがあるが、近所との付き合いはない。子供はなく、90代の兄が遠方にいるが体調が悪く日頃ほとんど行き来はしていない。

今回、自宅で転倒して新たに腰椎圧迫骨折を生じ、著しい腰痛のため起き上がることもできず一人暮らしが困難となり入院した。腰痛と下肢の筋力低下によりふらつきがつよく、リハビリをしたが、介助がなければすぐに転倒してしまう。呼吸機能の低下により息切れを生じやすく、酸素吸入でも症状が改善しないときは横になって安静にしているしかない状態であった。「彼はもう退院は望まないだろう」と誰もが考えていた。ところがある日、彼から退院の申し出を受けた。「毎日妻の仏壇に花を手向け、手を合わせたい」というのである。「もしかすると誰もいないときに突然命が尽きてしまい、死んでから誰かに発見される可能性があることも覚悟しています。自分は今以上の治療は望んでいません。延命治療は希望しません。自然なまま自宅で過ごせるなら、いつ死んでも本望です。実は後見人も決めています。遺言書も作成しました。死んだ後はそれに従って処理してもらえばよいようにすべて準備してあります」。本人、病院、地域のサポートチームで話し合い、毎日の生活をどう支えていくかということはもちろんだが、最期の迎え方についても具体的に相談し、チーム全員が同じ目標を持ち、いざという時にも冷静に行動できるように何度も確認しあった。「死がどういうものかわからないから怖いよね。こんな体になったって死にたいとは思わないけれど、でもいつかは死ななければならないでしょう。だったら自分らしく死にたいだけ。一人は寂しいし不安なこともいっぱいあるけれど、自分のことはできるだけ自分でしたいし、妻との思い出が詰まったこの家で死ねたらいいな」。

自宅療養が始まった。自宅に帰って1か月程経過したある日、訪問看護師が呼び鈴を鳴らしても家の中から応答がなかった。万が一の時に備え、関係者だけが知っている暗証番号を使って、あらかじめ用意していたキーボックスを開け家の中に入ってみると、風呂場の前で彼が倒れていた。脈も触れにくく、死が迫っていることは明らかだった。本人との約束通り、私たちは救急車も呼ばず延命治療もしなかった。ただ仏壇から妻の遺影と位牌をお借りし、そっと彼に抱かせてみんなでお看取りをした。当日も妻と対話していたのだろうか、仏壇にはごはん、お茶が供えられていた。また風呂場には汚れた下着を洗った形跡があり、おそらく自分で洗濯をしていた時に気分が悪くなり、いつものように安静にして症状の回復を待っている間に命が尽きたのだろうと考えられた。

結局彼は一人で亡くなっていくのであるが、事前に確認した意志の主体は彼であり、さまざまな情報を意識しつつも、そこからは独立して判断がなされたのであれば、こうした死のあり方も彼自身の責任の範疇とみなしてよいだろう。介護スタッフから、「救急車を呼ばなくてよかったのか」「自分たちがすぐに洗濯をしていたら、こんな結末にはならなかったのではないか」との意見も聞かれたが、地域医療スタッフの行為がひとりぼっちの生活と死を作り上げたわけではない。彼の意志決定を支えたチームスタッフの対応は、彼にとって満足が行く行動だったと信じたい。

2.4. 妻を自宅で看取った夫の事例

子供のいない二人暮らしの70代夫婦。半年前に体の不調を訴え病院で精密検査を受けた妻は、大腸癌で肺と肝臓に転移を認めた。妻はもともと虚弱体質で食も細く、「副作用が怖いので抗がん剤治療は嫌だ」と言っていたが、医師の勧めもあり、夫は少しでも良くなってほしいという思いから治療を受けるようにと妻を説得し、妻も根負けして治療に同意した。すると、思いの外副作用に苦しむこともなく、しばらくの間はがんが縮小して元気になったので夫婦は喜んでいた。しかし抗がん剤治療を始めて数か月後、再び腫瘍の勢いが増してきた。その後腹痛、腹部張り感、息苦しさなどが増強し、食事も摂れなくなってしまった。リンパ浮腫でパンパンに腫れた足ではトイレに一人で行くこともできないからと妻は自ら入院したが、病棟スタッフに「夫は寂しがり屋で私がいないとだめなの。家に帰ろうかな」と伝え、一方で「夫に迷惑がかかるし、体もしんどいからこのまま入院していたい」とも言った。スタッフは夫に彼女の思いを伝え、退院して在宅緩和ケアを受けることを勧めた。「見舞いの帰り際に寂しそうな妻の顔を見、いつも後ろ髪をひかれる思いで病室を出てくるのです。彼女が生きられるのもそう長くないと思います。電話が鳴るだけで病院からの緊急連絡ではないかとドキドキしてしまうのです。そんなせつない思いを毎日繰り返すくらいなら、家に連れて帰って、自分が介護して、一緒に過ごしたいと思います。そもそも彼女が望んでいることでもありますし」。彼女の意思を尊重して退院したものの、介護は夫が思っていたよりもはるかに大変で、在宅でのさまざまな医療・介護サービスを利用しても日増しに疲労が蓄積しイライラしていた。

「こんなことになるとわかっていたら、やっぱり治療なんかしない方が良かった。動けるうちに一緒に楽しいことをもっとやっておけばよかった。あれこれしたいことがあってももう無理ね。私の場合は、治療は結局死を先延ばしにしただけだったわ」。「トイレだって一人じゃできないし、迷惑をかけてばっかりじゃない。あなたが荒れているときは疲れているんだってわかるから、本当に申し訳ないと思っているの。家で死にたいと思ったけど、やっぱり退院しなきゃよかった」。

夫は、治療を納得させたときのことを思い出した。「したくない」治療を「させて」しまったのは、自分の意思の押し付けで、妻は自由な選択もないままそれを決断せざるを得なかったのではないだろうか、退院についても妻の意志ではなく自分が誘導してしまったのではないか、だとしたら妻には後悔しかないのではないだろうかと自分を責めたそうである。

24時間ずっと妻とともに過ごした夫の介護の日々にも終わりがやってきた。妻のいない空間、妻が寝ていたはずのベッドにはたたまれた布団だけが残されている。厳しい介護生活を覚悟して自宅で看取ることを決めたのは自分。在宅チームは精いっぱい自分たち夫婦を支えてくれた。それなのに、スタッフから「奥さんの希望通り、自宅で看取ってあげられて良かったですね」と声をかけられたとき、怒りの感情が沸き起こったという。

「家で看取りたいといったのは確かに私です。大切な妻ですから、妻の意向は大事にしたい。でも、病院の先生や看護師さんも入院を続けることに賛成してくれなかったし、在宅療養の話ばかりしていた。親戚だっていつまで入院させているんだとか、もう長くないのに家に連れて帰ってやらないのかと言って私を責めるんですよ。私には家に連れて帰るしか他に方法がないじゃないですか。自分のすべてを妻の介護に充ててきたのに、妻はもうこの家にはいない。妻との思い出が詰まったこの家で暮らすことは私には苦しすぎて無理なんです」。

程なくして彼は引っ越してしまい、以降の消息は不明である。「治療したい」という妻も、「自宅で介護したい」「自宅で看取りたい」という夫も、両方とも「仕方ない」状況の中での意志決定をした。その結果、妻の死も妻のいない日常も受け入れることができず、妻との思い出の家も捨てることになってしまったのではないだろうか。

2.5. 治療を受けるという行為について

たとえば薬を飲むという場合、「飲む」のは自分の病気を治すことが目的であり、体調を整えるために自らが薬を「飲む」ということであれば、薬を「飲む」という動詞は患者の主体的な意志から発することであって能動態である。しかし、「薬を飲まなければいけない」「いつになったらこの薬は飲まなくてよくなるのだろうか」と思いながらも「飲む」という時は、「飲む」

という行為が果たして能動的と言えるか。おそらくこの場合、薬を飲まなければ自分の病気が悪くなっていくかもしれないし、医師から飲むように勧められて、「仕方なく飲む」「飲まざるを得ない」という点で、その動詞は受動態である。

同様に、「治療をする」という行為も、自発的に、自由な選択のもとに、自らでなしたものでない限り、本人の意志に基づいた能動的行為とは言えない。「治療をする」ことに心底納得できないまま、知らず知らずのうちに「させられている」といった受動態で治療という行為をしている人も少なくない。

3. 中動態について

かつては言語には能動と受動ではなく，能動と中動という概念が存在していた。その言葉から受けるイメージから、中動態は能動態と受動態の間にある何かを指し示す概念のように感じられるが、どうやらそのような単純なものではなさそうである。

國分によれば、「受動とは、文字通り、受け身になって何かを蒙ることである。能動が「する」を指すとすれば、受動は「される」を指す。たとえば「何ごとかが私によってなされる something is done by me」とき、その「何ごとか」は私から作用を受ける。ならば、能動の形式では説明できない事態や行為は、それとちょうど対をなす受動の形式によって説明すればよいことになるだろうか？（中略）能動と受動の区別は、すべての行為を「する」か「される」かに配分することを求める。しかしこう考えてみると、この区別は非常に不便で不正確なものだ」と述べ[6)]、能動と受動の区別は、われわれの思考の奥深くで作用し、意識することすら難しく、「責任を問うために社会が必要としているもの」だという[7)]。

前述の事例をそれぞれ見直してみると、強制はないが自発的でもなく，自発的ではないが同意をしているという事態がそこかしこに見られる。思うままにならず、「仕方なく……」「……するより他ない」という思いは強制でも自発でもないが、言葉として概念化されない何かがそこにはある。それが中動態の世界なのだろう。このように考えれば、「生きる」「死ぬ」に関しては、「あなたの意志で決めたことだから、すべての結果はあなた自身が責任を負うべき」ということはありえない。どれだけ患者の意志に添った医療やケアであっても、そもそも意志という概念が絶対的なものではない以上、アドバンス・ケア・プランニングによって作られた治療計画が患者にとっての最善を約束できるものとは限らないのではないかと思える。自分たちが中動態の世界を生きていることに気付くことができれば、治療やケアの選択肢も増え、医療者も患者も家族も、言葉の強制から解放されてより自由な選択ができるようになるのではないかと期待するのである。

4．お迎え現象によって自ら寿命を悟り死に向き合う

80 代女性。胸腰椎圧迫骨折と肺がんで自宅療養中の筆者の母である。同居していたが、筆者が仕事で出かけている間、母は長時間一人で過ごすことが多かった。2 年前に肺がんの告知を受けたが、体力的な問題から積極的な治療は希望せず、自然な経過に任せることを望んだ。当初は肺がんによる症状もなく、「本当に肺癌なのかしら」と疑っていたが、胸部 X 線写真を撮るたびに少しずつ腫瘍が大きくなっていることは主治医から知らされていた。肺がんよりも彼女を悩ませていたのは圧迫骨折による腰痛であった。ある朝、「腰が痛くて起き上がれない。咳が出て眠れないし、便秘もひどくてお腹が張って苦しい。家にいても一人じゃ何もできないし、デイサービスに行く自信もないから入院したい」と言った。その時点で予後は短めの月単位と考えられていた。母は、いつも「どうして腰が痛いの？」「なぜ咳が出るの？」「なぜ治らないの？」「そろそろ手術したほうがいいの？」と返答に困るような質問を繰り返した。「リハビリして半年くらい経ったら歩いてデイサービスに行きたい」「来年の誕生日ごろまでには腰痛を治したい」「頑張って癌も治さなきゃ」などと言うので、筆者はただ「そうね」「そうだったらいいね」と答えるしかなかった。入院 1 か月後、リハビリの効果があってシルバーカーで少し歩けるようになった母は自宅に退院してきたが、以前のように動くことはできず、ほとんどベッドで寝て過ごし、食事量もほんのわずかになってみるみるうちに痩せていった。

ある日、「誰かしらね。毎晩男の人がいるのよ。黒い影で顔はよく見えない。ベッドと同じ高さで横にいるの。まさかお迎えじゃないよね。私まだ死にたくないんだけど」というので「死ぬのって怖い？　その人は怖い人な

の？」と聞いてみた。

「別に……。その人は怖くない。とても親しい感じがする人。そりゃ死にたくなんてない。ずっと生きていたいけれど仕方ないじゃない。その時が来たら行くしかないんだから」

その後も容体は徐々に悪化し、眠っている時間も長くなってきて、ときどきつじつまの合わないことも言い、かと思えばハッと我に返り普通に会話するというような状態になった。

「服を用意しなきゃ。出かけないといけないから」と言うので、「どこに出かけるの？」と聞くと、「お葬式」と言う。「誰の？」と聞くと、「私のお葬式」と答えた。別の日には、「お兄ちゃんは本当にきれいな顔してる。おじいちゃんとおばあちゃんをお風呂に入れてあげたいから、早くお風呂を沸かしてちょうだい。それからお姉ちゃんがお雑煮を作るって言っているから、キッチンに行って一緒に出汁を取らなきゃ」と言って起き上がろうとした。

実はこの人たちはもうすでに他界しており、これはお迎え現象なのだと筆者は思った。「今お茶を差し上げたんだけれども、おかわりを持ってきてちょうだい」と言うので、「どなたにお茶を差し上げたの？」と聞いたところ、「お釈迦さん……。なもあみだーんぶ、なもあみだーんぶ。もうすぐ私死ぬんじゃないかな。もう長くは生きられないわ。みんながここに来ているし、仕方ない、みんなと一緒に行くか。あんたにはいろいろ世話になった。ありがとうね。みんなにくれぐれもよろしく伝えてね」。

その後も、時々「きれいねぇ。本当にきれいだわ」と言ってニッコリ笑ったり、部屋の一点を見つめて手を振ったりしていた。そして「お父さん、どこに行った？　一緒について行くよ」が最後の会話となり、その数日後に旅立った。

「生きる」は、主語から出発し主語の外で完遂する過程であるため能動態と言えるが、「死ぬ」「ついて行く」は、主語は過程の内部にあるので中動態の動詞ということになり、本人の意志は問題とならないはずである。しかし、死について話そうとしてもずっと拒否していた母が、みんなについて一緒に行くと言って死んだことは、「一緒に逝きたい」という意志を持って死んでいったのだと思えるのである。母なりの死の覚悟であり意思表明だったのだろうと。そして死にたくなかった母が仕方がなく死んだのだとしても、家族やお釈迦様とともにあの世に旅立ったと思えることは、遺されたものにとっては何よりの救いとなった。

5. 死生観について

5.1. 死生観が問われる現代

鎌田は、「従来、医療現場の最大の目的は延命で、死に向かう過程には注目していませんでした。生き延びることだけを注視し、死んでいくことを積極的に考えるという視点に欠けていました。それが、看取りや介護の問題が語られる時代となり、その人の死生観の問題も含めて、問いかけがどんどん深くなっている」と述べている[8)]。一方で、死生観を一人ひとりが自分で定めていくのは、実際のところ簡単ではなく、どれだけ民俗学の伝承を学んでも、宗教や哲学や思想を学んでも、それが死に臨むにあたっての自分自身の受け入れ方に直結するわけではなく、現代日本人が死の問題を考えるとき、伝統的な資源はいくつもあるが、それらが自分の心にそのまましっくりくるとは限らないともいう[9)]。死への不安や恐怖をいかに乗り越えるべきについて、多くの人は関心を持っているが、いざ考えようとしても、どうしたらよいのかわからず、頼みになるマニュアルも存在しないということに気付くのである。結果的に、「答えなき問題を解いていくためには、どのような資源があるかを自分なりに点検しながら、自分自身で組み立て直さなければならない」のである[10)]。

5.2. 昔の人は死についてどのように考えていたか

「古代の人々は、宇宙の森羅万象に生命力、霊魂が宿っているものと感じ、その豊穣の中に生きていた。しかも、それは絶えず再生を繰り返し、滅ぶことはないと観念した。人間も、この再生を繰り返す年々に新たな宇宙の生命力の一部であった。宇宙の生命力はそのまま人間の胎内に宿り、人間は宇宙の生命力と一体であり、生命は永遠であった。そこには人間と宇宙が一つになった壮大で生き生きとした世界観があったと言わねばならない」と語るのは、哲学者の小林道憲である[11)]。

筆者が東洋英和女学院大学大学院の宗教学分野で研究し、修士論文(2011年度)のテーマとした『ギルガメシュ叙事詩』は、アッカド語で書かれた世界最古の長編文学であり、古代メソポタミアで生まれた。主人公のギルガメシュが苦悩し成長する過程を通して、友情、人間の生と死などを主題としている。

王ギルガメシュが、大親友エンキドゥとの死別体験やさまざまな苦悩の後に、人間は所詮死すべき存在であり、死は免れえないことを甘受するに至る。この死すべき運命を持った英雄の姿が、古代オリエント世界の人々の共感を生み、その後時間と場所を超えて現代の日本人にも読まれる作品となった。この作品のなかには、人間の無意識に近いところから自然発生的に生まれた古代の民俗宗教が表現されている。このような古代宗教的世界観は、人間の生活に密接に関係し、神話として構成、展開されて人々に語り継がれてきた。そのため古代神話は、たとえば人間はなぜ死ななければならないのかという普遍的な問題を考える上での糸口となる。

藤原道長は、背中にできた腫れものが大きくなって血膿が流れ出し、痛みも相当強かったようだが、重篤な状況に陥ったときに沐浴をして念仏をし、そして臨終が近くなって阿弥陀堂に移ったという。現世への執着を断ち切り極楽浄土に往生することを望み、「臨終行儀」を意識していたと考えられる。後白河法皇の終末期は、大量の腹水があり、顔面、下腿〜陰部に浮腫を生じて下痢も続いて消耗していったようである。悪性腫瘍の終末期状態と考えられる。呼吸も苦しく、パンパンに腫れた足は重く痛く、歩くのもやっとであったと考えられるが、高声念仏を 70 回行い、手に定印を結んで（本人は『往生要集』に関心が高く、顕教の浄土教の信者であったのだが）、西方浄土への往生を願ったとされ、生前死を覚悟して遺領処分の決定をしている[12]。

鎌田は、本居宣長は日本人の死生観の一つの現われを「恋愛観」に求めたと考える。宣長は、死生観の「生」のピークは恋愛にあり、恋愛する中から生まれてくる「愛しさ」「悲しさ」「哀しさ」といった、さまざまな感情を知ることを通して、「もののあはれ」を知ることが、とらわれない心をつくるための一つの課題とした。また、悲しい、寂しい、つらいといった「めめしさ」こそがやさしさ、思いやり、慈悲、愛などといった情感の基盤となり、自らの「めめしさ」を自覚することで「もののあわれ」を知るのだという。「「もののあはれ」に即することが純朴な日本の心であって、解釈や理屈といった視点を重視したら日本人の心を失ってしまうというわけです。「そのまま感じればいい」「あえて宙づりの状態で生きることをよしとする」――これは現代の状況にもそのまま通じる発想かもしれません」と鎌田は述べている[13)]。「安心なきが安心」と言っていた宣長は、この世の「もののあはれ」を心から感じたからこそ、生前に自分の葬儀や墓の作り方などについても細かく指示したのかもしれない。親鸞の妻である恵信尼は、83 歳の時に自分の死が遠くないと覚悟し、当時覚信尼に宛てた手紙に次のように記した。「生きているうちに卒塔婆を建ててみたいと思いまして、五重の石塔を高さ七尺で設計してみました」(第 7 通、第 8 通)[14)]。また 86 歳の恵信尼は「小袖を何度もいただきました。うれしいです。今回いただいたのは、亡くなったときに着せてもらう「よみじこそで」に使えます。普段の衣類も入っていましたので、お礼の申しようもなくうれしいです。今は着古したものでも全く気になりません。亡くなったときにきせてもらう衣装は別にしまして。今は往生する日を待っている身ですので」(第 9 通)[15)] という手紙も書いている。親鸞に連れ添う立場で他力信心の重要性については十分理解していたと思われるが、夫の信心とは異なり、たとえ貧しさの中にあってもそれをものともせず、極楽往生を遂げるための自分の信念を貫いたものと思われる。

岸本は、「人間が、自分の存在を想う時に、限られた視野において見れば、一個の人間としての存在にすぎない。しかし、視野を広げて見れば、それは大いなるつながりの一点である。一個の人間としての自分が現れるためには、その背後にいかに永い歴史がつづいていることか。生物の、人類の、民族の、無限に長い生成変化の序列がある。その連鎖は、ほとんど無限と言ってよいほどの長さを持っているがゆえに、その中の自分は、無にも近い極微の一点である。しかしこの一点は、極微ながら、全体の連鎖を構成する、欠くべからざる一点である。この一点を無視して全体は成立しない」[16)] と述べている。

今日本は災害列島と言われ、台風、洪水、地震など、さまざまな自然現象によって各地で未曽有の災害が起こり、多くの人命が失われている。その度に防災に対する意識が高まり、その時に備えいろいろな準備が行われている。過去にも大きな地震で多くの人がなくなり、大きな悲しみに包まれた時代があった。良寛は、「災難にあう時節には災難に逢うがよく候、死ぬ時節には死ぬがよく候、これ災難をのがるる妙法にて候」といい、誰もが死する運命にあるとして人々を慰めた。

私たちはたった今が元気であっても、死がすぐ横にいることを忘れず、どうこの人生を終うかということも考えておくべきである。

おわりに

アドバンス・ケア・プランニングでは、本人の価値観や大切にしていること、自分らしさを明らかにすることが重要である。しかし、自分らしさとは何かがわからないという人が少なくない。終末期の生活や医療・ケアを決定するための価値観や自分らしさには、生きること、死ぬこと、そして死後のことまでが含まれているのではないかと思う。なぜなら、人間の治療の中には、宗教的、哲学的な意味での「死」の問いが入っていると思えるからである。

山折は、日本の伝統文化では、死後には「あの世」という世界があると考えられてきて、この世とあの世は連続しており、死は一つのプロセスであって、それによって未知の「死」というものを、ある意味楽に乗り越えることでできたのではないかと考えており、死に向かってのイメージトレーニングが大切であるという[17)]。また、そろそろ医学のみを信じ、宗教や哲学と分離するような生き方から自らを開放すべきときにきているのではないかと問いかける[18)]。

死んでいくことを能動的かつ積極的に考えるという視点で、看取りや介護の問題、死生観の問題までを含めた内容について、患者・家族・医療者が自発的に話し合うための一つのツールとしてアドバンス・ケア・プランニングが活用されるのであれば、患者・家族にとって最善かつより納得のいく治療やケアが可能になるのではないかと考える。

強制や執着をなくして、あるがままに自分のために生きて死ぬことを考えてもいいのだと、人生の先輩たちが自らの死生観を通して教えてくれている。

注

1) 「人生の最終段階における医療の決定プロセスに関するガイドライン改訂版」厚生労働省　平成30年3月改訂（https://www.mhlw.go.jp/stf/houdou/0000197665.html）
2) 「人生会議の普及・啓発について」厚生労働省医政局　令和元年11月26日発令（https://www.mhlw.go.jp/stf/newpage_02783.html）
3) 新村出編、広辞苑第六版、岩波書店、2008。
4) 國分功一郎2017、22-23頁。
5) 國分功一郎2017、25頁。
6) 國分功一郎2017、21頁。
7) 國分功一郎2017、32頁。
8) 鎌田東二2017、64頁。
9) 鎌田東二2017、72頁。
10) 鎌田東二2017、73頁。
11) 小林道憲2017、45頁。
12) 小山聡子2019、58-72頁。
13) 鎌田東二2017、122-128頁。
14) 今井雅晴2012、72頁。
15) 今井雅晴2012、93頁。
16) 岸本英夫1973、111-112頁。
17) 山折哲雄2019、49頁。
18) 山折哲雄2019、43頁。

参考文献

今井雅晴2012：『現代語訳　恵信尼からの手紙』法藏館。
鎌田東二2017：『日本人は死んだらどこに行くのか』PHP研究所。
岸本英夫1973：『死を見つめる心　がんとたたかった十年間』講談社。
國分功一郎2017：『中動態の世界　意志と責任の考古学』医学書院。
小林道憲2017：『古代日本人の生き方を探る　古代日本研究』、小林道憲〈生命の哲学〉コレクション9、ミネルヴァ書房。
小山聡子2019：『往生際の日本史―人はいかに死を迎えてきたのか』春秋社。
山折哲雄2019：『一人の覚悟　人生の幕引きは自分で決める』ポプラ社。

How Do People Plan for the End of Their Lives?:
Considerations on Decision-making and Views of Life and Death at the Last Stage of Life

by Shigeko OKUNO

Recently, people in Japan have begun to think concretely about how to accept their life ending. The issues of making wills, funerals, graves, and other matters that need to be taken care of after death are important. However, there are not many people who usually think about how to live and how to die, when they are still in good health. Therefore, people need to confront their views of life and death, and the related philosophical and religious issues seriously, when still healthy in body and mind.

In hospitals in Japan, there is an approach to incorporating Advance Care Planning (ACP) in clinical settings. And, in general, there is widespread recognition that the values and decision-making of the patients, themselves, are of the highest priority for inclusion in end-of-life care. On the other hand, there is an idea that a patient should take the initiative when deciding on their own treatment and care. Is the way of thinking called "the person first " always correct, from the point of view of medical ethics? Can it be said that one's own should be always absolute and independent from medical advice or other information?

When deciding on one's daily life activities, medical treatment, and care at the end of life, I think that one's own values and desires should be stated clearly. Furthermore, one's own views of life and death and how to think about what will happen even after death are all very important. This is why I think that religious and philosophical aspects about the serious question of "death" should be included in a holistic treatment. It might be better not to trust only in medicine or separate it from religion and philosophy.

From *The Epic of Gilgamesh* which I studied for my M. A. (March

2012) in the Religious Studies course of the Graduate School of Toyo Eiwa University, I realized that also ancient people had been thinking about their life and death, and that people may become free when there is no coercion and attachment. Perhaps people nowadays can learn how to live and die also from their example.

〈論文〉

大震災被災地における災害復興・防災教育
――サバイバーの子どもへのアプローチ――

桜井　愛子

日本の防災教育は、1995年1月17日に発生した阪神淡路大震災から大きく発展を見せてきた。それまでの火災に対する「避難訓練」中心の防災訓練から「備え」中心の防災教育へと転換した。また、阪神淡路大震災の被災地では独特な防災教育が始まった。災害後の子供たちの変化に対応するために、「心のケア」の取り組みが始まったのである。ここで言う「心のケア」とは、臨床心理士や医師といった専門家に任せきりにするのではなく、学校という場で、教職員が日常の教育活動の中で担当し、専門家がその活動を支援するというアプローチである。この流れは、東日本大震災でも継承され現在に至っている。また、震災で亡くなった命の大切さ、人々の助け合い、思いやりあったすばらしさという価値を子供たちが発見し、共感できるような方法で行われてきた（諏訪 2011）。これらは、被災地におけるサバイバーのための防災教育と言うことができる。また、被災地で防災教育を行うにあたっては、「心理支援とセットで展開する必要がある」（冨永 2014）ことは専門家の間では知られている。

これに対して、被災地以外の地域で広がってきた防災教育は、「未災地」における防災教育である。理科教育を通じて、大地の動きや気象に関するハザードや自然災害のメカニズムなどの災害の知識を学ぶことも含まれる。近年、日本では全国的に地震、台風、大雨・洪水、火山噴火、土砂災害など多多種多様な自然災害が多発していることから、「未災地」がいつ「被災地」になってもおかしくない状況である。そこで、災害対応に関し、避難や備えの知識をもつだけでなく、実践的な避難や災害後の救援、避難生活におけるスキルを身に着けておくことが求められている。学校や地域での防災教育でもこのような実践的なスキルを使った訓練が行われるようになっている。

2011年3月11日に発災した東日本大震災では、地震発生が金曜日の午後2時46分という、多くの児童生徒等が学校にいた時間に発生したことと、想定外の津波により甚大な被害が生じ、震災後、防災教育と防災管理を含めた学校防災の在り方全般の見直しが行われた（文部科学省2011）。特に、防災教育については、想定外の状況において、人間には自分にとって都合の悪い情報を無視したり、過小評価したりしてしまう心理的特性「正常化の偏見」があることを十分に自覚しつつ、自ら危険を予測し回避するために、習得した知識に基づいて的確に判断し、迅速な行動をとることができる「主体的に行動する態度」を身に付けさせることが極めて重要であることが確認された（渡邉2013）。

本論文では、筆者自身がその開発・実践支援に関わった、東日本大震災の被災地のひとつである宮城県石巻市の鹿妻小学校における災害復興・防災教育プログラム「復興マップづくり」に焦点を当て、大震災から1年後の2012年度から2014年度までの3年間の取組みを振り返る。被災地におけるサバイバーの子供たちの反応を通じて、「サバイバーの子どもたち」に対する災害復興・防災教育」のあり方について論じる。

1.「復興マップづくり」の概要

「復興・防災マップづくり」プログラムは、東日本大震災後に設置された石巻市学校防災推進会議の活動として、筆者等、国際NGOセーブ・ザ・チルドレン・ジャパン（SCJ）と大学研究者によるチームにより、大震災から1年後の2012年度に「復興マップづくり」として開発された。復興の進捗と鹿妻小学校での2年間の実践を踏まえて、2014年度からは「復興・防災マップづくり」へと名称を変え、市内の小中学校へと展開され、2018年度までに合計16の小中学校が実践校として取り組む石巻市の災害復興・防災教育プログラムとして発展を見せている。

1.1. 実践に至る経緯

震災後の2012年度に「復興マップづくり」として市立鹿妻小学校で実践に至った経緯は、東日本大震災後、子どもの権利をベースとした活動を行うSCJが石巻市立の小学校を対象に、自然災害後の緊急人道支援として、学校再開支援、学校備品の提供、給食支援等を提供したことに始まる。緊急支援期においては、SCJは小中学校と市教育委員会の間の調整役となり、震災後の学校の被災状況、学校ニーズの把握等を行い、学校が必要とする支援を届けるなど、行政を補完する役割を担った（桜井、小川他 2013b）。2011年11月頃より緊急期の物資支援が一段落をする中で支援内容がソフト面へと発展し、防災教育分野での支援が検討されることになった。

一方の石巻市教育委員会においても、文部科学省の2011年度「復興教育支援事業」により防災教育副読本の作成を手掛け始めるなど防災教育に着手していた。こうした流れの中で、東北大学、山形大学で東日本大震災前から宮城県内で学校防災教育に取り組む大学研究者とともに、市教育委員会、学校、大学、NGOの協働により、災害復興・防災教育プログラムの開発に向けた取り組みがはじめられた。

1.2. 鹿妻小学校の被災状況と2011年度の学校の状況

鹿妻小学校は1986年4月1日に開校された、近隣の小学校に比べて新しい学校である。震災前における学区を形成する家庭は、古くからこの地域に住んでいる世帯、新しく開発された宅地に住んでいる世帯、公営住宅に住んでいる世帯に分けられた。北部には自然環境に恵まれた牧山丘陵を背負い、東部には田園地帯が広がる。南・西部は石巻漁港に隣接する新興住宅地であった。

鹿妻小学校は、石巻湾からの距離がわずか1km程度で標高も低いことから、東日本大震災では学区全体が津波による浸水被害を受けた。特に沿岸に近い南側のエリアが壊滅的な被害を受けた。学校は、地震や津波による建物倒壊は免れたが、本稿校舎への浸水は床上10センチほどあった。市の指定避難所である学校には、地震後、地域の住民が避難に訪れ、ピーク時には2000名近くに及んだという。学校は、新年度に入り4月21日、他校に間借りせずに自力で学校を再開した。大震災による学区外通学児童は80名、仮設住宅入居は34名であり、多くの子どもたちが通学バスや保護者の車での送迎で通学しており、本プログラムを実施するまでは学区内を歩く機会も減っていた（桜井、佐藤他 2013a）。

震災翌年の2011年度、鹿妻小学校では児童の心的ストレスが気になり、震災当時の作文を書いたり、当時を振り返るようなことは一切せず、震災については触れないようにしていた。翌2012年度は復興元年として、被災した経験を前向きにとらえ、その経験を何かしらの形で記録していきたい、と学校では考えていた。ただし、町内会が崩壊し、再建の見通しが立たないため、地域との連携が難しいこと、実施したい気持ちはあるが教員の準備負担の軽減を考慮する必要があること、防災メインの学習では被災した児童の精神面への影響が心配であり、地域の魅力を発見することを目指した内容にしたい、との要望が示された。そこで、これら事情を踏まえて震災前から開発と実践に取り組んでいた事前予防型の防災教育用の実践プログラム（佐藤、村山他 2011）を復興教育用にアレンジした、「復興マップづくり」が開発された。震災を経験した児童に対して被災した学区に関する学習を行うにあたっては、子どものみならず、大人の心的ストレスにもならないように十分に配慮し、教育臨床心理学者に質問内容について確認をとった。

1.3.「復興マップづくり」の概要と学習の流れ

鹿妻小学校 4 年生が 2012 年度から 2014 年度の 3 年間にわたって総合的な学習の時間の活動として「復興マップづくり」を実践した。2012 年度は 2 学級 76 名が約 35 時間、2013 年度は 2 学級 53 名が約 50 時間、2014 年度は 3 学級 54 名が約 35 時間を用いて取り組んだ。学習の基本的流れは、事前準備に続いて、まち歩きや地域へのインタビューを行い、まち歩きで得られた情報をマップとしてまとめ（マップづくり）、作成されたマップの発表会、の 4 つの活動で構成された。単元の目標には、「地震と津波から立ち直りつつある学区をまち歩きすることを通じて、被災地の子どもたちが被災の経験と向き合い、防災・復興プロセスに子どもたちが主体的に参加するきっかけとして地域を再発見すること」が掲げられた。学習の流れは、事前事業、まち歩き、マップづくり、学年内、低学年、保護者・地域への発表会、で構成された。また、2012 年度、2013 年度には夏休みの宿題として、「震災から学校再開のころについて」家族へのインタビューが行われた。

まち歩きでは、学区を 12 のエリアに分け、学区内全てのエリアを 4 年生 2 学級が 12 のグループで担当した。2012 年度のまち歩きでは、津波被害が軽微で震災後に家が増えてきている学区北側と、津波のために建物が崩壊しさら地が多い学区南側の両方のエリアをすべてのグループが 1 回目と 2 回目とで入れ替えて確認した。2013、2014 年度も 2 回のまち歩きが行われたが、一つのグループが 2 回とも同じエリアを担当し、一つのエリアでの理解を深めた。まち歩きの際の子どもの見守りには、大学からの学生ボランティアやNGOスタッフに加えて保護者の参加が得られた。2013、2014年度のまち歩きでは、学区内の商店や工場などに事前に依頼をし、インタビューを実施した。まち歩きでの発見ポイントは、学区内の復興の進捗にあわせて、「赤(危ないと思う場所やもの)」「オレンジ（さら地＝復興に向けて準備中)」「黄(修理中の場所やもの)」「緑（修理された場所やもの)」「青（震災後新しくできた場所やもの)」「金（みんなが特に気付いた場所やもの（楽しい、きれい、自慢できる場所やもの)）と色分類された。特に、学年主任教諭の提案により、2012年度4月当初、学区に多くみられたさら地を復興に向けて準備中として意味づけ、家が流失し、がれきやコンクリートの土台が残っていた住居後がさら地に変わったことを未来志向に捉えなおした。

まち歩きに続いて、マップづくりの過程では各まち歩きで発見した情報のまとめを行い、各グループの担当エリアごとに「復興マップ」を作成した。「復興マップ」は、各エリア1枚を一つのグループが作成し、学区全体で12枚作成された。「復興マップ」は、基本的にはタイトル、グループ名と集合写真、発見ポイントの凡例、担当エリアのマップ、情報カード（発見ポイントの具体的内容)、インタビューカード、鹿妻学区の全体地図、個人カードで構成された。タイトルは、各グループで「鹿妻をどんなまちにしたいか」話し合い決めた。

「復興マップ」の発表会は、4年生の学年発表会、3年生に向けた発表会、保護者や地域への発表会の3回が行われた。2012年度はSCJ、2013年度は東北大学の支援により、「鹿妻復興マップづくり」の冊子とDVDが作成された。2014年度は、東北大学により冊子が作成された。また、2012年度から2014年度までの3年間の「復興マップ」合計36枚をデータベース化した、「鹿妻復興マップづくり　情報共有プラットフォーム」も東北大学により作成され、東北大学と鹿妻小学校のサーバーで閲覧可能となっている。また、「鹿妻復興マップづくり」の指導案も開発されている（東北大学2019)。

2. 3年間の「復興マップ」から見る児童の変化

2.1.「復興マップ」3年間の変化

2012年度の「復興マップ」の特徴は、個人カードを観音開きの扉付きにして、震災後うれしかったこと、震災後役に立ったもの、鹿妻をどのような町にしたいか、の3つの質問に対する自分の経験や考えを扉の中に記入させたことである。震災を経験した児童に対して震災時の経験を表現する機会を設けたと同時に、扉をつけることにより、直接、その経験が表に晒されないように配慮した。個人カードには、震災後、一番うれしかったこととして、「住むところが決まったこと」、「かぞくが生きていたこと」「おじいさんがかえってきたことです。うみにいたからです」との記述が見られた。役に立ったものとして支援物資、石油ストーブ、懐中電灯、ろうそく等が挙げられている。鹿妻をどのような町にしたいかについては、「ごみが落ちていないきれいなところにしたいです。ごみが落ちていると生くさいからです」、「鹿妻をにぎやかにしたいです。ぼくの家（鹿妻南）は夜はものすごくくらいからです」、「かずまを人間が死なないまちにしたいです。かなしいことがないからです」と、震災体験がイラストとともに切実に描かれている（図1）。

図1　2012年度4年生児童による個人カードの記述（抜粋）（出典：鹿妻小学校）

2013年度は、3年間で最も長い70時間を用いて「復興マップづくり」が行われた。2013年度の特徴は、前年度の4年生が作成した同じエリアのマップと、2013年度の4年生が作成したエリアマップを並列して示したことである。これにより、2012年度から2013年度にかけて、同じエリアの復興がどの程度進捗したのかを児童が比較できるようになった。2013年度のもう一つの特徴として、地域の人へのインタビューをまち歩きの途中で本格的に実施したことで、インタビューカードがマップの構成要素に加えられたことである。個人カードの扉はなくなった。

2014年度の「復興マップ」では、2013年度に見られた前年度のエリアマップとの比較は取り入れられなかった。発見ポイントの色分類が2013年度の6色から5色に減少し、震災後新しくできた場所やものを示す青色と震災後修理された場所やものを示す緑色が統合され、新たに銀色に分類されたことである。2014 年度の 4 年生が大震災前の学区の様子をよく覚えておらず、青色と緑色の違いをまち歩きで区別することが難しいとの学校側からの情報により行われた変更である。

2.2. 発見ポイントの色分類の変化

3 年間の実践では毎年学区全体の 12 エリアに対応した 12 枚の「復興マップ」が作成された。図 2 に各年の学区全体の「復興マップ」における発見ポイントの色分類の変化を示した。2012 年度と 2013 年度の比較からは、学区全体でまち歩きで児童が発見した「危ないと思う場所や物（赤）」が減少し、「新しくできた場所やもの（銀）」が増加したことが示されている。その一方、2013 年度と 2014 年度の比較からは、「危ないと思う場所や物（赤）」が増加し、全体でも「赤」の比率が大きく上昇した結果となっていることが確認できる。2014 年度の 4 年生の児童は、「さら地（オレンジ）」にはかつて家があり、大津波で流失したことを知らなかったが、まち歩きにより「さら地」がなぜあるのかを知った結果、「危ないと思う場所や物（赤）」として分類するケースが観察されていた。上記の結果から、震災から 4 年目にあたる 2014 年度の 4 年生は震災当時、就学前で震災前の暮らすまちをよく覚えておらず、改めて自分たちで暮らす地域で何が起きたのかをまち歩きを通じて学んでいることが確認された。

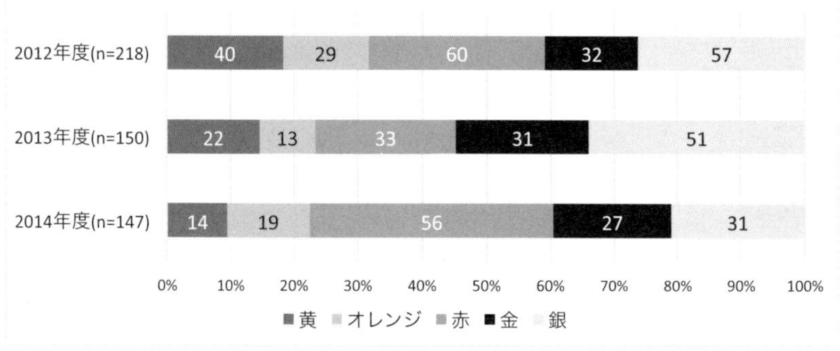

図 2　発見ポイントの色分類の変化（出典：桜井、他 2019）

2.3.「復興マップ」タイトルの変化

3年間の合計36枚の「復興マップ」のタイトルを表1に、そのうち年度毎ならびに三年間合計での頻度の高い単語を表2に示す。同じ単語で漢字またはひらがなで表記されていた場合は漢字に統一し、ひらがなまたはカタカナでの表記はひらがなに統一してカウントした。年度別には頻度2以上、合計では頻度4以上の単語を示している。分析の対象となった「復興マップ」のタイトルは、4年生の児童が「鹿妻がどんな町になってほしいか」考えさせた結果であるため、マップ、鹿妻、町の単語頻度が高くなっている。これら3つの単語を除外すると、「いっぱい」「笑顔」「元気」「自然」が頻出の4つの単語になる。「いっぱい」の語のつながりをタイトルから見ると、「自然がいっぱい」「笑顔がいっぱい」「元気がいっぱい」となっている。鹿妻学区は、学区北部に鹿妻山があり、もともと緑豊かな地域である。タイトルからは、子供たちが鹿妻学区の魅力を改めて再認識してこれら単語を用いたタイトルをつけていると考えられる。その一方、タイトルに見られる、「ごみのない町」、「きれいな町」、「明るい町」、「元気いっぱい」「笑顔あふれる」といった表現は、震災後、家屋が流失し、町全体が暗くなり、人が減り、ゴミが多くみられることに対して、そうではない町になってもらいたいとの思いが読み取れる。これらの傾向は3年間で共通している。

表1 「復興マップ」のタイトル（2012年度～2014年度）

	2012年度	2013年度	2014年度
1	しぜんがいっぱいの鹿妻	みんな笑顔でやさしい鹿妻マップ	きれいで自然がいっぱい元気な町
2	元気な鹿妻MAP	笑顔あふれる！鹿妻マップ	明るい　元気のあふれる家のいっぱいある町
3	新しい町	笑顔いっぱいの鹿妻マップ	安全で　みんながくらしやすい、笑顔がいっぱいの町
4	家がいっぱいの鹿妻マップ	花がいっぱいのきれいな町鹿妻マップ	自然と元気がいっぱいの鹿妻マップ
5	公園が多い町	みんな仲のいい鹿妻マップ	明るい、楽しい、きれいな町
6	自然☆マップ	笑顔で！あいさつを！いっぱいできる鹿妻マップ	しあわせで　にぎやかな楽しい鹿妻

7	あんぜんで楽しくて優しい人がいっぱいかづまマップ	元気100倍！鹿妻マップ	元気で明るい　自然ゆたかな鹿妻復興マップ
8	自然がいっぱい笑顔で元気ないい人いっぱい鹿妻	しぜんと元気がいっぱいで明るいかづま	笑顔あふれるきれいな町
9	「あんしん」「あんぜん」な町鹿妻！	絆、笑顔いっぱいマップ	絆がいっぱいで　やさしい鹿妻
10	安心できるかづまマップ!!	自然豊かな緑の町	明るくあいさつ！自然がいっぱい！キレイな町
11	楽しくて花がいっぱいの復興Map	にぎやかな街	お花がたくさん緑がたくさん笑顔がたくさん安全第一鹿妻マップ
12	笑顔と花がいっぱいのまちマップ	えがおが絶えない　元気いっぱいのかづまマップ	ゴミのない　すてきな町

表２「復興マップ」のタイトルに見られる単語とその頻度（年度別並びに合計）

2012年度	度数	2013年度	度数	2014年度	度数	3年間計(N=174)	度数
いっぱい	7	マップ	9	町	7	鹿妻	21
マップ	7	鹿妻	9	いっぱい	6	いっぱい	19
鹿妻	7	いっぱい	6	鹿妻	5	マップ	19
町	4	笑顔	6	きれい	4	町	14
自然	3	元気	3	元気	4	笑顔	11
安心	2	町	3	自然	4	元気	9
安全	2	自然	2	明るい	4	自然	9
花	2			たくさん	3	きれい	5
楽しい	2			マップ	3	明るい	5
元気	2			笑顔	3	安全	4
笑顔	2			あふれる	2	花	4
人	2			安全	2	楽しい	4
				楽しい	2	あふれる	3
						たくさん	3
						優しい	3

2.4. 児童の反応から見る変化

2012年度について、まち歩きを行った児童の感想の自由記述を分析したところ、復興が進んでいることをポジティブにとらえた回答として「工事をしているところが多かった」「新しい建物ができていた」「思ったよりも復興が進んでいる」といった回答15件見られた。その一方、危険・不安に思うところを示す「ゴミや雑草のさら地や空き地がたくさんあった」「危険な場所が多くて／人が少なくて怖かった」「壊れたところを早く直してほしい」「建物が壊れていた／なくなっていた」の回答があわせて28件となった。まち歩きを通じて、津波で被害を受けた学区の様子を危険・不安に感じる気持ちと、前向きにとらえようとする姿勢が混在つつも、危険や不安に思う気持ちがより多く見られたことが確認された。

図3には、2013年度と2014年度の事後アンケートからまち歩き・マップづくりに対する感想と、まち歩きの中で行われた地域へのインタビューに対する感想に対する複数選択肢の結果を示している。これらから、マップ作りに対して概ねポジティブな反応が見て取れる。図3下段には、震災や復興の話を聞いて「地震や津波のことを思い出してこわくなった」との回答が各年度とも児童数全体の2割程度見られることには留意が必要である。しかし、詳細を見ると他のポジティブな選択もあわせてしており、怖く感じる一方で鹿妻のために何かしたいと思っていることが確認された。

表3には、2013年度、2014年度の事前事後アンケートの質問「鹿妻の復興に何か役に立ちたいと思うか」に対する反応の変化を示している。2013年度と2014年度で、「復興マップづくり」に取り組む前の児童の意識に違いがあることが明らかである。2013年度は、マップ作りに取り組む以前から「復興に役に立ちたい」（とてもそう思う、そう思う）とする児童の割合は83%、事後でも81%と8割台を維持している。その一方、2014年度は、事前の段階で「復興に役に立ちたい」とする児童の割合は52%であったところ、事後には89%に上昇している。

表3　質問「鹿妻の復興に何か役に立ちたいと思うか」に対する事前事後の児童の反応

	2013事前		2013事後		2014事前		2014事後	
①とてもそう思う	10	20%	10	20%	4	8%	15	28%
②そう思う	31	63%	30	61%	23	44%	33	61%
③あまり思わない	3	6%	6	12%	7	13%	3	6%
④思わない	4	8%	3	6%	6	12%	0	0%
⑤わからない	1	2%	0	0%	12	23%	3	6%
合計	49	100%	49	100%	52	100%	54	100%

（出典：（桜井他 2019）をもとに加筆作成）

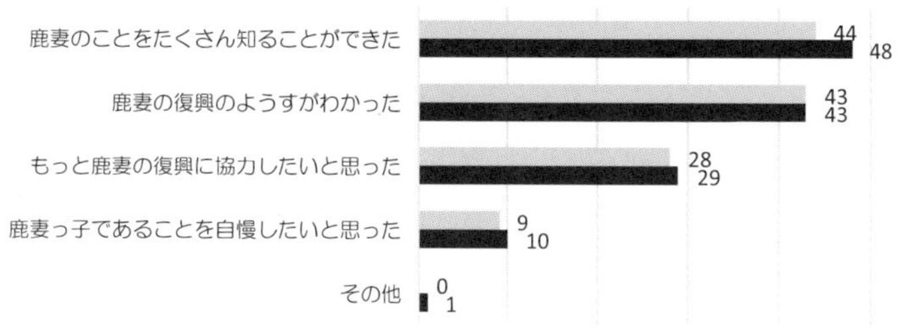

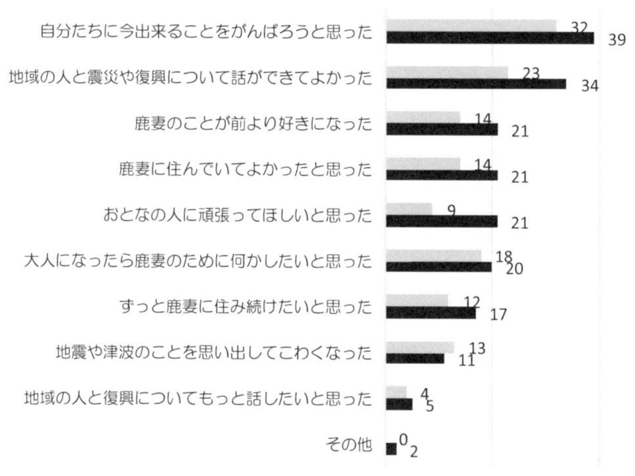

図３　2013 年度（N=48）、2014 年度（N=54）の児童の感想（事後アンケート）（筆者作成）

3. フォローアップ調査から見る生徒の反応

2013 年度に鹿妻小学校「復興マップづくり」の学習に取り組んだ当時の小学４年生を対象にしたフォローアップ調査を、同学区の児童の進学先である渡波中学校において実施した。調査は二段階で行われ、2018 年 8 月に「復興マップづくり」に取組んだ中学 3 年生を対象にフォーカスグループインタビュー（FGI）を行った。続いて、同年 10 月には FGI で得られたフィードバックを反映した質問紙を用いて、渡波中学校全校生徒を対象とした調査を実施した。調査は中学校の全面的な協力の下、かつ東北大学災害科学国際研究所倫理委員会からの承認を得て行われた。本論文では、フォーカスグループインタビューの結果を踏まえた質的分析の結果を中心に扱う。

FGI は、当時の鹿妻小学校の学年主任教諭の参加協力を得て渡波中学校で夏休み期間に行われた。事前に、中学校を通じて鹿妻小学校出身の渡波中学 3 年生を対象に「復興マップづくり」振り返り会の開催を呼びかけ参加を募集した。当初、19 名の中 3 生が参加の意向を示したが、当日には 7 名（男子 4 名、女子 3 名）の参加となった。FGI には同中学校を担当するスクールカウンセラーが同席した。FGI は当時の学年主任教諭の挨拶に始まり、活動をまとめた DVD 視聴を通じて活動を振り返り、その上で用意したアンケートに回答し、自由記述した内容を共有する形で進められた。所要時間は、約 90 分であった。

FGI での生徒の反応は概ねポジティブであった。小学校卒業以来の再会となった教諭との懐かしい思い出話も多く、その中で当時の学習活動であった「復興マップづくり」に話題が及んだ。DVD は自分たちや同級生の映像が中心であったため、4 年生当時の自分たちや学区の様子を思い起こさせ映像を見ながら笑い声や歓声も聞かれた。

アンケート（表 4）では、当時のマップを見た今の気持ちを聞いた。7 名中、4 名が 2013 年度に自分たちが作成したマップを見ることによって「当時と今の学区の様子」を比較して理解していた。具体的には、「ほんとに今と違うところが多いなぁと感じます。あの時は危ないところが多くありましたが、今ではほとんど無くなり、安全な生活ができるようになりました」「当時の解体中の家が今は、新しい家があったり、5 年で復興してると感じた」「確実に 4 年生の時よりも鹿妻が変わり、比較できた。なつかしく思う」「今と当時の状態が少しずつでも変わってきたんだと思った」「震災から 3 年経ってもあまり復興していないと感じた」「なつかしいのもあったり、覚えていないものもあったけど、なんとなく危険だったところが少し覚えていました」との回答があった。「マップづくりはおもしろかったか、楽しかったか」

表4　FGIでのアンケート質問項目

	質　問
1.	当時作成したマップ、自分が書いたもの・作ったものを改めて確認してみて、今、どのように感じていますか。
2.	「復興・防災マップづくり」の授業はおもしろかった・楽しかったですか。
3.	「復興・防災マップづくり」の活動で、印象に残っていることとその理由を教えて下さい。
4.	「復興・防災マップづくり」の活動で、重要と思うこととその理由を教えて下さい。
5.	本日、自分の作った復興マップやインタビューカードなどを改めて見て、当時の学習が以下の①～⑧に関するあなたの考えに変化や影響を与えていると思いますか？　当てはまる項目について、あなたの今の考えを聞かせて下さい。 ①　自分の日頃の生活や人間関係　②　地域との関わり　③　学校での勉強　④　石巻の復興への関心　⑤　防災への関心　⑥　ボランティアなどへの興味関心　⑦　将来への希望（大学進学、学びたいこと、キャリア）　⑧　その他

の質問に対して、7名中全員が「はい」と回答し、ポジティブに学習を捉えていることが示された。その内、4名が「みんな・自分たち」で協力して共同作業を行ったことをその理由に挙げた。

「マップづくり」の印象を聞いた質問では、5名が取組んだ実際の活動を挙げた（インタビュー2名、まちあるき1名、遊んだことやお土産をもらったこと2名)。その他2名は、震災後の被害の大きさや、津波で浸水し被害を受けたにも関わらず店がすでに再開していたことを挙げ、まち歩きで得られた情報について触れた。続いて、「マップづくり」の何が重要かを聞いた。5名が「どうやったらもっと安全なまちになるか考えて活動すること」「作成した後、振り返ること」「どれくらい復興したか」「自分たちの目で確認すれば、何年後とかになっても当時を思い出せる」「前の年と比べてどう変わったか考えること」と具体的な内容を示し、単に「復興マップ」を作ることだけでなく、作成したマップを使って何を学ぶかまで言及していることが明らかになった（桜井、他 2019)。

「当時の学習があなたの考えに変化や影響を与えているか」の質問については中学生という年頃もあってか、①生活や人間関係、③勉強など自分自身に関する質問への回答が少なかった。一方、⑥ボランティアについては、最多の6名の回答が得られた。募金活動へ積極的に取り組む、学校のボランティア委員に入った、ボランティアに参加した等、自らの参加について記述が見られた。②地域との関わりについては5名が回答しており、地区生徒会の復活や生徒会で地域との関わる活動が始まったこと、地域の人に挨拶するようになったこと、地域行事などに取り組んでいることなど、自分の関わりが具体的に触れられていた。④の石巻の復興への関心に対しても5名が回答し、「復興マップ」によって復興が進んでいることを知ることができる嬉しさ（2名)、関心が増えた（1名)、空き地が減った（2名）ことが挙げられた。⑤防災については、2名が「訓練に対する取り組み」、「津波被害があって防災が大事だと思った」と自分の認識が変化したことに触れている。⑦将来への進路については、5名の回答があり、全員が自分が何をしたいか明示している。そのうち、男子は「人を助ける（病院関係）に進みたい」「建築関係の職につきたい」（各男子生徒)、女子生徒では「保育関係」と人を助ける仕事や震災や復興で活躍する職業を挙げていた。

4. 考察

本論では、大震災から1年後の2012年度から2014年度までの3年間の「復興マップづくり」の取組みを振り返った。サンプル数の限られた特定の学校での経験ではあるが、これまでの分析から被災地におけるサバイバーの子どもたちの反応の変化が明らかになった。

「サバイバーの子どもたちに対する災害復興・防災教育」のアプローチとしては、第一に震災体験を乗り越えるために被災経験をポジティブに意味づけしなおすことが重要であると言えよう。「復興マップづくり」では、まち歩きの発見ポイントに、「さら地＝復興に向けて準備中」と明示し、「さら地」を「家屋が津波で流された場所」としてではなく「復興の準備中である場所」としてとらえるように、意味づけしなおした。第二に、まち歩きでの発見ポイントに「みんなが特に気付いた場所やもの（楽しい、きれい、自慢できる場所やもの)」を加えたように、被災前と被災後の地域を連続するものとしてとらえ、被災前の魅力を認識したうえで自分たちの暮らす町が復興を通じて目指す姿を考えさせるよう配慮することが重要である。第三に、グループ学習の形式を取り、同じ学区に暮らし震災を体験した児童が学習を通じて震災体験を共有し、ともに乗り越えることができるよう配慮することも不可欠である。

完成したマップの個人カードへの記載内容や、「復興マップ」のタイトル、まち歩きを終えた感想から、震災1年後の2012年度の4年生はより鮮明に震災体験を覚えており、マップ作りの学習を通じてその経験を表現する機会を得たことが確認された。また、震災体験を前向きにとらえられるような配慮はされたものの、まち歩きを通じて「危険・不安」を感じたことは否めず、タイトルからは自分たちの暮らす鹿妻学区が安全・安心できるまちになることを願っていることが示された。それゆえ、冒頭で触れたとおり、被災地での防災教育は心理支援とセットで行われることの重要性が確認された。

第四にサバイバーの子どもたちの状況は震災からの年月が経つにつれて大きく変化することから、そのアプローチを変化させていく必要がある点を強調したい。年度別の4年生児童の反応は、2012年度とそれ以降では状況が大きく異なることが示された。2013年度以降は、一定割合の児童がまち歩きを通じて危険や不安を感じていると同時に、自分たちの暮らす鹿妻に対する愛着や復興への参加意欲を強く感じていることが確認された。2013年度と2014年度とでは、同じ学習内容であっても児童の反応が異なることが確認された。復興が進んだことにより2012年度から2013年度にかけて「危険や不安に思う場所やもの」が減っていた傾向が、2014年度には増加するという結果が示された。この理由としては、震災から3年を経て、震災当初、小学校入学前であった2014年度の4年生は震災前の様子をよく覚えておらず、「さら地」を当たり前の日常の光景として認識していた。学区の被災状況を学ぶにつれ震災によって学区でどのような被害があったかを知り、危険・不安に思う感情が増したともとらえることができるのではないだろうか。

その一方、まち歩きで得た情報や地域の人へのインタビューなどを通じて、学区の状況を再認識した結果、復興への参加意欲が学習の前後で大きく増加した。こうした児童の変化を踏まえて、2013年度以降は学区内の被災状況をまち歩きを通じて記録するだけでなく、地域の大人から被災の経験や復興に向けた努力を聞きながら学区の状況を観察することによって、人とのつながりをより重視したアプローチとした。震災体験を乗り越えることから、地域の復興への参加意欲を高めていくことへとアプローチを変化させていった。

2013年度に「復興マップづくり」を経験した4年生は5年を経てもその

経験をポジティブにとらえていることが確認された。被災状況にもよるが一定の配慮を踏まえることで、サバイバーの子どもたちが自ら被災した学区のまち歩きをを通じて、被災体験を乗り越えることができることが一例として示されたと言うことができるのではないだろうか。

「3年目以降は、風化との戦いである」（藤森、前田2011）と指摘されているように、「復興マップづくり」の経験からも大震災から3年後の2014年度の4年生から改めて大震災による学区の経験を学びなおす必要があることが確認された。小学校においては、大震災を体験した年齢が入学前か入学後かで震災体験の記憶に違いが見られることも示唆された。鹿妻小学校で取り組まれた「復興マップづくり」は3年間の取り組みをもって一旦終了し、4年目以降は形を変えて、より防災を重視する「復興・防災マップづくり」として続けられている。

注記：本論文は、これまでに発表された「復興マップづくり」に関する報告・論文等をベースに新しい内容を加え再構成し執筆致しました。

参考文献

桜井愛子、佐藤健、村山良之、徳山英理子（2013a）「東日本大震災復興プロセスにおける防災教育の取組み—石巻市立鹿妻小学校の事例—」『神戸大学都市安全研究センター研究報告』第 17 号、197-205。

桜井愛子、小川啓一、徳山英里子、清水みゆき（2013b）「国際 NGO による東日本大震災復興支援—セーブ・ザ・チルドレンによる教育セクター支援の事例」『神戸大学都市安全研究センター研究報告』第 17 号、207-221。

桜井愛子、徳山英理子、佐藤健、村山良之（2014）「石巻市の小学校における『復興マップづくり』の実践」『安全教育学研究』第 14 巻第 1 号、47-61。

桜井愛子、北浦早苗、村山良之、佐藤健（2019）「地域に根差した災害復興・防災教育プログラムの開発—石巻市立学校での「復興・防災マップづくり」5 年間の実践を踏まえて—」『安全教育学研究』第 18 巻第 1 号、23-36。

佐藤健、村山良之、他（2011）「小学生のための地域性を考慮した地震防災教育の実践」『安全教育学研究』第 11 巻第 1 号、25-40。

諏訪清二（2012）「『Survivor となるための防災教育』と『Supporter となるための防災教育』」独立行政法人国立青少年教育振興機構「防災教育の観点に立った青少年の体験活動プログラムの調査研究 平成 23 年度文部科学省委託事業」、15-19。

東北大学災害科学国際研究所　防災教育国際協働センター（2019）『「復興・防災マップづくり」実践の手引き～郷土の暮らしと自然を知るために～（第 2 版）』

冨永良喜（2014）『災害・事件後の子どもの心理支援—システムの構築と実践の指針』創元社。

藤森和美、前田正治（2011）『大災害と子どものストレス—子どもの心のケアに向けて』誠信書房。

文部科学省（2011）「東日本大震災を受けた防災教育・防災管理等に関する有識者会議中間報告」。

渡邉正樹（2013）『今、はじめよう！新しい防災教育 子どもと教師の危険予測・回避能力を育てる』光文書院。

Disaster Education for Disaster Recovery and Disaster Risk Reduction:
Approach to survived children

by Aiko Sakurai

Disaster education at school has two different targets. One is for survived children in disaster-affected areas, while the others are for children in future potentially affected areas. In this study, the 'Disaster Reconstruction Mapping Program' was discussed, which was a disaster education program for the fourth-grade children who experienced the 2011 Great East Japan Earthquake and Tsunami disaster in Ishinomaki City, Miyagi Prefecture. The purpose of the study was to identify what kinds of approach was needed for the disaster affected children to learn about the disaster.

The study identified four critical points to approach disaster-affected children through the three-year implementation of the 'Disaster Reconstruction Mapping Program'. Firstly, it is critical to redefine the disaster experiences of children in a positive direction. For example, the Mapping Program redefine a vacant lot, which was a place used to have a house before the disaster but became a vacant lot because all the debris and concrete foundation of the house was removed, as a start of reconstruction because a new house could be built smoothly without remaining from the tsunami disaster. Secondly, it is important to encourage children to get to know their community's attraction before the disaster at the same time they face the reality of the disaster-damaged community. It could help the children to set a goal of their community's recovery from the disaster. Thirdly, group work could help to share their difficult experiences and overcome the experiences together. From a follow-up survey of the fourth-grade students who experienced the Mapping Program held in 2018, it was confirmed that those children positively evaluated their experience in the Mapping Program. Finally, it was confirmed that children's perception of the disaster differed according to which age they experienced the disaster. After three years since the disaster, children who experienced the disaster as a pre-school age could not well remember their disaster experience. Therefore, it should be recognized that the approaches to these children should be changed. In the 2012 school year, the Mapping Program put more emphasis on helping the children to face the reality of the community since it was the first year for the school to conduct such a disaster education. From the second-year implementation of the school year 2013, more emphasis was given for the children to learn from the community's adults who run shops and factories in the community on what kinds of damage were made and how they progressed their recovery and reconstruction. This human connection could have helped the children to be motivated to contribute to their community's reconstruction.

〈研究ノート〉

物語的自己同一性と自己の更新について

宮嶋 俊一

1. 関心の所在

本稿は、スピリチュアルケアへの関心、とりわけスピリチュアルケアにおけるナラティヴの働きへの関心から発している。一部の専門病院を除けば、宗教的ケアへの抵抗は未だに根強い。その背景にあるのは、科学主義であり、世俗主義である。そこには、スピリチュアルケアを悪霊払いのような行為と考えてしまうような明らかな誤解もあれば、病院における布教・伝道への危惧などもあるだろう。いずれにしても、そうした理由から、病院施設へのスピリチュアルケアの導入は決して容易な状況であるとは言いがたい。

スピリチュアルケアに携わる者たちも、そうした点においては慎重であり、ケアが特定の価値観や思想の押しつけにならないよう、そのケアに関わる者の教育・育成において傾聴の姿勢を重視することが強調されている。

ここで、ナラティヴという考え方の重要性をあらためて指摘すべきだろう。ケアの領域において、ナラティヴへの注目が高まっているが、そこに従来の画一的・科学主義的医療に対する批判を看取できる。近年盛んに議論されているスピリチュアルケアにおいても、ナラティヴは重要な役割を果たしているが、そもそも両者ともに、近代医療の科学主義・画一主義に対する批判的な潮流に棹さしていると考えられる。

管見では、ナラティヴなケアにおいて、患者自身が語ることにより自らの死生観を自覚するようなこともあるだろうが、それは同時に傾聴者側にも影響を与えうるものと考える。つまり、患者側においても、傾聴者側においても、自己の更新が生じうると考えられるのだ[1)]。

こうした問題意識の下、本稿においては、ナラティヴにおける自己のあり方について、ポール・リクールの議論を参照して検討した上、それをより広い自己論の文脈に位置づけつつ、自己の更新という問題について考察してみたい。

2. 物語的自己同一性について―リクールを手がかりに―

本章では、ナラティヴによる自己の更新について考えていくが、ここでは更新される自己を、いわゆる「物語的自己」と捉えることとする。つまり、自己とはひとつの「物語」であるという考え方に基づく。そして、こうした考え方の代表例がポール・リクールによる「物語的自己同一」という考え方である。そこでまず、リクールの論を整理してみよう。

リクールは、「私という人間はどのようにして他ならないこの自己であるのか」と問い、その問いに対して三つの段階（と、その各段階への移行部分）について議論を進めている。その三段階とは以下の通りである[2)]。

第一段階

第一段階は言語活動から出発して、物一般を個体化する段階である。リクールはこの段階を「この基礎的段階では、同定するとは、まだ自己自身を自己同定することではなく、『何か』を同定することである」[3)] と述べている。すなわち、モノに名前をつけ、特徴を記述するのと同じである。この段階では、ある個体が言語活動によって指示され、個体の名称を与えられ、記述される。例えば、自らを名乗ったり、勤務先を述べたりといった自己紹介の場面などを考えてみるとよい。そこでは、最小限の他とは違うこと（＝他性(altérité)）が指示されているにすぎない。つまり、その人物にラベルが貼られたにすぎないのである。この段階ではまだ人間の個体、すなわち個人は何ら特権化されていない。

第二段階

第二段階はこの私自身の同一化を明らかにする段階である。固有名詞で呼ばれるある人間が、生まれてから死ぬまで、生涯にわたって同一人物であると見なされる。そのことを正当化するものは何なのか。リクールはこのような「自己同一性」が、「同一であること」と「自分自身であること」の二つの部分からなることを指摘している。以下、リクールの説明をまとめていく。

リクールによれば「自己同一性」という言葉には、時間的に変化しない「同一としての自己」（idem）という概念と、他者と区別される「差異としての自己」（ipse）という概念が同時に含意されている。つまり、自己同一性とは、昨日も今日も明日も、「私は私」であり、またAさん、Bさん、Cさんではなく、「私は私」であるという、二つの意味が含まれていると言うのである。

「同一としての自己」とは時間的に常に変化しないもの、例えば無機的な事物のあり方がその典型である。「……は何か？」と問われてその答えとなるような実体的、あるいは形式的な同一性のことである。さて、人間におけるそのような同一性を問題とするということは、人格の恒常性について考えるということである。その点で、一般的には性格が人格的同一性とされる。リクールによれば、性格とは「個人を同一人物として再同定するのを許すような弁別的しるしの集合」[4] である。つまり、性格には、他とは違うものとしての「自分自身であること」という要素が含まれている。これがイプセ（ipse）である。イプセとは「私は何か？」ではなく「私は誰か？」と問われてその答えになるような同一性のことであるとされる。私はさまざまな時間・空間のうちに多様な役割をもって、行為をなすものとして出現する。私は私の生涯における様々な出来事の行為者であり、私の自己同一性を問うことは、この行為をなしたのは誰なのか、そしてこの行為者が場面場面において、また生涯にわたって同一であると見なしうるのはなぜなのかを問うことである。リクールによれば、このような行為における「誰か」の恒常性は「自己維持」として実現し、その例が「約束」である。私たちは、約束を守ることによって、他者に対して責任を負う、そのような行為の一貫性がイプセの恒常性となる。つまり、性格とは、「誰か」の「何か」であり、そこにおいて人はイデム（idem）つまり「同一であること」とイプセ（ipse）つまり「自己であること」が合致しているのである。

同一性の支えが失われたときに、自己性が露呈してくる

このように、リクールは自己同一性には、ただ私が変わらない私として存在するというだけでなく、そのような自分であり続けること（自己維持）が含まれると考え、そうすることによって「自己性の本来的に倫理的な次元を明確」にした。そして「性格の同一性としての自己性の極と、自己維持の純

粋な自己性との極とにまたがる変化の幅」の間に、物語的自己同一性が成立すると考えた。つまり「物語的自己同一性は鎖の両端を結び合わせる。すなわち、性格の時間における恒常性の端と、自己維持の端とをである」[5]。そして「物語的自己同一性とは、自己をひとつの展開をもったストーリーとして、まとまりのある全体性としてまとめ上げ、かつそれをつねに改訂と編集に対して開いておくことによって、自己を物語として理解しようというものである。(中略) 自己は物語を作りだし、解釈してゆく果てに、あるいはそのたびごとに構築し直され続ける」[6] のである。「物語ること、あるいは物語を受容することによって、私は私自身であることができる、つまり自己同一性を作り上げることができる。それは物語による一種の自己反省であり、自己認識の形成でもある。反省することにより、私は私との間に距離を持つことができるようになる。その時、私は私を一人称ではなく、三人称で語ることができるようになる」[7]。

第三段階

第二段階を踏まえつつ、第三段階においては、物語的自己同一性の限界が指摘され、それを倫理的に乗り越えることが論じられる。すなわちそれは、自己同一性が物語的自己同一性のうちに必然的に含まれていた倫理的自己同一性の局面へと移行してゆくことを意味する[8]。リクールは、次のように述べている。「物語的自己同一性は、安定した、首尾一貫した同一性ではないこと(ママ)である。同じ偶然的な出来事についていくつかの筋を創作することが可能なように (中略)、自分の人生についてもいろいろ違った、あまつさえ対立する筋を織りあげることも可能なのである」[9]。この意味で物語的自己同一性は、たえず作られたり、こわされたりし続けるものなのである。

3. リクールの物語的自己を応用して
——身体的・物質的自己同一性について

ここまで、リクールの言う「物語的自己」について確認してきた。とりわけ重要と思えるのが、物語自己同一性が、たえず作り替えられていくものだ、というリクールの指摘であろう。本章では、このようなリクールの「物語的自己」という考え方をケアに応用していくため、より具体的な場面を想定してみたい。そのために、身体的・物質的自己、精神的自己、社会的自己など、さまざまな自己論を参照する。哲学、心理学、社会学など、さまざまな学問分野において自己論には多くの蓄積があり、それぞれ自己を多様な位相で捉えているが、ここではその一部をリクールの物語的自己論と接続してみたいのである。

さて、私が私であり続ける根拠のひとつとして、身体的自己同一性がある。つまり、昨日の私も今日の私も明日の私も、同じ身体であるが故に、私は私であるということである、もちろん、身体的自己を構成する物質は常に入れ替わっている。日々新しい細胞が作られ、古い細胞は身体から剥がれ落ちており、その意味では、私は物質的に同一ではない。だがたとえ、身体を構成する物質がすべて入れ替わったとしても、私は私であり続ける。それが、リクール言うところのイプセ（同一としての自己）であるが、ここで遺伝情報こそが「私」である考えることもできよう。実はリクール自身、「生物学的個体の遺伝コードの恒常性」を例に挙げているのである。そして、そのような意味で、身体的な自己同一性は保たれ続けている。

だが、設計図は同一であったとしても、身体的自己としての「私」は、否応なく変化し続けている。最も一般的な現象は老化である。誰もが老化に伴う身体機能の衰えを感じる。病もまた、そのような身体的変化の一例と言える。一方で、医療はそのような病を治療し、元の状態に戻すことを目指す。それを身体的自己同一性の回復と表現してよいであろう。他方、治療困難な慢性の病に対しては、その進行を遅らせたり、症状の軽減を図ることが目指される。それを身体的自己同一性の持続（あるいは修復）と考えてよいであろう。

老化に対しては、いわゆる「アンチエイジング」のための、様々な処方も用意されている。だが、一時的に病の進行を遅らせたり、症状が軽減されたり、老化による身体（機能）の衰えを抑えたりすることができたとしても、あらゆる生命にとって避けられない身体的変化（機能停止）として、「死」が訪れるのである。

身体的自己の変容の一例としては、事故などによる身体の欠損を考えてみてもよい。身体の「変化」によって、私が私でなくなってしまう。つまり、時間的に変化しない「同一としての自己」（idem）の喪失ということが起こるのである。

健全な状態とは、精神的自己と身体的自己の一致状態と言えるだろう。老化の例で考えれば、老化に伴う身体能力の衰退と、「最近、めっきり年を取ってしまって」という意識の変化が連動していれば、そこに悩みや苦しみは生まれにくい。だが、突然の病気やけがによって、身体の機能に著しい損傷があった場合、そのような身体的自己に、精神が追いつけない場合がある。一方で、医療やリハビリテーションを通じて、元の身体状態の回復が目指されていく。だが、他方、元の身体状態を取り戻すことがどうしても困難な場合、そうした自己を受け入れていかねばならない。その場合、身体の変化をひとつの物語と捉えることができれば、それも可能になるとは言えないか。つまり、ケアにおける「物語的自己」の更新とは、身体的自己の変容と、それを受け入れがたい精神的自己の間に生じる葛藤を埋める役割を果たすと考えられるのである。そして、ここでこそ、物語（ること）による自己反省、自己認識の再形成が行われる。私は私との間に距離を持つことができるようになる。その時、私は私を一人称ではなく、三人称で語る。そこにおいて、あらためて自らの「生きる意味」が見出されていくのではないか。

4. 物語的自己が承認されるために

以上、人間に不可避とも言える身体的自己の変容に関して、物語的自己の重要性を指摘してきた。だがそれに加えて、そのような物語的自己の承認という課題が存在している。そこで、以下では、この問題について、二つの観点から補足的な考察を加えていきたい。ひとつは、スピリチュアリティと物語的自己について、もうひとつは社会的自己と物語的自己についてである。

スピリチュアリティと物語的自己

私たちは、普段、日常生活において身体的自己同一性（idem）を疑わない。だが、身体的自己同一性は幻想に過ぎない。さまざまなレベルで、それを喪失する中、行為する＝「物語る」ことにより、自分自身であること（ipse）が目指されていくのである。

受け入れがたい身体的自己の変容（自分が自分でない、自分の身体が他人の身体であるかのようだ）を、「物語る」ことにより受容していく＝自己が更新されていく。そのことを、クラインマンは次のように説明する。

> われわれは、どのようにして病の経験について知ることができるのだろうか？　外来診療室においてだけではなく、家族や友人のネットワークのなかや、さらには苦しんでいる人の自己の内面にまで入っていき、われわれは物語（ストーリー）を通じて、病の語りを通じて、病の経験にかかわる。（中略）自分自身や他人に語ることで、われわれは症状の意味を理解する。あるいは少なくとも、何か首尾一貫したものを引き出そうと努める。そして、語る内容は条件や状況とともに変化する[10]。

そのような物語を通じて、私たちは症状の意味を理解するだけでなく、今までとは異なる自己を形成していく。

このように物語的自己のあり方を考えた上で、さらにその「物語」の内実を考えてみる。病にせよ、けがにせよ、あるいは死にせよ、その原因について、科学的・合理的な説明だけで私たちは納得するわけではない。もちろん、「自然な」老化を受け入れることは、さほど難しくない。だが、突然の病やけがに対して、「なぜ」という問いが否応なく私たちを襲う。そのような時、その物語には、科学的・合理的な説明だけではない要素が要請されることがある。それは「運命」や「因果応報」であったり、「神の思し召し」であったりする。より一般化すれば、超越的存在（者）が要請される。つまり、そこではスピリチュアルな物語が要請されることになるのである。

社会的自己について

物語的自己の受容に際しては、スピリチュアルな超越的存在者が要請されるだけではなく、社会的な承認が求められる場合も多い。この問題について考察するために、社会的自己についても言及しておこう。社会的な自己とは、そうした精神的、あるいは身体的自己のあり方に社会的な承認が与えられることと考えてよい。つまり、外部から恒常的な「枠組み」が与えられるということである。

性同一性障害を例に考えれば、身体的自己に基づき社会的な性別が決められてしまうことに対して、むしろ精神的自己のあり方を尊重してもらいたい、という訴えが生じる。そこで、体と心の性が不一致である私が社会的に承認されるかどうか、それは当人にとって重要な問題となる。

あるいは、身体に障害を負ったときに、身障者手帳を受け取ることで、身体的自己と社会的自己が一致する。水俣病の患者認定とは、外部の力によって身体的自己の変容がもたらされたことを社会的に承認してもらうことの要求である。ナラティヴに見られるような、フレキシブルな自己同一性が身体変化がもたらす困難な状況を乗り越えるための一助となることは確かである。しかし、「私」が不安定で流動的であるだけでは、決して精神的安定はもたらされない。そうした私を外からしっかりと止めておくのが社会的自己同一性である。

もちろん、社会的自己同一性に縛られてしまうことで、自分が窮屈となるような場面もあり得るだろう。例えば、性同一性障害において、戸籍上の性別（それは社会的自己同一性のひとつと言える）と、性別の自己認識とのずれが、葛藤をもたらすような場面を想定してもよい。ここで、「私の物語」が私だけのものではないことが明らかとなる。「私の物語」は私だけのものではなく、社会的に共有されていくことによって、安定したものとなっていく。そのためにどうすればよいのか、何が必要なのか、といった問題については、さらに稿を改めて論じていきたい。

注

1) 患者側においても、傾聴者側においても、自己の更新が生じうるという状況については、拙稿「スピリチュアルケアにおけるナラティヴの意義について」『北海道生命倫理研究』第4号、2016年、18-27頁、および伊藤高章「スピリチュアルケアの三次元的構築」鎌田東二編『講座スピリチュアル学　第1巻　スピリチュアルケア』ビイング・ネット・プレス、2014年、16-40頁を参照のこと。
2) 『他者のような自己自身』における議論を、リクール自身がこのように三つの段階に分けて整理している。「個人と自己同一性」(ポール・ヴェーヌ他著、大谷尚文訳、『個人について』所収、法政大学出版局、1996、73-100頁)。なお、リクールの説のまとめに関しては、北村清彦「繰り返される自己の物語—ポール・リクールの自己論」『北海道大学文学部紀要』第47巻第1号、1998年、1-27頁を参照した。
3) ポール・リクール（久米博訳)『他者のような自己自身』法政大学出版局、1996年、33頁。
4) リクール『他者』、154頁。
5) リクール『他者』、213-214頁。
6) 北村1998、8頁。
7) 北村1998、9頁。
8) 北村1998、10頁。
9) ポール・リクール（久米博訳)『時間と物語Ⅲ』新曜社、1990年、452頁。
10) クラインマン（江口重幸／五木田紳／上野豪志訳)『病の語り』誠心書房、1996年、iii頁。

〈研究ノート〉

「小さな死」と「赦し」

大林 雅之

1. はじめに

カトリックのシスターであった渡辺和子の一連のベストセラーの本[1)]に度々取り上げられているのが、「小さな死」というテーマである。渡辺和子のいう「小さな死」とは「本番の死のリハーサル」であり、「自分のわがままをがまんすること」であり、「新しいいのちを生む」ことであるとして、「小さな死」の意味を３つに整理して、筆者は既に論じている[2)]が、そこで、一つ気がかりなことがあった。それは、渡辺がことあるごとに問われる、二・二六事件において、その父である渡辺錠太郎教育総監が青年将校らによって惨殺されたのを目前で体験したことと「小さな死」の議論がどのように関わっているのであろうかということである。そして、そもそも、その「小さな死」ということが、渡辺和子自身にとって、どのような意味を持っていたかということである。もっとも、渡辺の著作の中にそのようなことを窺わせる記述はない。むしろ、その「小さな死」をめぐる議論は、二・二六事件とは関係なく議論されているように見える。「小さな死」について取り上げている『置かれた場所で咲きなさい』というベストセラーになった本の読者として、どのような人が想定されているのかについて、渡辺は次のように述べている。

> 私が自分の本を読んでもらいたいと思ったのは、社会でうまく行かず打ちひしがれている人、誰からも大事にされていないと思っている人、会社をやめようと思っている人たちでした。私がそういう人にお伝えしたいのは、自分が変わらなければ何も変わらない、誰かに咲かせてもらえると思ったら間違いで、自分が置かれた場所で咲かなきゃいけないと気付かなければダメよということなのです[3)]。

渡辺和子は、人生に思い悩む人たちにこそ読んでほしいこと、自分こそが変わらなければならないことに気づいてほしいと述べているのである。そのことを考えると、前述したように「小さな死」ということについて考えることも、人々に「自分の死」に思い悩むことについて、どのようなものとして考え、日々の自分のあり方に照らしわせて考えるヒントを与えるように論じていた。その中で、いつか来る「自分の死」を単に恐怖の対象とするのではなく、自分の日々の経験の中で意味づけていき、いつか来る「自分の死」を考えさせるものであったとも言えよう。その中では、日々に起こる、自分の中の「わがまま」や「不満」を、じっと受け止めて「新たな自分」を見出すことを説いていた。それは、また、自分の思いが通らない人や好まない人にも「赦す」ことに通じていたと考えられる。なぜなら、そのような人々を「憎んだり、赦さない」ことは自分の心にある「わがまま」でもあると考えられるからである。「汝の敵を愛せよ」や「罪を憎んで人を憎まず」にもあるように、どんなに憎いと思った人にも「赦す」ことができるのが人間であることを認めようとする祈りが渡辺和子にあるように思われたからである。

そのように考えていた筆者に、しかしながら、渡辺和子には、その生涯の最後まで、「赦せぬ」人物がいたことは衝撃的なことであった。それは、最晩年におけるインタビューの中で証言しているものである。その人物として、特に取り上げられているのが、二・二六事件の「黒幕」、「首謀者」ともされた「真崎甚三郎」[4] である。

昭和史の研究者でも知られる、ノンフィクション作家の保坂正康による、渡辺和子へのインタビュー記事には次のようにある。

> それらの証言は、私にとって〈昭和の影〉の部分をはからずも浮き彫りにしてくれた。たとえば、「赦し」ということである。私が赦しの心をどのように持つべきか、といったことを質問したときに、渡辺はきわめて示唆に富む言い方をした[5]。

渡辺は保坂の問いに次のように答えているのである。

> 私たちは心の中に争いの種はあります。それは人間の性（さが）といってもいい

でしょう。それを受け止めなければならないのは、いつの時代も同じなのです。苦しさを抱え込んで生きるという意味にもなります。しかし、復讐の感情に身をゆだねれば、心の中の争いという苦しみはいつまでも連鎖を続けるだけだと思います。ではどうすればいいか、何をすればいいか、ということになりますが、私は自分の小さな世界の中だけでもいいですから、できるだけ人を赦して笑顔で過ごしているのです。家族や友人への優しさ、そしてその延長としての優しさなどが大切ということになります[6)]

このことを受けて、保坂は次のように述べている。

渡辺の書いた『置かれた場所で咲きなさい』は、そういう自らの生き方を綴った書であった。こうした話を聞きながら、話はしだいに、二・二六事件の自らの体験をどのように人生に抱え込んであるのか、という点に移った。私は、「お父上の命を奪った人間が悪いのではない。もっと大きな構図があり、その中で事件は起こったということでしょうか。そのような考えに達しているということになるのでしょうか」と尋ねた。すると渡辺は、／「二・二六事件は、私にとって赦しの対象からは外れています」／と断言したのである。その瞬間、私は不意に涙が出そうになった。これは私の意見になるのだが、渡辺の心中には「赦し」というのは、「二・二六事件以外……」との意味を含んでいたのである。このとき渡辺は八十八歳であり、九歳のときの体験から八十年を経ている。／にもかかわらず二・二六事件は「赦し」の対象外であると話したときに、そこに偽善も虚飾も、そしていかなる麗句も排した闘いの本質（それは歴史的な証言ということになるのだろうが）が込められているように思った[7)]。

その「対象外」にいる人物が「真崎甚三郎」であった。保坂は、二・二六事件をめぐって、渡辺錠太郎と真崎甚三郎を比べて、次のように述べている。

渡辺錠太郎という軍人は豊かとはいえない家庭で育ち、本来なら旧制高校、帝国大学と進みたいと思っていたが、つまりは学資を必要としない軍関係の教育機関で学んだ。若い将校の頃から月給の半分は書籍代に使ったといわれるだけに、軍人としては珍しく学究肌のタイプであった。昭和の軍内にあっては、天皇を神格化するグループとは一線を画し、むしろ美濃部達吉の天皇機関説を評価していた。永田鉄山らにも期待されていた指導者でもあったのである。／そういう理知的な性格や仕事ぶりが、荒木貞夫元陸相や真崎甚三郎を頂点とする皇道派の軍人には目障りだったのだ。／したがって事件に対する渡辺（和子）の見方は、「私がもし怒りを持つとするならば」という前提で、「父を殺した人たちではなく、後ろにいて逃げ隠れをした人たちです」との理解に立っている。／たとえば渡辺は、真崎に対して強い不信感を持っている。真崎は人事をめぐって渡辺錠太郎に強い不満を持っていて、それが事件の遠因だとの説もあるほどである。／真崎は事件直後は、青年将校たちに対し、「君たちの精神はよくわかっている」と言っておきながら、昭和天皇が「断固討伐」を命じたと知った後は、態度を一変させている。渡辺はそのような態度に不信感を持ち、こういう生き方の中にある人間の醜さに、強い怒りを持っていることもわかった。それは決行者である青年将校や兵士だけではなく、彼らの「黒幕」でもあった指導者を赦さないとの意味でもあった。まさにそれは、「赦しの対象外」だったのである[8)]。

ここでは、渡辺錠太郎と真崎甚三郎の間には、陸軍内のグループ間の勢力争いや、人事をめぐる確執などが存在したことに言及されており、二人の間には二・二六事件に至る過程において複雑な事情があったことを示している。このような事情と、渡辺和子の真崎への評価の関係が検討される必要が歴史的にはあるように思われる。

保坂は、渡辺和子へのインタビューにおいて、荒木と真崎について質問している。そのやり取りは次のようである。

保坂　二・二六事件は、単純に青年将校が決起した事件ではなく、荒木元陸相や真崎大将ら、いわゆる皇道派の将軍が青年将校を煽った結果起きたとする説が有力です。真崎の事件への関与の度合いは諸説ありますが、青年将校の不穏な動きに同調していたことは疑いない。お父様の口から二人の名前を聞いたことはありませんか。

渡辺　父からはありません。父が亡くなってから、色々な話を伝え聞きました。私がもし腹を立てるとすれば、父を殺した人たちではなく、後ろにいて逃げ隠れをした人たちです。

保坂　荒木、真崎などの陸軍の指導者ですね。

渡辺　はい。私が本当に嫌だと思うのは、真崎大将が事件直後、青年将校に対し、「君たちの精神はよく判っている」と理解を示しながら、昭和天皇が断固鎮圧をお命じなると、態度を一変させたことです（真崎は軍法会議では無罪）。軍人なのになぜ逃げ隠れなさったのか。そういう思いは今も持っています[9)]。

渡辺和子は、その目の前で父である渡辺錠太郎教育総監が同事件に決起した集団に惨殺されたことはよく知られており、ことあるごとにそのことが尋ねられて、歴史の目撃者として、また同事件に翻弄された犠牲者の一人とも目されていた。そのような経緯もあり、後には、渡辺錠太郎教育総監の殺害に関わった青年将校の慰霊の会にも参加することになったりした。その関係者とは、その後も永く信仰を通しての交流を続けていた。そのような中でも、「赦せない」人物がいたことは、渡辺和子の「小さな死」に触れた筆者には意外性があった、いやもっと率直に言えば、驚くべき証言であった。この時、筆者には次のような問題意識を持った。

> 2・26事件における、父親を目の前で惨殺されるという渡辺の経験は、父を殺害した反乱軍の軍人を「赦せない」自分と、「赦しを求められる」自分との葛藤を生涯に亘って持ち続けさせていた。その生涯の葛藤の証が「小さな死」の議論であったとも考えられる。父を失うという「喪失」の経験を抱きながら、「赦せない」という思いを「ポケットにしまう」という「小さな死」を繰り返しながら、「小さな死」の積み重ねによる最後の「大きな死」によって「新しいいのちを生む」ことを求め続けた生涯であったことを示しているのではないかと思われる[10)]。

このように、渡辺の「小さな死」と「赦し」を関係づけた。そして、次のような新たな課題を示した。

「個別的人間存在への否定」である「小さな死」の意味を自らの生涯の葛藤を通して示そうとしていたとも考えられる。このことは、新たな課題として、稿を改めて論じてみたいと思う[11]。

それ故に、本論文では、そのような渡辺和子の「赦し」のあり方と「小さな死」の議論がどのように関わり、その関係の中で、渡辺和子自身にとっての「小さな死」の意味を改めて明らかにしてみたいと思う。

以下では、まず、渡辺和子の「小さな死」の意味と「赦し」ということとどのように関わるかを論じ、次に、渡辺和子にとって「赦せない」とはどのようなことであるのかを、特に「赦しの対象外」ということに焦点をあてて論じ、それが「小さな死」とどのように関係しているのかを考察し、それらを手掛かりにして、最後に渡辺和子自身にとって「小さな死」がどのような意味を持っていたかを明らかにしていきたい。

2. 渡辺和子の「小さな死」と「赦し」の関係

渡辺和子が論じる「小さな死」の意味について、筆者は「個別的人間存在への否定」として、これまで論じてきた[12]が、その「小さな死」ということと「赦し」ということの関係はどのようなものであったろうか。渡辺はそのことに関して直接的に論じている記述は見当たらないが、「小さな死」と「赦し」に関連して、次のように述べている。

> 何事もリハーサルをしておくと、本番で落ちついていられるように、大きな死のリハーサルとして、“小さな死”を、生きている間にしておくことができます。／“小さな死”とは、自分のわがままを抑えて、他人の喜びとなる生き方をすること、面倒なことを面倒くさがらず笑顔で行うこと、仕返しや口答えを我慢することなど、自己中心的な自分との絶え間ない戦いにおいて実現できるものなのです。「一粒の麦が地に落ちて多くの実を結ぶ」ように、私たちの“小さな死”はいのちを生むのです[13]。

以上のように「小さな死」について簡潔に述べて、次のように記述している。

> 聖フランシスコの「平和の祈り」は、「主よ、私を、あなたの平和のためにお使いください」という祈りの後に、記しています。

その「平和の祈り」とは次のようなものである。

> 慰められるよりも慰めることを
> 理解されるよりも理解することを
> 愛されるよりも愛することを
> 望ませてください。私たちは
> 与えることによって与えられ
> すすんで許すことによって許され
> 人のために死ぬことによって
> 永遠に生きることができるからです[14]。

この「平和の祈り」について、渡辺は次のように説明している。

> このように、“小さな死”はいのちと平和を生み出します。それは、マザー・テレサが求めていた“痛みを伴う愛”の実践でもあるのです。被災者が一日も早く安心できる生活に戻れるための救援物資、募金、奉仕もさることながら、私の今日の“小さな死”を、神は喜んで使ってくださいます。／日々の生活に否応なく入り込む一つひとつのことを、ていねいにいただくことで、痛みながら、平和といのちを生み出していきましょう。／「ていねいに生きる」とは、／自分に与えられた／試練さえも、両手でいただくこと。／すすんで人のために自我を殺すことが、／平和といのちを生み出す[15]。

ここで、「小さな死」は「いのちと平和」を生み出すものとして、聖フランシスコの「平和の祈り」を引用して述べている。その中に、「すすんで許すことによって許され／人のために死ぬことによって／永遠に生きることができるからです」とある。つまり、「平和といのちを生み出す」ためには「すすんで許すこと」が求められるとしているのである。ここでの引用文には、「許す」と表記されているが、これは文脈より「赦す」として理解してもよいと考えられる。(以下、本論文では、引用文における「許す」は「赦す」と理解し論述していく。)「許す（赦す)」ことは、まさに「小さな死」を日々体験しながら、「平和といのち」を生み出すことに必要であると述べている。更に、渡辺は、「許す（赦す)」ことについて、更に次のように述べている。

> 許さない間は／相手の支配下にある。／自由になるために／「思いを断ち切ること」が大切。／仕返しは、自分のレベルを下げる愚かな行為。／相手を許すことは自分のためになる[16)]。

「許さない（赦さない）こと」は「相手の支配下」にあることであるとは、すなわち、「許さない（赦さない)」相手に屈服しているのであり、「負けている」のである。ここで大事なことは、「小さな死」を日々体験し、生きていくには、「相手を許す（赦す）こと」であり、それは「自分のために」、「新しいいのちを持った」、「新しい自分」になることである。そのように考えると、「小さな死」は「赦す」ことでもあるのである。そのように考えた時、前述した「赦しの対象外」とはどのような意味で考えることができるであろうか。このことを次に考えてみたい。

3.「赦す」と「赦さない」の狭間

渡辺和子にとっては、「赦す」ことは「小さな死」について論じる上に重要な意味を持っていた。しかしながら、渡辺にとって「赦す」ことは実に困難なことでもあったのである。それは、特に、二・二六事件に関して、「赦す」ことが揺れ動いていたことがよくわかる。いくつかの場面でそれは示されている。例えば、二・二六事件を起こし処刑された青年将校の遺族が行なう法要に渡辺和子が出席した時の場面がある。渡辺を二・二六事件に関して取材したことがあるノンフィクション作家の澤地久枝は次のように描写している。

> 渡辺和子は、襲撃者への怨みや憎しみは理性的に処理できたという。だが、ある席で事件のとき安藤輝三の部隊の伝令役をつとめた人と同席した際のショックを語った。／黒いベール、襟元から白いブラウスがわずかにのぞく黒衣の修道者、NDと刻まれたクロスを首からかけて、化粧気のまったくない渡辺和子には無垢な美しさがある。二・二六事件をおこした側の遺族たちに、彼女の苦痛とどこか重なる辛い歳月が過ぎたことを思い、賢崇寺の墓を詣でたい気持ちを持っていると語った。／素晴らしい男性を愛し、その人から愛される喜びも知った上で、選んだ現在の生活であると語って、少しはにかんだ笑顔は、渡辺大将といっしょにうつした写真の少女の日のあどけなさを残していた。／七月十二日の賢崇寺での法要に、修道女姿の渡辺和子がつらなったのはその後の物語になる。父の命日である二月二十六日、襲撃した側の仏心会は、事件の日におそわれて落命した人びとへの回向をずっとつづけてきていた。それを知って、異例の法要参加を決め、岡山から上京した。／法要後、相澤三郎をふくめる「二十二士之墓」に詣でる。墓前には高橋太郎、安田優少尉の実弟が待っていて「申し訳ありませんでした」と落涙しつつ詫びた。／そのあと、場所をかえて私たちは二人きりになった。この重い一日の感想を、／「父はわたしの子だねと言うと思います」／と静かに言うと、美しい笑顔を見せた[17)]。

ここでは、渡辺和子は、襲撃した側の人間に対してもはや恨むことはない、「理性的」に「赦し」を与えているよう描写されている。これに対して、前述の保坂によるインタビュー記事においては、次のように本人は証言している。

> 保坂　事件後、関係者との交流はありましたか。
>
> 渡辺　父の五十回忌の年に、私は、処刑された青年将校が眠る東京・麻布の賢崇寺に参りました。実はそれまで、反乱軍の一人である河野寿大尉のお兄さんであり、仏心会（青年将校らの遺族会）会長の河野司さんから毎年のようにお誘いがあったのですが、一度もうかがっていなかったのです。／でも、その年は五十回忌の年でしたから迷いました。二・二六事件を取材された作家の澤地久枝

さんや、昭和史研究家の高橋正衛さんにご相談したところ、お二人から「行っておあげなさい」と背中を押されたのです。「汝の敵を愛せよ」というつもりで行ったのではありません。本心では行きたくはありませんでした。父がよく言っていた「敵に後ろを見せてはいけない」という言葉を思い出して参ったのです。

保坂　お一人で行かれたのですか？

渡辺　はい。私が唯一、被害者側の遺族でした。お墓には行かず帰ろうとしたところ、外で澤地さんがお花とお線香を持って待っていました。気が進みませんでしたが。修道者として自分を律してお参りしたのです。／お参りを終えると、安田少尉と高橋少尉の弟さんが滂沱の涙を流して立っていました。そして、「これでようやく僕たちの二・二六が終わりました」と仰しゃるのです。心の中では、なぜこの方たちから「二・二六が終わった」と聞かなければならないのと思う気持ちもありました。二人は続けて、「本来なら自分たちから先に閣下をお参りすべきなのに、誠に申し訳ございません。つきましてはどちらにご埋葬ですか」と尋ねるので、父の眠る多摩霊園の番地をお伝えしました。それから、お二人は毎年のようにお参りくださっています。安田さんには年に五回もお参りをしていただいたこともあります[18)]。

ここでは、その青年将校の遺族に対しても、「赦す」ことができていない様子が示されている。もちろん、その後、その遺族の中には渡辺と交流を持ったものもおり、特に、安田少尉の弟とは長く信仰も通したつながりがあったことは知られている。

ここで注目したいことは、澤地と保坂の、同じと思われる場面における渡辺の描き方に大きな違いがあるということである。澤地は、青年将校の遺族を渡辺は「赦していた」ように描いているが、保坂のインタビュー記事では、「赦してはいない」ように記されている。この違いは、明らかに渡辺和子において二・二六事件に関しての「赦し」ということが揺れ動いていることを示しているのである。

また、次のような場面もある。

日本銀行岡山支店の支店長は、代々ノートルダム清心学園の大学の授業で非常勤講師として経済学を教えることになっている。あるとき真崎甚三郎の係累の者がそのポストに就き、講師になった。渡辺に「誤解なさっているかもしれませんが、真崎は決してずるい人間ではありません」と言ったという。／NHKの岡山放送局から、真崎と渡辺の出演する番組をつくりたいと申し出があった。真崎の側は熱心であったようだが、渡辺は断っている。そうした話を続けながら、年賀状にも自分は返事を出さなかったというのである[19)]。

ここでは、真崎甚三郎本人ではないが、その「係累の」人に対しても、「赦し」とはことなる対応が示されている。この渡辺のあり様について、保坂は次のように述べている。

渡辺にとって――これは私の推測になるのだが――九歳のときにあまりにもひどい惨劇を目撃し、そしてもっとも愛していた父の無残な死を実感したことは、人生そのものを規定したことだろう。人は「赦し」の感情を持てるか、という問い自体、渡辺には酷な質問だということは私にもわかった。昭和史とはある人にとっては、残酷で、そして赦しの対象外の歴史そのものだということにもなるだろう[20)]。

ここには、保坂にも、渡辺和子の、一人の生身の人間としての姿が見てとられていたと言えよう。

また、渡辺は、次のように「赦し」が自分の「理性的な理解」を超えたものであることを率直に述べている。

それは、渡辺和子はあるテレビ局から、二・二六事件に関する番組へ、「殺された側の唯一の生き証人だからということで」、出演依頼があり出かけると、渡辺に断りもなく、そこに「父を殺した側の兵卒」が一人、呼ばれていたことがあった。その時の様子を次のように述べている。

私は本当にびっくりしました。殺した側と殺された側とで話もなく、テレビ局の方が気を利かせてコーヒーを運ばせてくださって、私は「これ幸い」と思ってコーヒー茶碗を口元まで持ってまいりました。ところ

> が、どうしてもそのコーヒーを、一滴も飲めなかったのです。本当に不思議でした。何でもないコーヒー、それも時間的にも朝十時半ごろのモーニングコーヒーです。その時私はつくづく「自分は、本当は心から許していないのかもしれない」ということと、同時に「やっぱり私の中には父の血が流れている」ということを感じ、「敵を愛する」ということのむずかしさを味わいました[21)]。

そのような経験を記して、次のように述べている。

> 頭でゆるしても／体がついていかないことがある。／せめて、相手の不幸を願わないことを／心に留めて生きたい[22)]。

ここでは、「頭でゆる」す「赦し」と、「体がついていかない」ような「赦し」ということが対比されているようにも受けとれる。渡辺にとっての「赦し」をめぐる葛藤がここにあり、それが「赦し」の本性を示しているようにも思われる。つまり、「赦し」ということには、理性を超えた、身体を含んだ「赦し」があるということであり、それは心身ともの存在としての自己を意識させられる「赦し」に関わる体験であったのである。理性的理解を超える、つまり、説明されて理解することではない、まさに「信じる」というレベルでしか受けとめられない「赦し」ということを認めざるを得なかったのであろう。つまり、「信じる」という「祈り」としての「赦し」ということになろうか。

4.「赦しの対象外」と「小さな死」―「赦し」の諸相―

「赦す」ことができないということは、前述のように相手の支配下にあることであれば、「赦す」ことによって初めて、自己から自由になり、解放される。すなわち「個別的自己存在への否定」としての「赦し」がそこにあり、「小さな死」が「個別的人間存在への否定」であり、「新たないのちを生むこと」であるとすれば、そこに「赦し」が重なるのである[23)]。

「小さな死」を「理性的」に理解すれば、すなわち、「頭で」理解すれば、「赦し」は、すべての人に対してなされるべきものである。しかし、「赦しの対象外」に入る人に対しては、「赦し」はなされないでよいとしているのであろうか。ここにこそ、「小さな死」と「赦し」が本質的に結びついていると考えられる。

渡辺にとっての「赦し」は、次のように整理できるかもしれない。すなわち理性的に理解できる「赦し①」、理性的には理解できるが、体が受け止められない「赦し②」、そして、理性的に理解できず、かつ体でも受け止められない「赦し③」である。

「赦し①」は、『置かれた場所で咲きなさい』の読者に向けられたような「赦し」であり、説明して理解を求められる「赦し」である。「赦し②」は、理性的には「許さなければならない」と考えるが、そのような理解を自らの行動に結びつけて受け止められないという「赦し」と考えられる。これは、「真崎の係累の者」や、NHKの番組で会った旧「兵卒」に向けて存在した者である。そして、「赦し③」は、真崎に向けられた「赦し」で、理性的に理解できないし、かつ、行動や態度に示すことができない「赦し」である。この中で、渡辺にとっての最も重要なものは「赦し③」であったと思われる。何故なら、「赦しの対象外」として、「赦し」との関係性の中で捉えられており、そこにこそ、渡辺の人生と「赦し」の困難性が真崎への思いや態度の中で最も示されているものであるからである。

5. まとめ―「小さな死」にとっての「赦し」の意味―

渡辺和子にとって「赦し」は、決して理性的理解による「赦し」だけではなかった。それ故に、「赦し」ということが、「小さな死」とともに論じられていたことが重要である。なぜなら、渡辺にとって、「小さな死」は、「赦さない」自分を「押し殺し」、「新しいいのちとしての自己を生み出す」試みとして「赦し」も論じられていたと考えられるからである。「赦せない」自分をいかに超えて、たとえ「赦せない」相手が「赦しの対象外」にあったとしても、その「対象外」と見つめる自己は存在していたのである。そこにこそ実は、超えなければならない自己である「個別的人間存在」としての自己があり、それを否定してこその「新しいのち」としての存在を理性的理解を超えた祈りの中で受け入れることを求めていたのではないであろうか。そこに、「小さな死」とともに「赦し」が論じられていた意味があるように思われる。それは、「赦しの対象外」である人にも、「相手の不幸を願わないことを心に留めて生きたい」[24] と理性的に対応すべきことを述べているのは証左の一つではないだろうか。そのことは、端的に次のようにも述べられている。

> 頭で許していても、心ではなかなか許せない時があるものだ。そして私は、人間は神さまと同じように許せなくてもいいと思っている。つまり、心底から許せない苦しみ、もどかしさがあっていい、いやむしろ、そういう自分の弱さを受け入れること自体が、「許し」の一部分を構成しているように思うのだ。こういう「こだわり」と、私たちは一生の間、ともに過して行かねばならないのではないか[25]。

注

1）渡辺和子『置かれた場所で咲きなさい』(幻冬社、2012年)、渡辺和子『面倒だから、しよう』（幻冬社、2013年）など。
2）大林雅之『小さな死生学入門―高齢者・性・ユマニチュード―』(東信堂、2018年)。
3）保坂正康『昭和の怪物　七つの謎』（講談社、2018年)、186頁。
4）事件当時は大将であったが、渡辺錠太郎教育総監の前任者であった。
5）保坂『昭和の怪物　七つの謎』、174頁。
6）同上、174-175頁。
7）同上、175-176頁。なお、真崎に対する評価については、新しい資料が発見されるなどした折々に論じられるのであるが、確定的な論述はなされていない。例えば、高橋正衛『二・二六事件　「昭和維新」の思想と行動　増補改版』（中央公論新社、1994年）では「真崎甚三郎には、すでに昭和8年ころから噂、一般世論で噂のあった人だった。それも何かしら真崎のマイナスイメージの面である。二・二六事件の多くの文献、厖大な資料が公刊され、閲覧可能となっても、依然、二・二六事件の黒幕だったか、否かが論じられている。/結論的にいえば、憲兵の取調書、法務官が訊問した裁判資料は、一応、読む必要はあっても、真崎に関する限り、価値は乏しい、ということである」(239頁）としている。
8）保坂『昭和の怪物　七つの謎』、176-177頁。
9）同上、183-184頁。
10）大林雅之「小さな死生学序説―「小さな死」から「大きな死」へ―」、『東洋英和大学院紀要』15号（2019年)、21頁。
11）同上、21頁。
12）大林『小さな死生学入門』、31-33頁。
13）渡辺『置かれた場所で咲きなさい』、154-155頁。
14）同上、155頁。
15）同上、156頁。
16）渡辺『面倒だから、しよう』、112頁。
17）澤地久枝『完本　昭和史のおんな』(文藝春秋、2003年)、532頁。
18）保坂『昭和の怪物　七つの謎』、184-186頁。「五十回忌」の場面については、渡辺和子自身も次の著書で述べている。渡辺和子『心に愛がなければ　ほんとうの哀しみを知る人に』(PHP、1992年)、89-95頁。ここでは、保坂への返答とはニュアンスが異なっているように思える。自分にとっての「赦し」ということへの言及がほとんどない。
19）保坂『昭和の怪物　七つの謎』、178頁。ここで注意しておきたいことは、保坂のインタービュの初出は、月刊誌『文藝春秋』の平成 28 年 3 月号に掲載されているものであり、そこでは、引用したものとは少し異なって記されている。特に年賀状については、「お会いしてはじめの一、二年は年賀状のやりとりをしましたが、しばらくして私もお返事を出さなくなりました」（101 頁）とあり、やや渡辺の対応の印象は異なるものになっている。

20）保坂『昭和の怪物　七つの謎』、179 頁。

21）渡辺『面倒だから、しよう』、114-115 頁。

22）同上、116 頁。

23）大林『小さな死生学入門』、32 頁。

24）渡辺『面倒だから、しよう』、116 頁。

25）渡辺『心に愛がなければ』、54 頁。

〈卒業論文〉

復讐は生きがいとなるのか
――手塚治虫作品『どろろ』と『ブラック・ジャック』から考える――

根岸 紗那

はじめに

『どろろ』と『ブラック・ジャック』は、手塚治虫（1928-1989）によって描かれた少年向け漫画である。『どろろ』は1967年から1969年に『週刊少年サンデー』(小学館）と『冒険王』(秋田書店）に連載された。『ブラック・ジャック』は1973年から『週刊少年チャンピオン』（秋田書店）で5年間にわたって読み切り形式で231話が連載され、連載終了後も13話が描かれた。

二作品の主人公の共通点を比較しながら、復讐と生きがいについて考察し、作者の手塚治虫が読者に伝えたかったことを読み解く。考察の対象は原作漫画とし、アニメやリメイク作品などは扱わないこととする。

手塚作品は複数の出版社でそれぞれ文庫化されている。『どろろ』は台詞の改変や段組み、コマの追加がされ、最終的に公式であるとされる講談社版「手塚治虫文庫全集」を使用する。『ブラック・ジャック』は出版社によってエピソードの収録順が連載時と異なり、また収録されていないエピソードもあるため、未収録話数が少ない秋田書店文庫版を使用し、連載当初の順番に話を並べ替えて考察する。

1. あらすじと共通点

二作品の主人公、『どろろ』の百鬼丸と『ブラック・ジャック』のブラック・ジャック（以下ＢＪと略記）にはいくつかの共通点があり、物語全体の流れも似ている。二人の共通点を物語の順序に並べると次の6つになる。

1　幼少期に体がバラバラになる。

2　母親と別れ、父親に捨てられる。

3　医者に助けられ、刃物を扱うようになる。

4　最愛の人との離別。

5　助言者（恩師・ライバル）による目的の否定。

6　幼い少女との交流。

天下取りの野望を抱く醍醐景光は、生まれてくる赤ん坊を代償に、48匹の魔神に願掛けをする。そうして生まれた子どもは体の48ヵ所が足りず、母親から引き離され、タライに乗せられ川へ流される。赤ん坊は医者の寿海に拾われ、義肢や義眼、そして「百鬼丸」という名前を与えられる。成長した百鬼丸は義手に刀を仕込み、旅に出る。その旅の途中、どろろという野盗の親と死別した子どもに出会う。

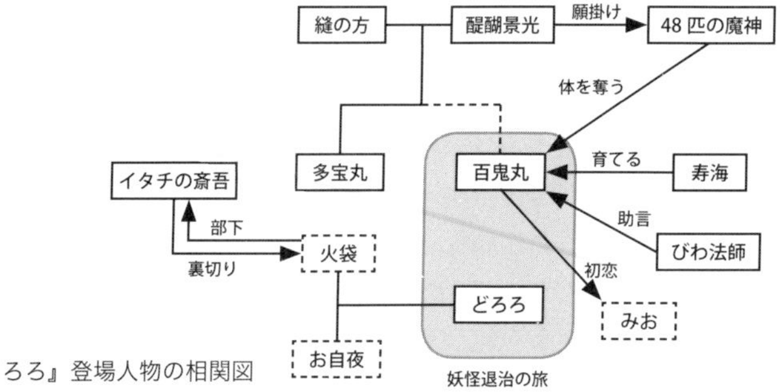

『どろろ』登場人物の相関図

ＢＪは幼少期、母とともに不発弾爆発事故に遭う。自身は外科医の本間丈太郎によって救われるが、母は死亡。同時期に父は愛人とともに蒸発する。そして、不発弾処理を疎かにした作業班と父を恨むようになる。ＢＪは本間に憧れ外科医になるが、医師免許は持たず、患者に莫大な料金を請求する。

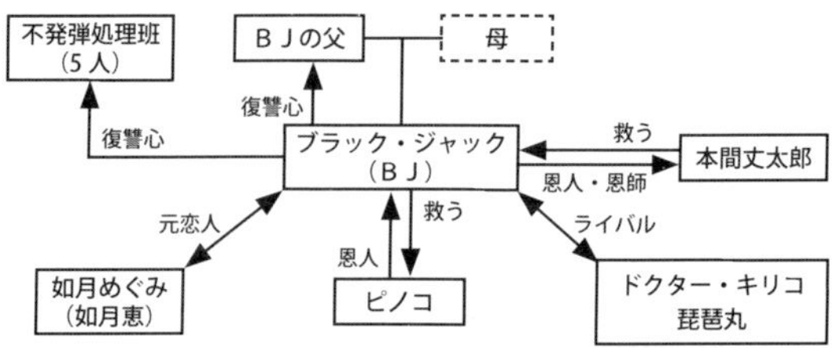

『ブラック・ジャック』登場人物の相関図

普段は自らが命を救った助手のピノコと暮らす。

2. 復讐とその手段

生命の危機にさらされ、母と離別し、父に捨てられたときから、百鬼丸とＢＪの復讐は始まる。百鬼丸の妖怪退治とＢＪの手術は復讐の手段となる。ここでは復讐の対象とその手段について考察する。

2.1. 百鬼丸の復讐

百鬼丸の復讐の対象は、父親の醍醐景光である。天下を取りたいと願った醍醐景光が、その対価として魔神に差し出したのが、のちに百鬼丸となる自分の子どもであった。

百鬼丸の体を奪ったのは魔神であるが、その原因は景光の野望である。しかし、百鬼丸が自分の体が足りていない真の理由を知っていると感じさせるものは物語の中に見出せない。百鬼丸にとって体を奪ったものは父親ではなく魔神なのである。

2.1.1. 復讐の妖怪退治

百鬼丸は旅に出てすぐ、妖怪を一匹倒すごとに体の一部分が戻ることを知る。彼は妖怪を倒すために旅を続ける。この妖怪退治は魔神だけでなく、醍醐景光にも大きな打撃を与える。作家の荒俣宏は秋田書店文庫版『どろろ①』の「解説」で次のようにいう。

> 百鬼丸がひとりずつ妖怪を倒し、そのたびに、奪われた体の一部分を取り戻していくとき、それは父の野望をくじく復讐となり、同時に、動乱をしずめるという運命をになう仕事となる。ほんとうの意味で、百鬼丸の妖怪退治は、祓いであり、鎮めとなるのだ（荒俣 1994、310 頁）。

天下と子どもの体を交換条件に確立された約定であるため、百鬼丸の体が彼に戻るということは、約定を破ることになり、醍醐景光の望みは叶わぬものとなる。百鬼丸は無自覚に父親へ復讐していたのである。

2.1.2. あの世からこの世への移行

百鬼丸の妖怪退治は、彼があの世からこの世へ移行する過程でもあると考えられる。百鬼丸の妖怪退治について、荒俣は足りない体の部分の「48」という数字を用いて次のようにいう。

> 日本をふくめた仏教国のあいだには、中陰という習俗が今も残っている。日本では「四九日」ともいう。このあいだ、死者の魂はこの世にいて、すこしずつ死の世界に移行する準備をととのえる。（中略）妖怪一匹退治することを、中陰の一日を過ごすことと読み替えてみよう。四十八体の魔物は、中陰四十九日間のうちの四十八日分にあたる。あと一日、いや、あと一匹、妖怪をかたづければ、百鬼丸は体を完全に取り戻し、成仏することができる（荒俣 1994、311 頁）。

百鬼丸は体を取り戻すことによって、あの世のものである魔神から解放され、この世に生まれてくる。彼にとって「成仏」とは、魂があの世からこの世へ移行し、人間として生まれることではないであろうか。また、物語の最後に景光は失脚するが、百鬼丸の体がすべて戻った描写はない。このことから、百鬼丸が成仏するためには四十九日分の手順を踏まなければならないことがわかる。では、四十九日目の魔物とは何か。荒俣は 48 か所を取り戻した百鬼丸は、49 匹目の妖怪を退治できないという（荒俣 1994、312-313 頁）。

作り物ではなく、本物の体は替えがきかない。妖怪を見分ける勘も残っていないかもしれない。百鬼丸は並の人間になるにつれて弱くなっていくが、仮に妖怪退治のできる強さを保ったまま四十九日目に直面したとすると、彼が成仏するための相手は妖怪ではなく、百鬼丸自身であると考える。

彼は並の体の不便さや、人間は自分の子を魔神に捧げるような残酷さを持っているということを受け入れなければならない。この世に初めて生まれた百鬼丸にとって、肉体的にも精神的にも弱い「人間」である状態を受け入れることは、今まで退治してきたどの妖怪よりも手強いかもしれない。

2.2. ブラック・ジャックの復讐

ＢＪは母と自分を捨てた父親と、不発弾処理を疎かにした作業班の５人を恨む。自分よりも母を傷つけられたことに悲観する少年ＢＪは彼らへの復讐を誓い、事故から 20 年以上たっても、その気持ちは変わらなかった。

2.2.1. 無免許医であること

恩人の本間丈太郎に憧れてＢＪは外科医になり、天才的な外科技術を持つが、医師免許を持たない。彼が無免許医である理由は明確には描かれていないが、不発弾事故の後遺症があるとされるため医師免許が取得できないと考えられる。第 71 話「けいれん」では、不発弾事故の手術で気胸を発症し、それがトラウマになったため、気胸患者の手術中に手が痙攣してしまう。その際に「私がまともに医師免許をとれないことがわかったろう」と発言している（11 巻、8 頁）。医師免許を持たずに治療することは犯罪であるが、それでもＢＪが医者であり続けるのは、本間丈太郎が重体の自分を治したように、患者を必ず助けたいという信念を持っているからと考える。

また、無免許医という立場をＢＪは復讐に利用している。彼は正規の医者ではないため、医師連盟の決めた料金ではなく、莫大な料金を患者に請求できる。そして、その大金を復讐の資金とする。実際には、自然保護や幼少期に世話になった看護婦の墓地の維持費など、復讐以外に使っていることが多い。しかし、ＢＪが復讐の手段として手術を行っているのも事実である。

2.2.2. 生への執念

ＢＪは幼少期の絶望的な状況の中で生きる糧としていたものについて「ただひたすらやったやつへ復しゅうする望み　それだけで生きつづけたもんだ」という（10 巻、62 頁）。ＢＪは復讐心を持ち続け、その気力で事故後の苦しいリハビリにも耐えた。彼の生への執念について、豊福は次のようにいう。

> 生命の危機に晒されたことも一度や二度ではない。Ｂ・Ｊが自身に対し自らの手でオペを行ったケースも実に四回を数える。恐るべき生命力。凄まじいほどの生への執念である。Ｂ・Ｊのこの〝生きることへの貪欲さ〟は生まれついてのもので、だからこそあの不発弾事故で九死に一生を得ることができたのか、それともその〝貪欲さ〟は地獄の体験を味わったからこそ後天的に身についたものなのか、定かではない。しか

し、それが彼のオペや治療の原動力となっていることだけは確かである（豊福 2003、106-110 頁）。

筆者はＢＪの生きることへの貪欲さについて、豊福のいう後者の後天的に身に付いたものであると捉えている。自分が死んでしまったら復讐ができない。ＢＪは悔しさから、生きることの執念深さを得たのではないかと考えた。そして、その生への執念に加えて、助かる見込みがないとされていた少年ＢＪの命をこの世に繋ぎ止めた本間丈太郎という医師のように、患者を必ず治したいという信念が彼にはある。しかし、ＢＪが持つ復讐という生きがいが必ずしも正しいものとは限らない。

3. 助言者の登場と目的の見直し

百鬼丸とＢＪはそれぞれの信念のもと、旅や手術をする。そして、その根源にあるものは復讐である。しかし、二人のその生き方や信念に問いを投げかける助言者が現れる。彼らは主人公にとっての恩師であったり、ライバルであったりする。二人の主人公は助言者の言葉に翻弄され、信じ難く苦しい現実に直面し、ジレンマに陥る。ここでは百鬼丸とＢＪにとっての助言者とその影響についてそれぞれ考察したい。

3.1. びわ法師の助言

寿海のもとで育った百鬼丸は成長するにつれ、妖怪がつきまとうようになる。それを見かねた寿海は、百鬼丸が幸せになれる場所があるはずだと、旅に出す。旅の途中、百鬼丸は盲目の老人・びわ法師に「死神のにおいがする」と声をかけられる。彼曰く、盲人には普通の人間にはわからない、色々なことをかぎ分ける能力があるという。

さらに、びわ法師は百鬼丸にはスキだらけで武芸のたしなみがないと見抜き、自らの剣術を披露する。それを見た―目が見えないため感じとった百鬼丸は、弟子入りを懇願した。しかし、びわ法師はその要望を断った。自分の剣術は我流であり、また、今の世の中には幸せはないため、ただ自分を頼りにしていればいいと百鬼丸に助言する。そして、彼は百鬼丸を戦で焼け落ちた村の跡に連れてゆく（第 3 章「法師の巻」、1 巻）。

この場面から、両者とも盲目であるが、びわ法師は身の回りの人物や状況を読み取り、身を守るための剣術を備えていることがわかる。対して百鬼丸は、テレパシーのような特殊な能力を持つが、周囲を判断する能力がなく、肉体的にも弱い。これは百鬼丸の生命力の弱さが表されているのではないかと考えた。彼の生命力の弱さは作中で二度みられ、どちらもびわ法師との対話で描かれる。

3.1.1. 生命力に触れる

はじめに百鬼丸の生命力の弱さがみられたのは、びわ法師が百鬼丸を連れて村の焼け跡に向かう道中である。村までの道のりは険しく、風の強い岩崖を歩かなくてはならない。百鬼丸は恐怖のあまり立ちすくみ、びわ法師の「盲人なのにこんな道がこわいのか」という呼びかけに「おれはダメな人間だ」と弱音を吐く。

ようやくの思いで、村へ辿り着いた百鬼丸は、廃寺に案内される。そこには戦によって親を失い、自らの手足なども失った子どもたちが暮らしていた。びわ法師は百鬼丸になぜひとりで頑張ってみないのかと問いかけ、貧しくひどい暮らしをしているにも関わらず、快活に生きる子どもたちの姿を見せる。その後、びわ法師は立ち去り、百鬼丸は子どもたちと暮らすことを決める（第3章）。

百鬼丸は子どもたちの生命力を見て、自分なりに生きる力を身につけようと決心したのではないかと捉える。それは、百鬼丸が弟子入りを懇願したびわ法師と別れ、一人で剣の修行を始めたことに表されているのではないかと考えられる。しかし、子どもたちとの生活も侍たちによって失うことになる。百鬼丸は剣術を身につけ、身体的な強さを得るが、精神的成長は成し遂げられなかった。しかし、彼は後にどろろによって心の成長を再開することができるようになる。

3.1.2. 残酷な現実の直面

百鬼丸の生命力の弱さは物語の中盤でもみられる。百鬼丸は旅の途中に弟の多宝丸と出会うが、馬が合わずに対決し、多宝丸を斬り殺してしまう。醍醐景光はそれに怒り、百鬼丸の命を狙う。百鬼丸は弟を殺してしまったことと、父に命を狙われていることに悲観し、どろろと別れて自害することを決意する。しかし、腹を切る寸前に突如びわ法師が現れ、止めに入る。

百鬼丸は多宝丸を斬る寸前、妖怪によって彼が自分の弟であると教えられる。おそらくこのときに醍醐景光が自分の実父であると確信したのではないか。親に捨てられたという現実を突きつけられ、弟は自分に斬りかかろうとしている。信じがたい現実に直面し、葛藤の末、多宝丸が弟であると知りながら、百鬼丸は彼を斬り殺したのではないかと考える。百鬼丸が旅の目的としていた妖怪退治は、彼に残酷な現実を突きつけるものとなってしまった。

3.1.3. 二度目の助言を受ける

現実に直面し悲観した百鬼丸は、再びびわ法師によって旅の助言を受ける。一度離別したどろろと合流した百鬼丸とびわ法師は、どろろの背中に刺青があることを知る。その刺青は野盗の頭領であったどろろの父・火袋(ひぶくろ)が、貧しい人々が侍に対して立ち上がるために残した埋蔵金のありかを記す地図であった。びわ法師はそれを知って、百鬼丸の新たな旅の目的となることを告げる。しかし、それを聞き入れない百鬼丸に対して、びわ法師は次のように諭す。

> 百鬼丸よ　人間のしあわせちゅうのは「いきがい」ってこった　おめえさんが（中略）ふつうの人間になれるときがくる（中略）おめえさんはそこで目的をなくしてガックリするだけだ　おめえさんはちっともしあわせにならねえ　どろろの金は不幸な人たちが立ちあがるために使われるのだろう？　それを見つけてやるということはおめえさんが一人前の人間として立派に役をはたしたことになる!!　それが「いきがい」だ(第10章「白面不動の巻」、2巻、80-81頁)。

びわ法師に妖怪退治後について忠告され、百鬼丸はどろろの埋蔵金を探しながら妖怪を退治することに旅の目的を変更する。百鬼丸が求める幸せな人間は、五体満足であるということだけである。びわ法師は幸せになるためには精神も育んでいかなければいけないということを百鬼丸に教えているのではないか。百鬼丸がびわ法師のいう人間の幸せを理解するためには、妖怪ではなく人間と交流しなければならない。

3.2. 恩師とライバル

ＢＪにとって生きる糧である復讐の手段であり、必ず患者を救うという信念の表れでもある手術や医者のあり方に、彼の恩師であり恩人である本間丈太郎は、問いを投げかけ、ＢＪをジレンマに陥らせる。また、ライバルのドクター・キリコと琵琶丸も、彼に医者のあり方を考えさせる。

3.2.1. 医者の役割を考える

本間は老衰で死ぬ間際、自らの罪を明かす。それは不発弾事故によって負傷したＢＪを手術したとき、彼の体の中にメスを残したまま退院させてしまったことであった。奇跡的にＢＪの体内にメスが突き刺さることはなかったが、このことを本間は、どんな医学だって生命の不思議にはかなわないと言った。そして「人間が生きものの生き死にを自由にしようなんておこがましいとは思わんかね」という。このＢＪへの問いを最後に、本間は意識を失う。本間の老衰を受け入れられず、無駄であると分かっていながらＢＪは彼を手術する。しかし、本間が生き永らえることはなく、手術中に死亡する(第 29 話「ときには真珠のように」、1 巻)。

神のように敬っていた本間丈太郎が失敗し、天才的なＢＪの外科技術でも本間は生き延びなかったことで、医者が神になることはできないと、ＢＪは気づき始めたのではないかと捉えられる。

3.2.2. ドクター・キリコとの対立

ドクター・キリコは安楽死専門の医者である。ＢＪと同じく、患者に莫大な料金を請求する。ＢＪは彼を人殺しというが、キリコは誰彼かまわず人を死なせているわけではない。

たとえば、キリコの持っていた毒薬を誤って飲んでしまった女性を助けるためにＢＪと奮闘したときには「おれも医者のはしくれだ　いのちが助かるにこしたことはない」という（第 177 話「死への一時間」、8 巻、232 頁)。彼は医者として患者を助けることを前提に安楽死を行っている。キリコはＢＪが手術で患者を生き永らえさせることに対して次のように問う。

生きものは死ぬ時には自然に死ぬもんだ……それを人間だけが……無理

に生きさせようとする。どっちが正しいかね　ブラック・ジャック（第56話「ふたりの黒い医者」、3巻、193頁）。

しかし、この発言には矛盾がある。キリコの安楽死は自然に死ぬことではない。キリコもまた、ＢＪと同じように自らの行いが本当に正しいことなのか、苦悩しているのかもしれない。二人の医者は互いに鏡となり、自問し続けているのではないかと考える。

3.2.3. 琵琶丸との対立

ＢＪのもう一人のライバルとしてハリ師の琵琶丸が登場する。彼は盲目の老人で、どこからともなく現れては、病に侵された人々に無償でハリ治療をする。彼はＢＪと初めて出会ったとき、次のようにいう。

人間のからだなんてものはもともと切ったりすてたりできるしろものじゃねえ　けものや鳥をみな、病気になったって手術なんかしねえよ　みんな自分のちからでなおすんだ　そういうもんさ（第126話「座頭医師」、2巻、287頁）。

琵琶丸は寿命には逆らわないという考えを持ったうえで患者を治療する。ＢＪが手術で患者を生かすことに対して、琵琶丸は体を切り開くことなく患者を治す。琵琶丸はキリコと同じように手術で患者を無理に生かすことに反対している。しかし、手術によって生かされたＢＪにとって、手術の否定は自分の存在を否定されたように感じるのかもしれない。そして、ライバルたちのいう医者のあり方によって、はたして自らが行っている医療行為は正しいものであるのかと自問し続ける。

3.2.4. 実体験からの気づき

ＢＪは本間たちの問う医者のあり方に苦悩するが、医者が患者の生死を決めていないということを幼少期に体験していた。連載最終話の第229話「人生という名のＳＬ」では、ＢＪの夢の中で物語が繰り広げられる。その夢には本間も登場し、ＢＪとともに少年を手術する。少年は外傷や年齢など、幼少期のＢＪと同じであった。ＢＪは少年を助けるために義肢や人工臓器を使おうと提案する。しかし本間は、人間をロボットに改造するつもりかと反対し、患者がロボットのようになった自分に悲観して生きる望みを失うことを懸念した。そしてＢＪに「医者は人をなおすんじゃない　人をなおす手伝いをするだけだ」と諭す（11巻）。

この夢の中の手術は何を意味するのか。少年を人工臓器などで延命させようとするＢＪであるが、過去に同じく瀕死の状態であった彼はそれらがなくても生き永らえた。彼は自らの意思で生きること、そして医者がその手助けをする存在であるにすぎないことを体験していた。ＢＪはどのような医者を目指すべきなのか。作者の手塚は、肉体もこれからの生き方も助けることが医者の本当の姿ではないかという（手塚1997、86頁）。患者に生きる気力を与える手助けをして、患者を救ったといえるのではないか。ＢＪは手塚のいう医者を目指すべきなのではないかと考えられる。

3.3. 復讐の連鎖

百鬼丸は旅の目的とする妖怪退治を、ＢＪは復讐の手段である手術のあり方を否定される。二人は目的とするものを否定され、はじめは受け入れないが、復讐を進めるにつれて、それによって状況が好転することはないと気づく。

3.3.1. 多宝丸の死

百鬼丸は弟の多宝丸を斬り殺してしまったことによって、妖怪退治の旅を考え直すことになる。

多宝丸の死により、百鬼丸と醍醐景光の関係は悪化する。景光は百鬼丸と出会ったとき、彼が自分の子であると気付き、自分の領地に仕えさせようとする。また、多宝丸と百鬼丸が対決しようとしたときにも、景光は血相を変えて二人を止めようとするなど、百鬼丸を受け入れようとしていた。しかし、百鬼丸が跡取りである多宝丸を殺したことで、彼は百鬼丸を恨み、命を狙う。このときから、百鬼丸から景光へ一方的であった復讐は、景光から百鬼丸に向けても発生する。

3.3.2. 父親への復讐

ＢＪは父に、ハンセン氏病にかかった妻・蓮花（れんか）の顔を世界一美しい顔に整形してほしいと頼まれる。手術前、ＢＪは「いまでもおかあさんをすこしは愛していますか？」と父親に問う。しかし、父は「いまは愛してはいない」と答える。それを聞いたＢＪは蓮花の顔をＢＪの母の顔に整形したのである。ＢＪの父はそれを見て怒る。彼は一生、自分が捨てた前妻の顔を見ながら生活しなければならないのである（第68話「えらばれたマスク」、10巻）。このとき、ＢＪの父はＢＪを恨んだであろう。百鬼丸と同様に、父からＢＪへ恨む心が生まれてしまう。

3.4. 新しい目的に向けて

復讐をすると新たな恨みを生んでしまう。復讐の念を晴らしたいのに、また相手から恨まれる。彼らが生きがいとしていたことは、問題の解決策ではなかった。繰り返される復讐を止めるには、考えを改めなければならない。百鬼丸がびわ法師に生きがいを教えられたり、ＢＪが本間たちによって医者のあり方を考えさせられたりしたことは、彼らにとっての生きがいを考え直す機会であったのではないか。この機会を経て、旅や復讐を進めるにつれて、二人に変化がみられる。

3.4.1. 百鬼丸の心の変容

どろろは百鬼丸の刀欲しさに、彼の旅についていく。百鬼丸はどろろをあまり気にしていなかった。しかし、はじめて二人で妖怪退治をしたあと、どろろは怪我を負う。どろろを背負いながら「死ぬなよ」と呼びかけ心配する百鬼丸は「おれはいままで他人なんかにかまったことねえのに」と、自分の行動に驚く。そして、妖怪を倒したことで、百鬼丸は右腕を取り戻す。この場面から、百鬼丸の体の奪還と精神的成長には関係があるのではないかと考えられる。しかし、今までに一人で旅をし、すでにいくつかの体を取り戻していた彼が初めて人を思いやったことから、どろろと交流したことで百鬼丸の精神的成長が促されたと捉えられる。

また、物語中盤でどろろの埋蔵金探しに旅の目的を変えるが、その途中、火袋の手下であったイタチの斎吾に、どろろがさらわれてしまう。さらに百鬼丸は左の義足を破壊される。

百鬼丸は不自由な体でどろろを探しながら、岬の高い岩をよじ登る。そこは、初めてびわ法師と出会い、戦で焼けた村に向かうために歩いた岩崖のように風が強く、足場も悪い。しかし、その場面で百鬼丸は「岩のぼりは二本足でないと無理かと思っていたけど一本でもけっこううまくいくもんだな」と言っている。このとき、彼は片目も取り戻していたが、目の前に広がる険しい道にも弱音を吐かず、強風の中を片足で前に進む。びわ法師と岩崖を歩いたときとはまったく違う姿である（第14章「しらぬいの巻、2巻」）。

百鬼丸の岩のぼりは彼の精神的成長を表わしていると考える。一人で、不自由な体で前に進もうという姿勢はびわ法師の「なぜひとりで頑張ってみないのか」という問いの答えではないであろうか。彼はどろろとの旅によって生命力を手に入れた。

3.4.2. どろろとの離別

百鬼丸の精神的成長は物語最後のどろろとの離別でもみられる。どろろは男として振舞っていたが、物語の最後に百鬼丸によって女性であると明かされる。そして、百鬼丸は彼女をおいて旅立ってしまう。なぜ百鬼丸は突然どろろと別れたのか。どろろの性別と百鬼丸の体の奪還に関して、桜井は次のようにいう。

> 父によって去勢されたともいうべき主人公の百鬼丸。彼が化物にうちかつたびに、一つずつ体がもとにもどってゆくという設定は、フロイト的なオイディプス・コンプレックスの物語ともみえる。だからこそ、百鬼丸が、うしなわれた体の部分が回復してはじめて男としての自己確認ができたとき、一緒に放浪したどろろが、じつは女性だったことが明らかになるのであり、その時、百鬼丸をたすける母性的なものを象徴するどろろに百鬼丸は別れをつげることになるのだろう（桜井 1990、156–158 頁）。

百鬼丸は自己の男性性を確認したとき、母親（どろろ）から自立しなければならない。物語の最後、体の半分を取り戻した彼は、男としての自己確認ができたのではないかと捉えられる。そして、母性的なものであるどろろと別れることによって、彼はエディプス・コンプレックスを克服する。

3.4.3. 復讐劇の終幕

ＢＪは5人いる作業班への復讐を2人で終わらせる。ＢＪは作業班の一人に対して、生命の危機に迫らせて不発弾処理の手抜きを自白させた（第115話「不発弾」)。しかし、ＢＪが探し続けていた二人目の男は、癌に侵され死の床に就いていた。ＢＪは医者としての本能で男を手術し、成功させる。しばらくして男は安らかに死ぬ。復讐したい相手に、安らかな死を与えてしまったことにＢＪは苦悩する（第195話「二人目がいた」、12巻)。彼は復讐の手段としていた手術が、自分を苦しめるものであると悟ったのではないかと考える。復讐心よりも患者を生かしたいという信念の方が強く働いてしまう。これを最後に、ＢＪの作業班への復讐は終わる。

さらに、父への復讐も終わる。ＢＪの父は脳卒中に倒れ、そのまま亡くなってしまう。そして、ＢＪに遺産を奪われることを恐れた蓮花の手によって、ＢＪは暴漢に襲われ、重傷を負う。彼は蓮花に、自分が欲しいものは財産ではなく、母と同じ墓へ埋めるための父の遺体であることを伝える。そして、その遺体を利用して重傷を負った自らの足に、自らの手で皮膚を移植する。ＢＪはその場にいた他の医師たちに「ここの部分はむかし私の母の皮膚を移植したんです……そして今度はおやじの皮膚だ……つながるのがあたりまえでしょう」と言う（第233話「骨肉」、10巻)。憎しみの対象としていた父の皮膚を自分の体の一部として迎え入れたことを、ＢＪが父と和解したと捉える。離散していた家族は、彼の体でようやく一つになった。そして、ＢＪの復讐の対象はいなくなる。

3.4.4. ピノコの存在

畸形囊腫（きけいのうしゅ）は、双子になるはずであったうちの片方が成長し損ねて、もう一人の体の中に吸収されてコブとなったものである。

ＢＪのもとへ畸形囊腫を切り取って欲しいという患者が来る。囊腫の中からは手足や臓器などが出てくる。手術を終えたＢＪは、そのバラバラになった体を人間として生まれ変わらせる。これがＢＪ唯一の助手ピノコの誕生である。このピノコというヒロインはＢＪにどのような影響を与えているのか。

ピノコは幼い少女であるが、双子の姉の体内でも生きていたため、自分は

18歳であり、ＢＪの妻であると主張する。彼女はことあるごとに、ＢＪに「愛してる」と言い、そして、誰よりもＢＪの孤独を理解する。それは、人造人間である彼女自身が家族から拒絶された過去を持つことが要因になっているのかもしれない。

ピノコは作り物の体であるために成長しない。また、普通の人間と同じようには生きられず、苦労することも多い。ピノコを人間として生かしたことは正しかったのか。彼女はＢＪの支えであり、信念を揺るがす対象でもある。

4. 人間の残酷さ

醍醐景光が魔神に子どもを捧げたり、ＢＪ父が瀕死の妻子をおいて蒸発したりすることは悪と認識され、父と子という関係から残酷さが強調される。このような人間像を描くことで、手塚治虫は何を読者に伝えたかったのか。

4.1. 手塚作品における善と悪

二人の復讐劇を考察すると、人間の残酷さがみえてくる。しかし、これは『どろろ』と『ブラック・ジャック』に限られたことではない。人間がもつ心性について手塚は次のようにいう。

> 聖人君子などめったにいるものではなく、人間は〝善〟の心もあれば、〝悪〟の心もある。善行もすれば悪行もする存在です（手塚 1996、164頁）。

手塚治虫は人間らしさとして、人間の残酷さを描いているのではないかと考えられる。

百鬼丸やＢＪや、他の手塚作品の登場人物の悲劇は、人間らしさを描く手塚漫画の特色として捉えることができる。そのような作風が『どろろ』にみられると、斎藤は次のようにいう。

> やはり手塚漫画だ、とぼくが感じるのは妖怪が「悪そのもの」とはきめつけられていない点である。百鬼丸は生まれながらにして、手、足、

> 目、耳、口など全身の四八ヶ所を妖怪に奪われているのだが、それは妖怪の単純なたたりでも、残虐な遊びでもなかった。天下取りの野望に燃えた侍大将、醍醐景光は、四八匹の妖鬼に願をかける。そして、天下取りの夢をかなえてもらう礼として、生まれてくるわが子を生けにえとして差し出す約束をしたのだった。四八匹の魔神から四八ヶ所むしりとられて生まれたのが百鬼丸なのである。真に残虐なのは、妖怪ではなく人間だったのだ（斎藤 1989、110-111 頁）。

『どろろ』も『ブラック・ジャック』も、そしてその他の手塚作品でも人間の残酷さが描かれ、親が子どもを捨てるということでそれを象徴しているようにみえる。手塚作品では善と悪の両方を登場させながら、人間の内面的なものを読者に考えさせているように感じる。

4.1.1. 人間らしさとしての悪

手塚作品に善と悪の二人の主人公が登場する『バンパイヤ』（1966-67『週刊少年サンデー』（小学館）、1968-69『少年ブック』（集英社）で連載。未完）がある。悪の化身のような青年・ロックが、動物に変身することができるバンパイヤ族を利用して世界を支配しようとする。もう一人の主人公トッペイはバンパイヤ族の少年で、ロックの悪事を暴こうと奮闘する。『バンパイヤ』のあとがきのなかで、この作品のテーマを考えた理由について手塚は次のようにいう。

> 人間はだれでも、あばれたくとも、あばれられないときがある。人をなぐりたくても、なぐれないときがある。それはみんな、人がきまりや道徳にしばられているからだ。そういったものにしばられないで、やりたいとき、すきなことができたら、どんなにたのしいことだろう。もしかしたら、それがほんとうの生きがいではないだろうか。それとも、きまりや道徳をよくまもって、まじめ人間でくらすのが、いちばんしあわせなのだろうか？どっちがいいことなのか、それをこんどのまんがのなかで、さぐってみよう（手塚 2010、222-223 頁）。

『バンパイヤ』のテーマから、悪とされるものは本当に悪いことなのか、良しとされているものが本当に幸せの要因となるのかを漫画を通して読者に問いかけている。『バンパイヤ』の作中でも、悪役の主人公ロックは「正しいこと　悪いことなんて　人間がかってにでっちあげたもんで　そんなもん実際にはないんだ」という（1巻、198頁）。

4.1.2. 生き方をみつける

ロックの主張する善悪の考えは、我が儘を正当化するための口実としても使える。野望のために子どもを魔神に捧げることも、瀕死の妻子を捨てて愛人と蒸発することも、自分勝手な理由である。しかしこの身勝手な人間こそ、手塚治虫が読者に問いたいものであると考える。善の心も悪の心も持つ人間の、両方の姿を描くことで、『どろろ』と『ブラック・ジャック』でいう復讐のような悪循環から、どうすれば抜け出せるのか、どうすれば生きがいを見つけられるのかを考えさせる。「テーマは、いつでも正義が勝って、悪が負けるとはかぎりません」と手塚はいう（手塚2010、224頁）。読者、とくに漫画を読む子どもたちに人間の心の難しさを教え、自分なりの生き方を見つけ出させようということが手塚作品のねらいと考える。

4.2. 手塚治虫の考える生きがい

前に挙げた『バンパイヤ』のテーマ解説にもあるように、手塚作品では生きがいについてしばしば描かれる。『どろろ』でも、百鬼丸がびわ法師に生きがいというものを教えられ、ＢＪも復讐や手術を生きがいとしていた。また、『ブラック・ジャック』の中には、生きがいを主題とするエピソードがある。

高層ビル建設のために一本のケヤキが切り倒されることになり、その木とともに育った老人が、建設をくいとめようとするが果たせない。切り倒し予定の前夜、老人はその木の枝で首を吊るがＢＪによって助けられる。しかし、ＢＪは手術中、老人が生き延びても、木を守るという生きがいを失って、生きる気力もなくしてしまうことを懸念する。物語は最終的に、老人が手術中に、ケヤキが種を飛ばしてつくった子どもの木を夢で見て、その木を発見し、生きる力を取り戻す（第125話「老人と木」、6巻）。

びわ法師もＢＪも生きがいがなければ生きていけないという考えを持っている。これは手塚治虫の考えでもある。手塚は人間が生きることについて次のようにいう。

> 人間はただ命が助かって寿命が延びただけでは〝生きている〟とは言えません。若い人はもちろんのこと、老人にもいわば〝生きがい〟がなくては生きる気力が湧いてこない（手塚 1996、91 頁）。

生きるためには肉体的にだけではなく、精神的にも生きていなければいけない。人間は自分の生きる糧となる、精神的な支えが必要なのである。

4.2.1. 戦争体験と生の実感

手塚治虫の生きがいとは何であったのか。手塚は 10 代のときに戦争を体験し、1945 年 8 月 15 日の夜、戦争が終わり、焼け野原に残ったいくつもの電灯がこうこうとついているのを見て、立ち往生したという。そのときの心情を、手塚は自伝で次のように語っている。

> 「ああ、生きていてよかった」と、そのときはじめて思いました。ひじょうにひもじかったり、空襲などで何回か、「ああ、もうだめだ」と思ったことがありました。しかし、八月十五日の大阪の町を見て、あと数十年は生きられるという実感がわいてきたのです。ほんとうにうれしかった。ぼくのそれまでの人生の中で最高の体験でした。
>
> そして、その体験をいまもありありと覚えています。それがこの四〇年間、ぼくのマンガを描く支えになっています（手塚 1997、64 頁）。

手塚は戦時中、焼夷弾が自分の真横に落ちたり、予科練でひもじい思いをしたりと、死にそうになったことが何度もあったという。しかし、終戦の日に手塚は生きる気力を取り戻す。戦争が終わり、生きられるという実感がわく。手塚は自身の作品に、生きていたという感慨、生命のありがたさというようなものが自然に出るという（手塚 1997、64-65 頁）。手塚治虫は戦争が終わったときの喜びを自らの仕事の支えとし、その仕事、つまり漫画を描くことが生きがいであったと考えられる。

4.2.2. 戦争と復讐劇

手塚作品は生命の尊厳が描かれ、その土台には手塚自身の戦争体験が含まれる。その中で、大人に振り回される孤独な子どもの姿が描かれる。百鬼丸とＢＪ、ピノコは親に捨てられ、どろろは両親と死別する。『リボンの騎士』のサファイヤも、『三つ目がとおる』の写楽保介も、『ジャングル大帝』のレオも親と離別する。手塚作品の子どもたちは、孤独と闘っている。しかし、この悲劇的な主人公たちは、自らで問題を解決しようと奮闘する。これは、『どろろ』のびわ法師がいう「ひとりで頑張ってみる」ことではないであろうか。大人がはじめた戦争によって苦しんだ手塚治虫は、終戦の日に感じた、生きている喜び、そして生きていくうえで必要な「生きがい」というものを伝えるために、主人公が悲劇的状況から這い上がる姿を、読者である子どもたちに見せたかったのではないであろうか。そして、二度と戦争は起きて欲しくないと、手塚は漫画を通して訴える。

『ブラック・ジャック』に次のようなエピソードがある。ＢＪのもとに、何度も謎の刺客に襲われるダグラスという男の依頼が来る。彼の命を狙っているのは、戦争中にダグラスによって妻子を殺された、医者のゴ・ウィンであった。そしてついに、ゴ・ウィンは「これは妻と娘の復しゅうだ！」と叫んでダグラスを撃ち殺す。そしてゴ・ウィンも駆け付けた刑事によって撃たれる（第173話「あつい夜」、10巻）。

ゴ・ウィンは死ぬ前に刑事に向かって、戦争はまだ終わっていないと言う。世間では戦争が終わっていても、その被害者にとっての戦争は終わっていないのである。これは百鬼丸とＢＪにも当てはまる。百鬼丸とどろろは戦争孤児として描かれ、ＢＪは不発弾による被害を受けた。彼らも戦争被害者なのである。

戦争が終わっても、復讐のために人間による殺し合いがまた始まってしまう。復讐が復讐を呼び、負の連鎖は続く。真の幸せを求めるのであるならば、その連鎖から脱しなければならない。生きがいは自分にとっての真の幸せであり、負の連鎖から解放される術であるということを手塚治虫は伝えたかったと考える。そうであるから、百鬼丸とＢＪの復讐を目的とした生きがいは否定されるべきものであった。

4.2.3. コンプレックスからの脱却

手塚治虫の生きがいである漫画は、自分の身を守ることから始まった。手塚治虫は幼少期、いじめられっ子であったという。ひ弱で背が低く、眼鏡をかけていて、天然パーマ。その容姿からクラスメートのいびりの標的になっていた。手塚はいじめられない方法を考えた。絵を描くのが好きであった彼は漫画を描き、クラスメートたちに読ませた。彼らは漫画を面白がって読み、手塚をいじめることはなくなった。手塚はいじめていた者にやり返すのではなく、自分の長所を活かした。手塚作品に描かれる生きがいとは、この自分磨きのことではないか。

手塚は胃癌に侵され 60 歳で生涯を終えるが、亡くなる十日ほど前まで仕事をしていたという。漫画を生きがいとする手塚治虫は、生きがいが人を生かすということを証明したのではないであろうか。「人間は生きているあいだにせめて十分に生きがいのある仕事を見つけて、そして死ぬときがきたら満足して死んでいく、それが人生ではないか」と手塚はいう（手塚 1997、89 頁)。手塚治虫は複数の作品を未完のまま、この世を去ってしまった。しかし、手塚治虫の死後 30 年たった今でも、彼の作品は映画化やアニメ化、リメイク作品として取り上げられている。手塚治虫の仕事は次の世代に受け継がれ、彼の信念を読者や視聴者に伝え続けている。

5. 結論

百鬼丸とＢＪは復讐から解放され、新たな目的を獲得できたのか。ＢＪは 3.4.3. で述べたように、父親と作業班への復讐を終えている。そして医者のあり方について考え、目指すことが新しい生きがいとなるのではないかと考えられる。

一方で、百鬼丸はどろろが探す埋蔵金は結局見つからず、父親と和解もできていない。彼はどろろと別れてひとり旅立ったあと、消息不明のまま物語は終わる。奪われた体の半分しか取り戻せていない彼は、この世に生まれてくるまでにまだ時間がかかりそうである。48 匹の妖怪を倒し、人間として生まれる過程を通して、百鬼丸は自分には善の心も悪の心もあるということに気づくであろう。そして、自分の悪の心と闘わなければならない。しかし百鬼丸は妖怪退治とどろろの埋蔵金探しの旅によって生きる強さを手に入れた。49匹目の妖怪を倒すとき、彼はまた苦悩するかもしれないが、旅のはじめのときのように、すぐに心が折れたりはしないであろう。彼は人間には生きがいが必要であるということを知っている。百鬼丸はＢＪのように父親との和解はできていないが、旅の中で自分磨きをし、生きがいを見つけることができれば、復讐という悪循環から解放されるのではないか。

おわりに

人が誰かを恨み、恨み返すこと、また恨み返されることは人間らしさの一つである。筆者はその関係が続くことが、人間である限り仕方のないことであると感じていた。しかし、『どろろ』と『ブラック・ジャック』を考察したことを通して、復讐によって事態が好転することはないということがわかった。生きがいによって人間は生かされるということ、そして復讐は生きがいにはなり得ないことを手塚作品から読み取ることができた。

復讐は一種の呪いであって、誰かに恨みをもった人はそれに囚われているのではないであろうか。人間の心には善と悪の両方がある。手塚治虫は悪の心を否定しているわけではない。その善悪両方の心を人間はもっていると認識し、自分なりに理解するということが重要と手塚治虫は考えているのではないかと感じる。人間の悪の心から発生した問題を解決したいのであれば、まず自分の悪の心に問いかけ、その答えを導き出さなければいけないのではないか。自身が復讐の念を抱いたとき、その問題を解決するには自分にとって最良のもの、本当の幸せとは何かを考え直さなければならない。自分を磨き、自分なりの生きがいを見つけることで、復讐という自分につきまとう呪いから解放されると思い至った。

参考文献

荒俣宏 1994：「解説　呪いと祓い―百鬼丸の運命」『どろろ①』秋田書店、309-313 頁。
斎藤次郎 1989：『手塚治虫がねがったこと』岩波書店。
桜井哲夫 1990：『手塚治虫―時代と切り結ぶ表現者』講談社。
住吉暢彦編 2019：『『どろろ』『三つ目がとおる』大解剖　手塚治虫　怪奇マンガの世界』三栄書店。
手塚治虫 1996：『ガラスの地球を救え―二十一世紀の君たちへ』光文社。
手塚治虫 2009：『手塚治虫文庫全集　どろろ』1-2 巻、講談社。
手塚治虫 2010：『手塚治虫文庫全集　バンパイヤ』1-2 巻、講談社。
手塚治虫 1993-2003：『BLACK JACK』1-17 巻、秋田書店。
手塚治虫 2008：『BLACK JACK Treasure Book』秋田書店。
手塚治虫 1997：『ぼくのマンガ人生』岩波書店。
手塚プロダクション監修、中野晴行編 2003：『BLACK JACK ザ・コンプリート・ダイジェスト』秋田書店。
手塚プロダクション監修、山本敦司編 2001：『BLACK JACK 300 STARS' Encyclopedia』秋田書店。
豊福きこう 2003：『ブラック・ジャック「90.0％」の苦悩』秋田書店。

手塚治虫公式 WEB サイト「手塚治虫 TEZUKA OSAMU OFFICIAL」https://tezukaosamu.net/jp/（閲覧日 2019/12/17）。

〈卒業論文〉

物語における〈欠落〉と人々の死生観
――『君の膵臓をたべたい』と『BLEACH』を中心に――

松本 理子

1. はじめに―物語における〈欠落〉とは

今回選択した作品における共通点とは何かと考察してみたところ、犠牲、欠損、欠落ではないか。ゆえに、物語には登場人物や状況には欠落が付き物と至ったのである。筆者と同じく、物語は欠落として考えを解説している中沢新一は次のように述べている。

> どんな物語にも冒頭の状況というものがあります。あらゆる神話と民話にとって、この冒頭の状況が重要です。そういう状況には必ずなにかの欠落状態が含まれているからです。そしてどのような物語にも、この欠落した部分を補うために、冒頭がはじまります（中沢 2002、92 頁）。

たとえば『シンデレラ』であれば、母の死、父の再婚相手の継母と連れ子の姉たちによって虐げられている日々は、シンデレラにとって今まで両親から愛されていた過去の出来事、思い出の崩壊であり、継母、姉たちから虐げられている現在は不幸な境遇としか言えない状況である。これらの出来事は物語上の欠落と考えることができるが、一方の背景に、登場人物、中でも主要人物に欠落があるからこそ物語が進んでいくという考え方ができる。なぜならば、その後シンデレラは王子との結婚によって継母と姉たちが虐げてくる日々から脱却でき、弱者から一気に一国の権力者の妻という強者に立つことができたのである。『シンデレラ』を含め、世界中で翻訳され、多くの人に読まれているグリム童話の魅力の一部として、欠落があるからこそ多くの読者を魅了する要素の一つであることが分かる。本論では『君の膵臓をためたい』と『BLEACH』を中心にするが、2019 年 12 月に提出した筆者の卒論では、さらにフランス映画の『あしたは最高のはじまり』も含めていた。

2.『君の膵臓をたべたい』

2.1.『君の膵臓をたべたい』における〈欠落〉とは

小説タイトルには驚かされるが、決してカニバリズムを指しているわけでも含んでいるわけでもない。先ほど述べた、物語上には物語を円滑に進めるために欠落が必要不可欠というのを当てはめるとすれば、『君の膵臓をたべたい』（住野よる 2017（初版 2015）、以下『君の膵臓』）における欠落は以下の三つである。一つ目に山内桜良の余命宣告、二つ目に［僕］の人間性、三つ目に山内桜良の人間性である。これらの欠落を考察していくと、少なくとも二つの死生観を読み取ることができる。二つの死生観とは後々記述するが、正しくは二人の死生観ともいえる。『君の膵臓』では欠落こそが物語の主軸であり、死生観ともいえる。

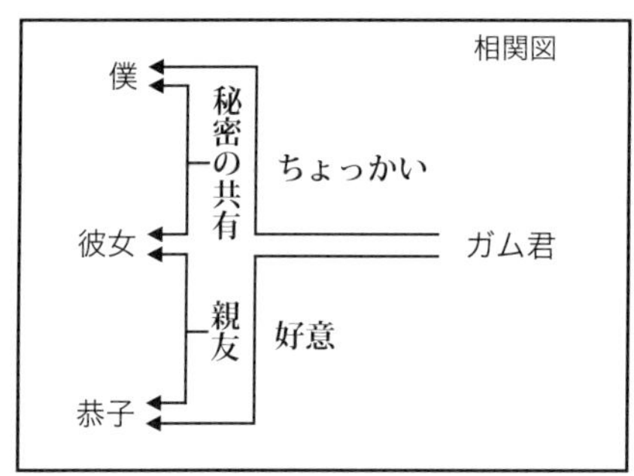

あらすじ	［僕］は偶然病院で発見したノートの持ち主はクラスメイト、山内桜良の闘病日記であった。
欠落	1. 山内桜良の余命宣告 2.［僕］の人間性 3. 山内桜良の人間性
テーマ	「命の価値は平等」、「関わる人間によって人生は豊かになる」、「平等」
転換点	彼女の死によって人と関わる生き方を始める。

一つ目の山内桜良の余命宣告について、桜良の死が近いという欠落において、親しい人間、身近な人間以外の他者を含めて死者の生前の命の価値は何で図れるのか。山内桜良の例えでいえば、クラスでの人気度であろう。では、その他大勢の場合は何か。生前の好感度、それとも葬式での参列者が流す涙の数か。涙を流すことは生者に残された一種の救いである。しかし、そ

れだけがあり方ではない。

山内桜良（以下、彼女）が死んでから今まで彼女としていた数少ない連絡手段の一つ、携帯電話の存在を開くことを忘れてしまうほどに日常から遠のいてしまっている事実に［僕］は気づくと、ようやく現実と向き合わなければならないという心理が働き、残された生者としての役割に気づかされる。彼女と［僕］だけが分かる「君の膵臓をたべたい」という暗号めいた会話は、まさに彼女の死が近いという欠落に当て嵌まる言葉であると同時に、彼女の死後［僕］が彼女の思いをどう背負って向き合うのかという意味も含む。

> 「[仲良し］くんにしか話さないよ。君は、きっとただ一人、私に真実と日常を与えてくれる人なんじゃないかな。お医者さんは、真実だけしか与えてくれない。家族は、私の　発言一つ一つに過剰反応して、日常を取り繕うのに必死になってる。友達もきっと、知ったらそうなると思う。君だけは真実を知りながら、私と日常をやってくれてるから、私は君と遊ぶのが楽しいよ」(『君の膵臓』2017、75 頁)。

偶然にも彼女が病気であるという［秘密を知っているクラスメイト］となった［僕］は唯一彼女に生きている日常と現実を届けられる存在となったのである。彼女は自分が余命宣告を受けていることを家族と［僕］以外に教える気はない。その理由は彼女の生きることに繋がる。彼女が持っているリュックの中に数本の注射器、大量の錠剤、検査機器が入っている事実を知った［僕］は彼女が医学の力で命を保っているという事実を改めて知らされると同時に恐怖する。人は人として生きる時間が年数を超すごとに生きる時間を延ばす能力を着実に得ている。しかしながら、医学は発展していても彼女の余命は一年しかないという事実は変わらず、彼女は現実的に死を受け入れている。しかし、奇しくも死に直面したことで生きているという実感を得たのである。

残り少ない命のあり方をどうすべきか、生の価値は一日が充実する日、しない日で左右されるものではない。一日の過ごし方が一生の価値のあり方ではないからである。余命宣告されている彼女も［僕］も突然死ぬかもしれないという可能性があるがゆえに、一日の価値は全ての人に等しい。仮に犯罪

山内桜良の死生観	「残り少ない命を」図書館の片づけなんかに使っていいの？」 「でも今、それをやってないじゃん。私も君も、もしかしたら明日死ぬかもしれないのにさ。そういう意味では私も君も変わんないよ、きっと。一日の価値は全部一緒なんだから、何をしたかの差なんかで私の今日の価値は変わらない。私は今日、楽しかったよ」(『君の膵臓』2017、13-14 頁)。 気づく。全ての人間が、いつか死ぬようになんて見えないってことに。僕も、犯人に殺された人も、彼女も、昨日生きていた。死ぬ素振りなんて見せずに生きていた。そうか、それが、誰の今日の価値も同じということなのかもしれない(『君の膵臓』2017、76 頁)。 「昨日テレビで見たんだぁ、昔の人はどこか悪いところがあると、他の動物のその部分を食べたんだって」(『君の膵臓』2017、5 頁)。 「肝臓が悪かったら肝臓を食べて、胃が悪かったら胃を食べてって、そうしたら病気が治るって信じられてたらしいよ。だから私は、君の膵臓を食べたい」(『君の膵臓』2017、6 頁)。

に巻き込まれて死ぬかもしれない［僕］と余命宣告されて彼女の価値は等しいが、死は不公平である。

『共病文庫』とはつまるところ、彼女の遺書であり、生の記録である。余命宣告をされたその日からたまに日記にその日の出来事を記し、死を見つめなおしている。死を受け入れ始めているが、死にたいとは思っていない。そこで膵臓病を患っている中、［僕］と出会い、膵臓を食べてほしいという提案を持ち掛ける。

一説によると、昔の人は身体の悪い部分があると他の動物の同じ部分を食べたという諸説がある。このことを同物同治という。同物同治について引用する。

> 薬膳の世界には「同物同治（どうぶつどうち）」という言葉があります。これは「身体の弱っている部分を治すには、不調の場所と同じものを食べるといい」という考え方です。例えば「肝臓の調子が悪いときにはレバー」を、「目が疲れている時には魚の眼肉」を食べるといったことです。同物同治は薬膳の考え方のひとつで、例えば、肝臓の調子が悪いときには牛や豚、鶏などのレバー、胃腸の調子が悪いときにはミノやハチノス、腎臓の悪いときにはマメ（腎臓）を使った料理を食すというものです。(http://mocosuku.com/2016093016728/)

同物同治という考えの一方で死後の扱われ方について考えを示している。彼女は火葬を望まない。

「この世界から本当にいなくなっちゃうみたいじゃん。皆に食べてもらうとか無理なのかな」
「人に食べてもらうと塊がその人の中で生き続けるっていう信仰も外国にはあるらしいよ」(『君の膵臓』2017、31頁)。

死後も人に忘れられずに生者の中で生き続けてほしいという考えがある。火葬が嫌われるのは何故か、火葬がもたらす変化を新谷尚紀は次のように述べている。

一方、葬儀を構成するのは三つの処理だといったのが、フランスの社会学者ロベール・エルツ(1882-1915)です。もう約100年も前の学説ですが、三つの処理とは、遺体の処理、霊魂の処理、社会関係の処理です。遺体の処理とは文字通り土葬や火葬などで遺体を葬り送ることです(新谷2009、102頁)。

火葬が意味するところは、生前の人間関係のリセットだけでなく、遺体と霊魂までもが処理の対象となっていることである。彼女は人と関わることで生きてきた人間であり、活動源でもあるため、火葬という埋葬方法は彼女にとって望ましい結果ではない。手段の一つである火葬という埋葬方法をすること、つまり三つの処理を行うことでどうなるのか、新谷尚紀によると次のように述べている。

霊魂の処理とは、目に見えない霊魂を何らかの宗教的な儀礼により安定化させることです。社会関係の処理とは、家族関係や親族関係その他の社会関係においてその死者が欠落したことによって生じた社会的ネットワークの欠落部分、不完全部分その他者で補完しその社会関係のネットワークを再生させることです(新谷2009、102頁)。

彼女は火葬されて身体がこの世から無くなることは自分が生きていたという証拠を無くされ、自分がかつて存在していたという事実を忘れられることを恐れて嫌がっていたが、埋葬方法について調べてみると悪いことばかりではない。むしろ、埋葬され、霊魂の処理がきちんと行われることで死者が居なくなった空間を紡ぎ、欠落部分を補完することで生者を救っていたのである。小説に戻るが、[僕]と彼女の考え方の価値観が表れている。

死に直面したことで日々が充実していると実感している彼女は、人と関わることで生きてきた人間であり、彼女にとって生きるとは取繕わない真実の日常を送ることであり、自分の反面を持つ他人に囲まれることで自分自身を形成することである。他者と比較し、比較されることが生である。一方の[僕]は死に恐怖心を抱いている。

二つ目の欠落である[僕]の人間性とは何か。[僕]とは人間関係を築いてこなかった臆病な人間であり、初めて彼女の人間性に触れ、価値観や死生観を変えられるほど影響を与えられた生である。選択を与えられた人間は人間性、日常、死生観を選択して生きていくことができる。初めて考えを変えたいと強く思うほど影響を与えた彼女に感情を揺さぶられ、死と直面した時が最も臆病になる人間である。[僕]の最大の欠落とは、人の死生観に初めて深く触れただけでなく、彼女ありきの人生という点である。[僕]という人間は彼女のおかげでこの四カ月を生きられた人間である。

三つ目の欠落である山内桜良の人間性とは何か。[僕]の台詞によれば、次のようである。

> 「もうすぐ死ぬはずなのに、誰よりも前を見て、自分の人生を自分のものにしようとする彼女の世界を愛し、人を愛し、自分を愛している彼女」(『君の膵臓』2017、249頁)。

自分の人生を自分のものにしようと考えている彼女は、人の考えに左右されたくないと考えている。知り合って間もない[僕]と時間を過ごすより、親しい友人や家族と過ごすほうが彼女にとって価値があるのではないかと提案する[僕]に対して、価値のはかり方は誰が決めるべきなのかと思案する様子が描かれている。彼女の結論は、[僕]以外の人間に打ち明けることは同情されかねない、ゆえに[僕]以外の人間には話さないし、どう生きるかは自分自身が決めるべきことという考えを持っている人物である。一日の価値は一日の価値であって、明日も生きていると思って死んだ今日は生きていた昨日であるという風に、ごく自然であって自然でないことを信じている女性である。

2.2.［僕］の名前はなぜ志賀春樹か

作中で桜は春を選んで咲く、散ってからその三カ月後に次の花の芽をつけると彼女が言う場面がある。この場面は［僕］視点で考えると、咲くべき時とは桜良の死後を暗示している。一方で志賀春樹という名前について216頁で暗示されている。

「［？？？？？］くんの名前も君によくあってるよ」
「……どうかな」
「ほら、死が横にいる」
彼女は得意気に笑いながら僕と自分を交互に指差し、そう冗談を言った（『君の膵臓』2017、216頁）。

寿命が決められてる彼女に死が横にいるということを言わせるための志賀という名前であるということが推測できる。志賀春樹という名前が終盤の桜良の死後まで伏せられていたのはこういった伏線があったためでもあるが、志賀春樹という名前が指しているのは、生であり、死でもあったということである。

2.3.『君の膵臓』に関してのまとめ

［僕］＝志賀春樹	山内桜良	共通認識
人間関係を想像で完結させてきた。 ［僕］にとって桜良は死。 真実と非日常を提供できる。 人の死生観に深く触れることは深く恐ろしい。	人と関わることで生きてきた。 桜良にとって［僕］は生。 真実と非日常を求める。 生きることを選択すること。	命の価値は等しいが、死は不公平。互いの欠落を合わせて一人になれる。

［僕］は死者の代わりで、彼女の死が［僕］にとっての生である。彼女＝「死」という存在こそが［僕］にとっては非日常ではあるが、真実を唯一

知っている［僕］だけが真実と日常を提供できる生である。彼女ありきの［僕］という存在である。一方で、山内桜良は死に直面したことで毎日を生きていると実感している。［僕］とは正反対の存在である。正反対とは例えば、感性、食事、好きな天気、好み、性格などである。それは生と死という形でも表れている。彼女にとっての真実とは、生きていた昨日が明日も生きていると思っていた今日という事実だけである。そして、生きていくうえで常に選択すること、という考えが根本にある人物である。

正反対な二人の共通認識で一番重要なことは、二人が出会ったことで四か月間、彼らは確かに生きていると実感していたことである。

2.4.『君の膵臓』における生者のあり方

	テーマ
「関わる人間によって人生は豊かになる」	山内桜良の生き方を描くだけではなく、［僕］の成長物語でもある。もし病院に行って共病日記を拾って読まなければ彼女と関わることもなく、偶然という出来事によって［僕］はその後の生き方を選択し続けることになる。人と関わって生きてきた彼女による影響は大きく、彼女の死後、人と関わることを選択したことは大きな成長である。
「命の価値は平等」	「…一日の価値は全部一緒なんだから、何をしたかの差なんかで私の今日の価値は変わらない。私は今日、楽しかったよ」(『君の膵臓』2017、13-14 頁)。
「選択」	様々な場面で「選択」をすることは［僕］にとっても彼女にとっても人生において後悔しない「選択」であったのである。［僕］は彼女に巻き込まれることを「選択」したことで彼女の死後、人間関係を築くことを始め、考え方に影響を及ぼされている。彼女も寿命が定められているなかで［僕］といることを「選択」したことで、自分の生き方と向き合うことができている。常に「選択」し続けることは山内桜良の意思でもあり、この作品における根本ではないか。 死者の意を汲んで今後生きるうえで何を成すことができるか。これらを踏まえてまず［僕］が始めたことは、彼女が生前から望んでいた、恭子と友人になることである。［僕］にとって初めての友人になってもらうには困難でもあったが、彼女が残した壁を乗り越える挑戦でもあったのである。恭子をはじめとして、ガムを勧めてくる彼とも友達となることで、［僕］の人間としての成長にもなっている。また、今まで人への感情が希薄でもあった［僕］が自ら人と関係を作ろうと選択を始めた。

3.『BLEACH』

3.1. 作品概要

あらすじ	幼少時から霊が見える主人公の黒崎一護。家族を護るために死神代行となることを決意する。
欠落	1. 黒崎一護の欠落 2. 朽木ルキアが禁忌を犯す 3. 卯ノ花八千流の罪
テーマ	「覚悟」、「平等に護る」、「成長」、「誇り」、「犠牲（死）のかたち」
転換点	過去に母親を死なせてしまったことに対する後悔と家族を虚（ホロウ）から護るという強い思い。

『BLEACH』というタイトルは本作内容に関わる重要な意味がある。タイトルの意味とは死神は黒を意味し、正反対の白を連想させるためにこのタイトルにしているというものである。また、黒を引き立たせる色であるため白が使われている。『BLEACH』の英語訳は「脱色、漂白」。つまり、タイトルの意味としては、「魂を漂白する」と解釈できる。

本作品には尸魂界（ソウル・ソサエティ）という組織が登場する。尸魂界とは、現世と併存する霊的世界である。これらの組織の下に護廷十三隊が設置されている。各隊の隊長格は隊花の腕章をつけ、隊風を背負っている。

『BLEACH』各隊花の図。

各隊花の意味・特色		
所属・隊花	一番隊：菊	真実と潔白。
	二番隊：翁草	何も求めない。
	三番隊：金盞花	絶望。
	四番隊：竜胆	悲しんでいるあなたを愛する。
	五番隊：馬酔木	犠牲、危険、清純な愛。
	六番隊：椿	高潔な理性。
	七番隊：菖蒲	勇気。
	八番隊：極楽鳥花	すべてを手に入れる。
	九番隊：白罌粟	忘却。
	十番隊：水仙	神秘とエゴイズム。
	十一番隊：鋸草	戦い。
	十二番隊：薊	復讐、厳格、独立。
	十三番隊：待雪層	絶望。

(http://bleachosareteki.seesaa.net/article/391096924.html)

このように隊花は思想を指している。また、本作品は尸魂界と現世の他に虚圏（ウェコムンド）が存在する。

虚圏概観

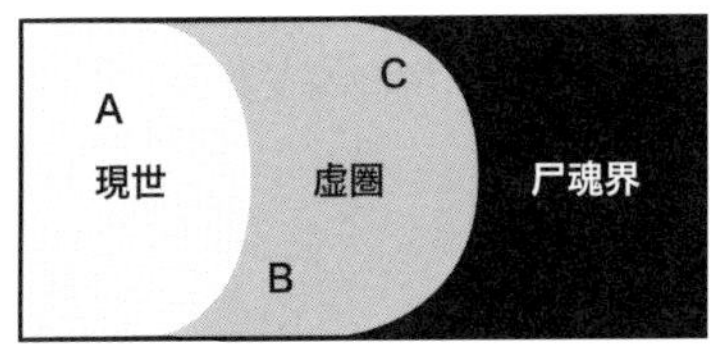

A 黒腔（ガルガンタ） 破面たちの世界である虚圏と他の世界を繋ぐ霊的通路。
B 砂漠　虚圏の大部分を占める砂漠。空は常に夜。地には色のない白が延々と続いている。植物はなく、鉱物だけがある。
C 虚夜宮（ラス・ノーチェス） 虚圏の中枢の位置する破面の本拠地である。

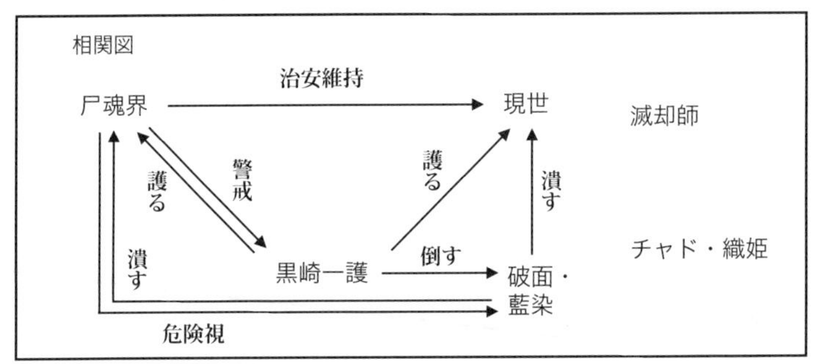

3.2. 組織考察

久保帯人は作品内で日本語、スペイン語、ドイツ語、英語を使い分けている。当初、久保帯人は外国語を用いる理由を「スペイン語は僕の耳にはとても魅力的で美しい音に聞こえるんです」(http://jpncltr.blog9.fc2.com/blog-entry-44.html?sp2019/6/21) と『少年ジャンプ』6月号質問コーナーで答えている。また、複数言語を使っているのは組織区別をするためである。護廷十三隊は日本語、破面はスペイン語、死神代行消失篇に出てくる完現術者(フルブリング) は英語という様に言語によって組織を分けている。

3.3.『BLEACH』におけるテーマとは何か

ジャンプ作品には友情・努力・勝利という三大原則があり、それら三大原則を前提にしたテーマとは何か筆者なりに考察する。本作では気になるワードとして、「覚悟」「護る」「誇り」「平等」「犠牲」という単語が度々使用されている。筆者は卒業論文のテーマを「物語における〈欠落〉をもつ人とその周りの人々の生き方についての考察」としているが、『BLEACH』におけるテーマとは「覚悟」「平等に護る」「成長」「誇り」「犠牲（死のかたち)」であると考える。そのうえで、本作は筆者が考えるテーマと並行して欠落がついて回っている。以下は三つの欠落についてである。

3.3.1. 黒崎一護の欠落

現高校生の一護は六年前の六月十七日に母親の真咲を交通事故で亡くしている。六月十七日、雨の降り続く初夏、真咲と手をつなぎ川沿いを歩いていた一護は、川べりに佇むおかっぱ頭の少女を見た。雨に打たれた一護が気が付くと少女は消え、一護を庇うように抱いた真咲は死んでいた。当時はただの交通事故で片付き、一護は少女に気が付かなければ真咲は死ななかったと自責の念に駆られたが、六年経ち、毎年恒例の墓参りに訪れた際、妹夏梨が目にした一人の少女。それは一護が六年前に出会った少女であった。妹の夏梨と遊子を襲う少女の正体は老虚であったのである。以上の幼少期の体験以来、「護る」ということを忠実にし、六年経過して家族が虚に襲われたときも家族を「護る」ということを徹底した結果、死神になるというストーリーが始まる。そう考えると中沢新一が述べていたように、冒頭の始まりには欠落状態が含まれている。

3.3.2. 朽木ルキアが禁忌を犯す

黒崎家を救うためとはいえ、朽木ルキアは禁忌を犯してまで黒崎一護に死神の力を譲渡したが、ここから物語が加速していく。二つ目の欠落について、朽木ルキアの処刑が執行されることが決定し、なぜ禁忌を犯したのかを考察すると、過去の出来事が大きいのではないか。朽木ルキアがまだ十一番隊に所属したての頃、副隊長の志波海燕と出会う。その出来事は、とても凡庸な出会い、凡庸な出来事、凡庸な怒声、凡庸な部下と上官の関係は紛れもなく朽木家の一員となったルキアが求めていたものであった。また海燕には女でありながら、実力で第三席 (副隊長の次の席) にまで上りつめた聡明で優しく美しい妻がいて、朽木ルキアの理想そのものであった。しかし、特別な能力をもった虚によって妻は死に、その復讐として討伐に向かった海燕も「誇り」のために一人で戦ったために虚に身体を乗っ取られ、朽木ルキアを殺そうとする。ルキアは海燕と戦うことが恐ろしく一度は逃げたが、一人助かろうとする自分が恐ろしくなり再び海燕のもとに戻ることにする。海燕を殺すことを恐れてはいたが、結局は海燕に刃を突き立てたのである。結局この出来事は、当時貴族として扱うのではなく、普通な対応を求める朽木ルキアに凡庸な対応をしてくれた海燕を救ったのではなく、苦しむ海燕を見ていられず、自分自身を救い、楽になりたかったと解釈している。そんな過去をもつ自分に果たして生きる価値があるのかという苦悩は、黒崎一護に死神としての能力を譲渡するという部分に繋がっている。朽木ルキアは過去に救えなかった海燕とその妻のような理想の女性になりたかったのである。しかし、この話には続きがある。

破面・虚圏潜入篇で井上織姫を救出に向かった黒崎一護、チャド、石田(滅却師)、朽木ルキア、阿散井恋次一向はそれぞれ敵と戦うことになる。朽木ルキアは十刃の一人であるアーロニーロ・アルルエリという現9十刃の破面と対戦する。ルキアの前に現れたアーロニーロ・アルルエリはその能力から志波海燕の姿を模していて、動揺している朽木ルキアに仲間全員の首を持ってくるように指示するも、海燕であれば絶対言わないであろう卑劣な言葉から敵の討伐に成功するが、自分の知っている過去の海燕であれば海燕を殺した時の状況を赦してもらえると悟ったと同時に、自分自身を赦すことができた瞬間でもある。赦しという点で、コミックス30巻頭ポエムからも考察できる。「その疵深し、海淵の如し　その罪赤し、死して色無し」。このポエムは海燕を指しているため、ルキアも赦されたといえる。アーロニーロ・アルルエリを討伐できたのは上官を敬愛していたからこその行動であり、且つ今後の朽木ルキアの生き方に影響している。

3.3.3. 卯ノ花八千流の罪

三つ目の欠落は同じ役割を持つものは存在しないことである。それは、言語、思想、死の形、正義のかたちも然りである。そのことが一番色濃く出ている場面がある。最終章千年血戦篇59巻である。巻頭ポエムは「戦いこそがすべて」。

卯ノ花による“剣術の手ほどき”は尸魂界・中央地下大監獄最下層「無間」で行われた。本来は罪人でなければ立ち入ることが許されない空間ではあるが、卯ノ花は力が無ければただの罪人ということを自覚し、更木は力が無いという皮肉でこの場所が選ばれている。“剣術の手ほどき”で勝てば隊長、負ければ罪人となり、二人のうち一人が欠けることとなる。更木剣八と卯ノ花八千流の接点は護挺十三隊に所属する以前からである。

八千流が初代剣八の頃、剣に戦いに倦み、任務と称して荒くれ者と戦っていた。そこに子供の更木剣八が現れる。互いに同じく倦でいたため、斬り合いとなったとき、卯ノ花は自分と対等以上に戦える更木剣八にかつてない悦びを感じたのである。この戦いは今まで自分と渡り合える者がいなかったため卯ノ花にとって至福であったのである。しかし、剣八の方が強かったため、剣八は無意識のうちに戦いの中で自らの力を自ら封じてしまっていたのである。なぜ力を抑圧してしまったのか。剣八にとっても卯ノ花との出会いは初めて遭遇する力が拮抗している“敵”であり、この機会を失えばもう二度と戦いを愉しめないと気づき、枷をつけたのである。

今回の“剣術の手ほどき”の本質とは剣八が無意識につけた枷をとることにあるが、それが卯ノ花の罪からの解放でもある。卯ノ花八千流の罪は二つある。一つめに枷をつけたこと、二つ目に限限の戦いに悦びを知ってしまったことである。

斬術を教えることでその抑圧を破壊するという話に戻るのだが、剣八自身は気づいていなかったが、更木は戦いを愉しむために自身に枷をつけ、力を抑圧したが、黒崎一護やノイトラとの戦いによって枷が着々と破壊されていたのである。この枷を外す行為が過去の罪からの解放になった。剣八の枷からの解放は同時に卯ノ花の救済でもあったのである。

卯ノ花にとっての救いとは何か。初代剣八の頃は戦うことこそが全てであり、至福であったが、更木に剣術を教えるという目的を見いだされ、役目を果たして死ぬことに幸福を感じるようになる。

> 私がこれまで手にしてきた全ては　貴方へと解き放ちました もう　私の手には何も無い あの時　貴方へと渡せなかった剣八の名も　ようやくこの手から　消えたのです 祝ってください　更木剣八　死にゆく私のために　ああ　役目を果たして死ぬことの何と幸福であることか(『BLEACH』59巻、124-125頁)。

無事剣八の名を譲ることの役目を果たし、卯ノ花との戦闘で“戦い”と“本能”を取り戻させたことは戦いだけであった人生への区切りであったため、初めて役割を見出せたことに幸福を感じることができたのである。選択というと、「正しい」「間違い」という二択に絞られそうではあるが、実際のところ、その二択はどうでもいいことなのかもしれない。ただ、自身が今まで選択してきた出来事や自身の罪に出会えた事によって誰かのために死ねる事は、罪を犯した自覚があるものにとっては「良いこと」として救いになりうる。

3.3.6.「犠牲」のかたち

「犠牲（死の形）」について考察したい。本編における最初の「犠牲」とは未遂に留まったがやはり朽木ルキアの処刑が挙げられる。しかし、「犠牲」について考察するには死神とは敵対関係にある破面たちの存在が必要不可欠である。十刃とはただナンバー入りしている存在ではない。1から10（0）の「孤独」、「老い」、「犠牲」、「虚無」、「絶望」、「破壊」、「陶酔」、「狂気」、「強

		能力、思想、存在理由
人間が死に至るまでの10の要因	第1十刃：「孤独」	信をおける者がおらず、同じ志の下に集うこともできない。他者から認識されなければ、自分の生をどう証明するのか。強さゆえに仲間を持てなかったため、破面となった際に自己を二つに分ける。
	第2十刃：「老い」	老い、即ち死へと向かう道程の象徴である髑髏そのものの姿となることが特徴。老いとは生物が逃れることのできない永遠の命題である。
	第3十刃：「犠牲」	信じる全ての者に命を捧げる。
	第4十刃：「虚無」	この世界全ての物に価値や意味を見出せず、虚しく何も無い。ゆえに無限の虚心を埋める“何か”を求め続ける。
	第5十刃：「絶望」	常に仲間を喰らい続けて進化する以上、生きることは戦って死ぬことその先の見えない道は暗い。
	第6十刃：「破壊」	己の中で燻る欲望や渇き、それらを満たすために目の前の物を叩き潰す。理性などは無視し、感情の赴くままである。
	第7十刃：「陶酔」	頂点に君臨する者の象徴とは支配であるならば、全てを制することは自明の理。
	第8十刃：「狂気」	万物を探求するのは、永い時間をかけて死を待つその過程さえも、全ての事象が自分の理解の外にあってはならない。
	第9十刃：「強欲」	結果、自身の肉体が醜悪で、とした物に変異しても、世の秩序さえ、己が欲する物を手に入れるためなら無視をする。
	第10十刃：「憤怒」	怒りの感情は全てを殺す。触れるものを皆悉く殺し、その怒りは伝播する。それは自分自身にも伝播する。

欲」、「憤怒」それぞれの十刃が人間が死に至るまでの10の要因であるが死の形を司っている。各十刃が司る10の死の形は能力、思想、存在理由でもある。

第2十刃バラガン・ルイゼンバーンが司る死の形である「老い」について、『BLEACH』の場合、死神（プラス）が善、破面（マイナス）が悪としたとき、久保帯人が考える人間の10の死の要因はあくまで悪である。破面の存在した理由として各々理由はあれど、生き延びたいとい考えが根本にある。そういった背景を含め、生きる理由のなかに死の要因を当てはめられたことでより人間に近い姿となり、充実した生となったのではないかと考える。本宮輝薫は次のように述べている。

> 善悪二元論とは、善は善、悪は悪で、両者が入り交じったり転換したりすることはないとする世界観である。この考え方からすれば、健康はあくまでも善、それに対し病気や苦悩、老いや死はあくまでも悪とされてしまう（本宮輝薫 1996、65頁）。

第3十刃（トレス・エスパーダ）のティア・ハリベルが司る死の形は「犠牲」である。42巻のポエムで「犠牲無き世界など　ありはしない　気付かないのか　我々は　血の海に灰を浮かべた地獄の名を　仮に世界と　呼んでいるのだ」とある。解釈として、犠牲の下に世界は成り立っている。そして誰かを犠牲にしてまで強さを手に入れたいとは考えていないのである。これは藍染に切り捨てられた自身が気づいた真理を表している。ハリベルの犠牲は特に「覚悟」として表れているために美しいものでもある。破面となる前から現従属官とは行動しており、その絆の深さは随一である。ゆえに、三人の従属官が死神に敗北した時に「犠牲」がない世界はないと悟る。また、ハリベルが十刃となる前に倒した敵を食べない理由を、「犠牲によって得た力で強くなりたいとは思わない」と答えている。普通、力が強い虚は共食いをすることで進化の可能性がある個体は次の段階へと進むことができるが、ハリベルは共食いすることなく、進化を果たしている。しかし、バラガンと対決した時に共食いをしないことには仲間が「犠牲」となることに気づき、「犠牲」という力があれば理想を力を手に入れられると気づいたハリベルは藍染の傘下となる。「犠牲を生みたくなければ力をつけることだ」、「我々と共に来るといい、君を理想のもとへと導こう」、「犠牲なき世界などありはしない。しかし、犠牲を強いれば必ず我々も犠牲を強いられる」という考えが根本にある。

第4十刃（クアトロ・エスパーダ）のウルキオラ・シファーが司る死の形は「虚無」である。「虚無」であるため、心を持っていない。ウルキオラの誕生は無から始まっているが、虚無は幸福に近いもので、虚無が何も持たないことならば、それ以上何も失うことはないというのは不幸なことではない。しかし、一護との戦闘で井上によって「これが心か」と自覚させられたシーンがあり、虚無は何の感情もないが、得ることでより完璧な人間の姿（力の強い者ほど人間に近い姿をしている）に近づくのではないかと考える。40巻の巻頭ポエムに「心在るが故に妬み　心在るが故に喰らい　心在るが故に奪い　心在るが故に傲り　心在るが故に侮り　心在るが故に怒り　心在るが故に　お前のすべてを欲する」とあり、一護に敗北し、消滅する直前に心を知ったが、それまでは心は自身にはないとしていたウルキオラの考えを表している。

第5十刃（クイント・エスパーダ）のノイトラ・ジルガの死の形は「絶望」である。「サンタテレサ」はスペイン語圏におけるカマキリの異名で、前足の鎌を構える様子をキリスト教の聖人が祈りを捧げる姿になぞらえたものである。戦いと強さが信念であるため負けることは死を意味すると考えている。また33巻ポエムでは「俺たちは虫　不揮発性の悪意の下で　這い回る蠢無視首をもたげる　月より高く　哀れなお前等が　見えなくなるまで」とあり、自身を含む破面に救いはないと絶望し、その考えを虫として表現している。一般的に、死にたいと考えるとき、同時に絶望を感じているとされている。誰かに何かに否定されているからである。

「絶望」について、ノイトラは虚や破面を「救われない存在」と絶望しており、戦いの中で倒れることを望んでいる。象徴的な台詞に「俺は斬られて倒れる前に息絶える　そういう死に方をしてえんだ」とある。「絶望」について本宮輝薫は次のように述べている。

> 自己破壊的エネルギーとしての死の衝動が、自己を保持することに奉仕するようになるためには、生の衝動が一定程度発達していなければならない。生の衝動が未発達であったり、衰退していれば、死の衝動はその

> 暴力性を自己自身に剥き出しにしてくる。その典型的な瞬間とは、すなわち絶望の瞬間である（本宮輝薫 1996、111 頁）。

暴力性を周囲に発揮できずに絶望をし、死の衝動に駆られることは否めず、死の要因になりうることが理解できる。

生は何かしら、誰かしらの犠牲の下で成り立っていることは否めない。死神対十刃の戦いで十刃は結果として敗北したが、この戦いでは以下のことが考察できる。一つ目に十刃は 10 の死の要因を指しているが、これに勝つことはすなわち、死に勝ったということを指している。二つ目に死神のイメージといえば、死者の魂を運ぶ死の要素が濃いが、戦いに勝利したことでイメージを切り崩している。死神は魂を連れ去る悪ではなく、魂魄の救済、保護というイメージである。また、第 6 刃のグリムジョーとは千年血戦篇で共闘する関係になるが、ここから生（死神である一護）と死（虚）は隣り合わせではあるが共存できる。死を感じるとき同時に生を感じるものでもある。三つ目に死神の成長である。十刃＝死に勝つことは進化を促すことである。そして、死に勝った生者の役割とは、鎮魂の行為である。死者の生前の罪である穢れを祓い、清めることで穢れの無い魂として送り出すことにある。

3.4. 生きる意味とは

ヴィクトール・E・フランクルは死について次のように述べている。

> 人間は生まれた時一つの現実になるのではなく、むしろ死ぬ時に現実になるのだ、という点である。つまり人間は、死のその瞬間において、自分自身を「創っている」のである（フランクル 1999、183 頁）。

フランクルのこの考えとは、人間は死という場面に遭遇した時に完成するというものである。『BLEACH』では、死ぬ瞬間までどう考え生きて戦ったのかについて詳細に述べる。死ぬその瞬間までがその人物の人生であり、現在進行なのである。25 巻のポエムを踏まえて、62 巻では心臓を失っても身体だけで抗う姿が描かれている。明確に生に抗う理由を示している巻でもある。狛村にとって生きる理由、戦う理由は既に死んでいても総隊長のためである。狛村のように、生きるために死を選択するという矛盾した行動は意味をもって成されている。この犠牲的ともとれる行動は時に正しくあり、死生の選択とは、究極的には価値を比較することである。

	ポエム・台詞	解　釈
25巻	「我々は皆　生まれながらにして死んでいる　終焉は常に　始まりの前からそこに有るのだ　生きることが　何かを知り続けることならば　我々が最後に知るものこそが終焉であり　終焉をついに見出し　完全に知ることこそが　即ち死なのだ　我々は何かを知ろうとしてはならない　死を超越できぬ者は　何ものも知ろうとしてはならないのだ」	死神や虚は黒崎一護が知る以前から存在していて、戦い続けてきた一護は全てを知る権利があるということを指しているが、一方で生き続ける限り、死について考え続けなければならないとも取れる。かつ、生きている物は生まれたときから死ぬことは避けられず、死ぬ時に死を知りうることができる。
35巻	「産まれ堕ちれば、死んだも同然」	完璧を求め続けることは敗北に繋がるということを指している。つまり、生きる為により良いものを試行錯誤することは進化に繋がるが、完璧を求めてはならない。
62巻	「己の生に抗い続ける　己の心に牙ある限り」	
74巻	「ユーハバッハ　貴方の望んだその世界には　確かに恐怖はないだろう。だが死の恐怖の無い世界では人は　それを退けて希望を探す事をしないだろう。人は　ただ生きるだけでも歩み続けるが　それは恐怖を退けて歩み続ける事とはまるで違う。だから人はその歩みに特別な名前をつけるのだ“勇気”と」(『BLEACH』74巻、226頁)。	滅却師の祖であるユーハバッハに生と死は混じり合うべきであり、死の恐怖がない世界にして死から解放されるべきと言わせている。対して一護がユーハバッハを倒した理由は、生と死は混じり合うべきではなく、生と死は形を失ってはいけないという考えからであった。 死がない世界では生き方を失い虚無となるが、死という恐怖を退けて生き続けることで人は生きる意味を持っていくことができる。

4. 結論—生者のあり方とは

本論では、「物語の欠落から考える生者のあり方」について考察してきたが、結局のところ、生者は何かによって意味を持たされたことで、生者として生きることができるのではないかと考える。上述したフランクルは次のようにも述べている。

> 人は、探究すべき意味さえ見出すなら、敢えて苦しむことも甘受し、犠牲に身を捧げ、そしてもし必要とあらば、そのためにみずからの命をも捧げる覚悟をする（フランクル 1999、15 頁）。

「犠牲」のかたちの部分でも述べたが、第 3 十刃のティア・ハリベルはまさに犠牲によって得た力で強くなりたいとは思わないとし、犠牲のない世界を目指すという意味を見出し、藍染に従った結果、裏切られ、重傷を負っている。しかし、最も大切な存在である従属官が死神に敗北した時、冷静さを失って命を捨てる覚悟をしている。その犠牲心と覚悟はまさにフランクルの言うように、生きる意味そのものである。

確かに『君の膵臓』と『BLEACH』では、生き残った者達は強い「生きる意味」を持っている。それは死者が望んでいた人間として生きることの選択であり、母親が自分のせいで死んでしまった後悔から自分の大切な人たちを護るという意思をもって全ての魂魄、人を護るという強い思いに変換させていった彼らの人生の選択である。

筆者自身の人生においても、欠落は多く、大きいが、欠落があって初めて人生をより良いものにしようとする意思が働くように思える。自分自身が選択してきた出来事や小さな罪に向き合うのは、死を覚悟した瞬間になるのかもしれないが、その覚悟ができた時に自分の人生が意味あるものであったのか考えるのではないか。その時のために生きる意味や目的を強く持つことは生者のやるべきことの一つと考える。

『BLEACH』用語説明

用語集Ⅰ

虚Ⅰ（ホロウ）　整（プラス）なる魂の循環から外れた者、彼らは白き仮面を被り、時として魂魄を求め、異変を起こす。世界の霊のバランスを守る死神たちが戦う敵である。死神に魂葬されない魂は外部の影響を受けない限り数か月から数年にかけて胸に穴が空き、虚と呼ばれるものになる。また、白い仮面は虚の証明である。虚になる過程はほぼ二種類に分類される。一つ目に死後に地上に残り続けた結果虚に襲われて虚に落ちる場合である。二つ目にこの世に未練を残して地縛霊となった場合である。

虚Ⅱ　現世へ未練が強い霊は生きている者を襲う習性がある。生きている者とは未練のある身近な者、家族や兄弟、恋人などである。

死神　尸魂界（ソウル・ソサエティ）と現世の魂魄の量を調整し、均等に保つ者。調整者とも呼ばれる。整の霊を尸魂界へ送る魂魄や虚を斬魄刀で浄化し尸魂界へ送る虚退治の役割がある。現在でいう警察組織のようなものである。

滅却師（クインシー）　虚を浄化ではなく、魂魄ごと滅却する者である。古来より虚による人間への攻撃が続いており、状況打破のために霊力の高い者が戦い始めたのが滅却師の始まりである。現世と尸魂界の魂魄の量が均衡と保たないと世界は崩壊するという設定ゆえ、死神と滅却師は考え方の違いから対抗している。

魂魄（こんぱく）　いわゆる魂である。人間に限らず、全ての生き物は肉体に魂魄を宿している。また、自身の肉体と「因果の鎖」で繋がっている。なお、生きている間、魂魄と肉体は密接な関係にあり、魂魄が傷を負った状態で肉体に戻った場合、肉体にもその傷が現れる。本作では、このように霊的物を構成している主要物資を霊子といい、それに対し肉体等現世のあらゆるものを構成している主要物資を器子という。生物が現世で死に、肉体が朽ちると、魂魄は最終的には尸魂界か地獄に行き着く。この判断は生前と死後の虚としての在り方によって判断される。また、死神を含めた魂魄が死ぬと体が崩れ霊子となる。

流魂街（ルコンガイ）　尸魂界に導かれたすべての魂が暮らす平穏な街であり、聖地である。この場所で次の転生を待つ。流魂街に暮らす住民はほぼ霊力を持たず力も消費しないため、食事をしない。飢えの自覚はすなわち霊力保持者である証明である。

瀞霊廷（セイレイテイ）　瀞霊廷内には死神と四大貴族など含めた特別な存在しか住むことが許されない場所である。

護廷十三隊Ⅰ　現世の魂を魂葬し、霊的秩序を壊す虚を退治する組織。

護廷十三隊Ⅱ　護廷十三隊の隊士は任官状によって所属部隊が決定される。決定権の一部は各隊隊長にある。ゆえに所属部隊によって隊風が異なる。

用語集 II

破面（アランカル／Arrancar）　スペイン語で「剥ぐ」という意味。仮面を取り去ることで、死神の力を手に入れた虚の一団、それが破面である。その中でも大虚（メノスグランデ）以上から破面化した者は序列の番号が与えられ数字持ち（ヌメロス）と呼ばれる。

十刃（エスパーダ／Espada）　スペイン語で「剣」という意味。虚圏（ウェコムンド）に数多存在する破面（アランカル）の中で、隔絶した能力と実力保持者たちのことである。構成メンバーの多くは大虚（ヴァストローデ）級である。実力に応じて藍染からナンバーを与えられる。

大虚（メノスグランデ）　実力を持つ上位数字持ち名は、その実力に応じた10桁の数字を与えられる。その選ばれた者をいう。

大虚発生の過程　通常人の魂を喰らう虚である。特に渇きの強い個体は同族の魂を求める。共喰いの結果虚は大虚へと進化する。

破面の斬魄刀　破面が持つ斬魄刀は自身の能力を刀剣化したものであり帰刃（レスレクシオン）することで本来の自分自身の姿と能力を発言できる。

「十刃」と従属官（フラシオン）「十刃」には、その支配権の証としてNO.11（ウンデシーモ）以下の破面の中から直属の部下を自由に選ぶ権限が与えられる。身体に空いた孔の場所…破面の身体には虚同様、孔が空いている。その位置は、個体によって異なっている。

1スターク　胸部／2バラガン　胸中央／3ハリベル　下腹部（子宮）／4ウルキオラ　胸部／5ノイトラ　眼窩／6グリムジョー　胸部／7ゾマリ　右乳首／8ザエルアポロ　亀頭／9アーロニーロ　右大腿部／10ヤミー　胸部

参考文献

ヴォヴェル、ミシェル2019：『死とは何か―1300年から現代まで』（瓜生洋一／立川孝一訳）、藤原書店。

大城道則編著2017：『死者はどこへいくのか―死をめぐる人類五〇〇〇年の歴史』河出書房新社。

久保帯人2006：『BLEACH　OFFICIAL ANIMATION BOOK VIBEs.』集英社。

久保帯人『BLEACH』7、13、25、30、33、35、40、42、54、58、59、62、65、68、74巻。

鯖田豊之1990：『火葬の文化』新潮社。

新谷尚紀 2009：『お葬式―死と慰霊の日本史』吉川弘文館。
住野よる 2017：『君の膵臓をたべたい』双葉社（初版 2015）。
中沢新一 2002：『人類最古の哲学　カイエ・ソバージュⅠ』講談社。
フランクル、ヴィクトール・E. 1999：『〈生きる意味〉を求めて』（松岡世利子／上嶋洋一訳）春秋社。
本宮輝薫 1996：『死の衝動と不死の欲望　脳死・自殺・臨死の思想』青弓社。

漫画・アニメの総合サイト　未来の本棚
https://www.manga-anime-hondana.com/post-2926/（2019/5/9）
歴代発行部数ランキング　漫画全巻ドットコム
https://www.mangazenkan.com/ranking/books-circulation.html（2019/5/9）
TV ANIMATION BLEACH アニプレックス
https://www.aniplex.co.jp/bleach/dvd/movie.html（2019/5/9）
Yahoo 知恵袋　　https://detail.chiebukuro.yahoo.co.jp/（2019/6/11）
6 月号質問　　http://jpncltr.blog9.fc2.com/blog-entry-44.html?sp（2019/6/21）
誇りの反対語・対照語・対義語・反対語大辞典
https://hantaigo.com/word/%E8%AA%87%E3%82%82%8A（2019/12/18）
護廷十三隊の歴代隊長、副隊長、隊花、特色
http://bleachosareteki.seesaa.net/article/391096924.html
BLEACH の用語集
https://bleach.wiki.fc2.com/wiki/%E7%94%A8%E8%AA%9E%E9%9B%86

東洋英和女学院大学　死生学研究所報告（2019年度）

§役員

所　長：山田和夫　　人間科学部人間科学科教授
副所長：福田　周　　人間科学部人間科学科教授
幹　事：尾崎博美　　人間科学部人間科学科准教授
幹　事：桜井愛子　　国際社会学部国際社会学科准教授
幹　事：西　洋子　　人間科学部保育子ども学科教授
幹　事：平体由美　　国際社会学部国際コミュニケーション学科教授
幹　事：ミリアム・T. ブラック　　人間科学部保育子ども学科准教授
幹　事：前川美行　　人間科学部人間科学科教授
幹　事：与那覇恵子　国際社会学部国際コミュニケーション学科教授
幹　事：渡部麻美　　人間科学部人間科学科准教授
幹　事：渡辺和子　　人間科学部人間科学科教授

§〈公開〉連続講座「死生学の未来」（六本木、本学大学院 201 教室で開催）

第1回　2019年4月20日（土）14:40～16:10
桜井愛子（本学国際社会学部准教授）「大震災からのサバイバーの子どもたちのための復興・防災教育とは？」

第2回　2019年4月20日（土）16:20～17:50
鶴岡賀雄（東京大学名誉教授）「「宗教」の未来―死生学とのかかわりのなかで」

第3回　2019年6月8日（土）14:40～16:10
渡部麻美（本学人間科学部准教授）「ひきこもり状態にある人々の実態」

第4回　2019年6月8日（土）16:20～17:50
佐々木啓（北海道大学大学院文学院教授）「「生命（いのち）」と「看取り」の『聖書』」

第5回　2019年7月20日（土）14:40～16:10
平体由美（本学国際社会学部教授）「「健康」とはどういう状態のことか―アメリカ史に見る「健康」と「病」の変遷」

第6回　2019年7月20日（土）16:20～17:50
宮嶋俊一（北海道大学大学院文学院准教授）「死者と共にあるということ―北海道における独居高齢者調査を参考に」

第7回　2020年1月11日（土）14:40～16:10
三上慧（本学人間科学部講師）「木彫家橋本平八の精神と表現」

第8回　2020年1月11日（土）16:20～17:50
深澤英隆（一橋大学名誉教授）「哲学的主題としての死後生の問題―19世紀

ドイツ、そして現在」

第9回　2020年2月15日（土）14:40～16:10
奥野滋子（順天堂大学医学部緩和医療学研究室）「死を考えることの意義―ACP（人生会議）とは何か」

第10回　2020年2月15日（土）16:20～17:50
渡辺和子（本学人間科学部教授）「古代の死生学から未来へ―『ギルガメシュ叙事詩』の読解を通して」

§〈公開〉シンポジウム　（台風19号の影響を考慮して中止）
予定されていた内容は以下の通り
「生と死」研究会　第18回例会（公益財団法人国際宗教研究所との共催）
2019年10月12日（土）14:40～17:50
テーマ：「諸宗教の死生観と看取りの実践Ⅱ」

発題⑴　玉置妙憂（一般社団法人大慈苑代表理事）「医療と宗教の協働―両輪そろってこその穏やかな看取り」

発題⑵　高橋悦堂（円通山普門寺副住職）「私の死生“感”―主に終末期緩和ケアと東日本大震災の活動から」

発題⑶　奥野滋子（順天堂大学医学部緩和医療学研究室）「お迎えされて人は逝く―終末期医療の現場から」

§研究協力
上記のように公益財団法人国際宗教研究所との共催でシンポジウムを企画した。

§大学図書館のリポジトリに『死生学年報』掲載稿公開継続
本学図書館からの要請を受け、『死生学年報』掲載稿の図書館リポジトリへのPDF公開を順次行っている。https://toyoeiwa.repo.nii.ac.jp/

§刊行物
『死生学年報2020　死生学の未来』リトン、2020年3月31日発行。

§幹事会　　4回（8月1日、9月18日、11月20日、1月15日）

§死生学年報編集会議（メール会議）　20回

§ウェブサイト更新
本研究所のホームページについて、今年度の情報を更新した。

http://www.toyoeiwa.ac.jp/daigakuin/shiseigaku/

§役員の業績

2019年1月から2020年3月までの業績（著書、論文、学会発表、公開講座講師など）を種類別に列記する。ただし、『死生学年報2019』の「役員業績」に記載済みのものは除く。名前のあとの（　）内は学位と専門領域。

＊山田和夫（博士（医学）、臨床死生学／精神医学／病跡学／精神薬理学）

[学会発表]

・山田和夫／山田和恵「発達障害の事件と対策」第1回日本成人期発達障害臨床医学会総会、2019年7月6日、昭和大学。

・「霜山徳爾とV. フランクルの奇跡の出会い―スピリチュアルケアとしてみた実存分析」第12回日本スピリチュアルケア学会、2019年9月7日、上智大学。

・「生命科学者柳澤桂子氏のSpiritualityの覚醒と臨床死生学者への変化」第25回日本臨床死生学会年次大会、2019年9月22日、国立がん研究センター。

・「日本のオリジナルな精神医学の原点と関係」第23回日本精神医学史学会大会、2019年10月24日、岡山大学。

[学会特別講演]

・「不安性の苦痛を伴ううつ病（DSM-5）に対する薬物療法」第12回日本不安症学会特別講演、2020年3月6日、兵庫医療大学。

[研究会講演]

・「精神科から見た便秘治療の現状と課題」これからの便秘治療を考える会、2019年2月14日、横浜市。

・「社会不安症としてみた過活動性膀胱」第17回 Female LUTS and Pelvic Floor Meeting、2019年3月9日、東京・品川。

・「うつ病治療におけるデュロキセチンの役割―社会機能を考慮して」埼玉うつ病研究会、2019年3月10日、東京・池袋。

・「（同上）」Mind & Body 講演会 in 花巻、2019年5月22日、花巻市。

・「（同上）」横浜気分障害研究会、2019年5月29日、横浜市。

・「（同上）」Mind & Body 講演会 in 多摩、2019年10月30日、調布市。

・「新しいうつ病診断分類（ICD-11・DSM-5）に対する新しい薬物療法」イフェクサーSR フォーラム in 香川、2019年3月14日、高松市。

・「（同上）」Meet the Expert, 2019年9月6日、横浜市。

・「（同上）」高崎市精神神経科医会、2019年10月16日、高崎市。

・「（同上）」第107回なら精神科診療所懇話会、2019年5月18日、奈良市。

・「（同上）」札幌うつ病フォーラム2020, 2020年1月25日、札幌市。

・「現代日本のうつ病状況とうつ病に対する最新の薬物療法」第 13 回精神薬学研究会、2019 年 3 月 15 日、横浜市。
・「うつ病治療における精神栄養学と消化器病学」Depression Forum in 横浜、2019 年 7 月 18 日、横浜市。
・「ADHD の社会問題とその対処法・治療法」第 1 回横浜 ADHD 研究会、2019 年 8 月 28 日、横浜市。
・「(同上)」第 2 回横浜 ADHD 研究会、2020 年 2 月 28 日、横浜市。
・「現代の統合失調症の病態と新しい薬物療法」第 108 回なら精神科診療所懇話会、2019 年 8 月 31 日、奈良市。
・「下剤新時代―精神科臨床における便秘治療の重要性」メンタルヘルスセミナー、2019 年 11 月 6 日、横浜市。
・「最新のうつ病の診断と治療―最新の抗うつ薬に対する期待と治療的位置付け」八千代市薬剤師医師会講演会、2020 年 1 月 22 日、八千代市。
・「最新のうつ病の診断と治療〜最新の抗うつ薬 Trintellix に対する期待と治療的位置付け〜」神奈川県精神神経科診療所協会・神奈川県精神科病院協会合同講演会、2020 年 2 月 27 日、横浜市。

[Web 講演]
・「うつ病の寛解・回復をじつげんするための薬剤選択」Expert Cross Talk, 2019 年 2 月 18 日。
・「LAI 治療の有用性」Paliperidone Web Seminar, 2019 年 3 月 18 日。

[市民公開講座]
・「うつにならない、負けない生き方」ストレス科学シンポジウム、2020 年 3 月 8 日、早稲田大学。

＊福田　周（教育学修士、臨床心理学）

[論文]
・「地域共生社会における心理援助職の役割と他職種との連携について」『東洋英和女学院大学心理相談室紀要』第 22 号、2019 年 3 月、56-62 頁。

[学会活動]
・日本心理臨床学会第 38 回大会　参加　パシフィコ横浜、2019 年 6 月 6-9 日。
・日本箱庭療法学会第 33 回大会　研究発表指定討論者　題目「風景構成法における余白をめぐる体験について―インタビュー調査による質的検討の試み」（発表者：柴田彩花：エルア会マオメディカルクリニック／清重英矩／豊原響子／文山知紗：京都大学大学院教育学研究科）京都大学、2019 年 11 月 17 日。

[研修会講師]
・公益財団法人明治安田こころの健康財団　こころの臨床・専門講座 7「パーソナリ

ティ・アセスメント入門　風景構成法」2019年12月1日、明治安田こころの健康財団講義室。

＊尾崎博美（博士（教育学)、教育哲学／教育思想／教育目的論）

［論文］

・相馬伸一／下司 晶／綾井桜子／河野桃子／尾崎博美「コロキウム〈教育思想史〉の誕生（3）フランスにおける成立とドイツにおける展開」『近代教育フォーラム』vol. 28, No.136-143、2019年9月、136-143頁。

・「教育における「協働」とは何か—「ケア」の視点からプロジェクト概念を問うことの意義」『ことばと教育（仮)』（岩手県立大学高等教育推進センター)、2020年3月刊行予定。

［書籍］

・（共著）橋本美保／浜田博文／日暮トモ子ほか編『改訂版 教職用語辞典』一藝社、2019年8月。

＊桜井愛子（博士（学術)、国際教育開発／学校防災）

［論文］

・（査読有)「地域に根差した災害復興・防災教育プログラムの開発—石巻市立学校での「復興・防災マップづくり」5年間の実践を踏まえて」『安全教育学研究』第18号1巻、2019年9月、23-36頁。

［その他寄稿］

・Church World Service “Towards Mabi’s Recovery=Lessons one Year On,” 2019年11月、13頁。

［学会発表］

・日本比較教育学会第55回大会「災害後の移転先コミュニティにおける学校づくり—フィリピンを事例に」2019年6月8日、東京大学。

・日本安全教育学会第20回山形大会「災害復興教育プログラムの効果検証」2019年9月、山形大学。

・12th AIWEST 2019 (Tohoku University) “Linking geomorphological features and disaster risk in a school district: The development of an in-service teacher training programme” 2019年11月8日、東北大学。

［招待講演］

・3rd ASEAN Regional Conference of School Safety (in Bangkok) “Lessons learned from Japanese experiences toward enhancing school disaster resilience” 2019年4月3日。

・International Workshop on Natural Resources, Human Resources, and Risk

Management in the Context of Climate Change (Hanoi University of Natural Resources and Environment) "Making schools resilient by enhancing school disaster risk management: Lessons learned from Japanese experiences of natural disasters" 2020 年 1 月 9 日。

[シンポジスト・研修会講師等]

・石巻市教育委員会学校防災主任研修（第 1 回）「学校区の災害リスクを理解する」研修開発・講師、2019 年 6 月 14 日。

・国際開発学会第３０回春季陸前高田大会「自然災害に脆弱な途上国における教育開発の役割 －事例研究：ネパール大地震後の復興プロセスと教育開発」でのコメンテーター、2019 年 6 月 15 日。

・令和元年度石巻市学校防災フォーラム　パネルディスカッションにおけるファシリテーター「学校と地域、行政との連携による学校区の災害リスクの理解」2019 年 8 月 6 日。

・Symposium on Yolanda Recovery: Reflections and considerations on the rebuilding process (at Eastern Visayan University, Tacloban City, the Philippines) "Expanding an education system in relocation: progress and challenges" 2019 年 8 月 1 日。

・令和元年度未来へつなぐ学校と地域の安全フォーラム～多様な協働をとおして～(宮城県岩沼市)、講師、2019 年 11 月 20 日。

・石巻市立河北中学校　防災教育講師、2019 年 12 月 16 日。

・石巻市教育委員会学校防災主任研修（第 3 回）講評、2020 年 1 月 27 日。

[教材の開発、その他]

・(監修) 東北大学災害科学国際研究所防災教育国際協働センター「復興・防災マップづくり　実践のための手引き」(第 2 版)、2019 年 3 月。

・(監修) 東洋英和女学院大学「大地震対応マニュアル学生用」2020 年 1 月。

・石巻市「復興・防災マップづくり」学校巡回訪問。

・宮城県「復興・防災マップづくり」学校巡回訪問。

[委員]

・石巻市学校防災推進会議委員。

[公開講座]

・東洋英和女学院大学死生学研究所 2019 年度連続講座「死生学の未来」第 1 回「大震災からのサバイバーの子どもたちのための復興・防災教育とは？」2019 年 4 月 20 日、大学院校舎。

＊西　洋子（博士（学術）、舞踏学／身体表現論）

[原著論文]

・「共創するファシリテーションのダイナミックレイヤ」共創学会、共創学 Vol. 1, No.1. 2019年6月30日、13-22頁。

［学会発表］

・西洋子／三輪敬之「共創するファシリテーションのダイナミックレイヤ（2）—作品「Dual 2010-shadow awareness」のデザイン」共創学会第3回年次大会、2019年12月15日、九州大学。

・戸田祥子／今野裕子／佐々木浩一／西洋子／三輪敬之／郡司ペギオ幸夫「私たちはなぜ、新しい“のはら”へと飛び出したのか？—石巻・東松島「てあわせ」ワークショップの新しいステージ」共創学会第3回年次大会、2019年12月15日、九州大学。

・秋田有希湖／西洋子「インクルーシブな身体表現ワークショップの事例報告—現場はどう生まれ、どう育まれてきたか」共創学会第3回年次大会、2019年12月15日、九州大学。

・尾形由貴／山田和夫／西洋子「認知症高齢者に対する音楽療法—クライエントとセラピストの変容とそのプロセスに焦点を当てて」共創学会第3回年次大会、2019年12月15日、九州大学。

［招待講演］

・第8回共創学研究会：内と外—共創学を耕す—「共創するファシリテーション—一緒にあそぶ」2019年11月2日、慶應義塾大学。

［研修会講師］

・公益財団法人東京都歴史文化財団 東京芸術劇場主催「東京のはら表現部」企画・チーフファシリテータ、2019年6月～2020年3月の期間に10回の連続ワークショップ、東京劇術劇場。

・全国母親大会「てあわせワークショップ」2019年9月8日、石巻市立蛇田中学校。

・東洋英和女学院大学保育子ども研究所第13回保育子どもセミナー「表現循環—表現で出会い、表現でつながる—」ワークショップファシリテータ、2019年12月26日、東洋英和女学院大学。

［上演の企画］

・「みらいへのまなざしパフォーマンス—子どもたちはインクルーシブダンスで対話する」構想・共創表現ファシリテータ、NPO法人みんなのダンスフィールド主催、2019年9月15日、牛込箪笥区民ホール。

［研究活動など］

・「共創するファシリテーション」理論の構築と現場への活用　科学研究費、基盤研究（C）研究代表者。

・NPO法人「みんなのダンスフィールド」でのインクルーシブな身体表現ワークショップ、年間40回。

・宮城県石巻市・東松島市での「てあわせ」表現ワークショップの企画・運営、年間10回。
・新宿区立西新宿小学校４年生総合学習「福祉」でのインクルーシブ・ダンスワークショップ、2019年６月25日／７月４日。
・高井戸第三小学校、「オリンピック・パラリンピック教育」での共創表現ワークショップ、2020年１月25日。
・原町田幼稚園での表現ワークショップ、2019年９月26日、11月22日。
［メディア取材・掲載］
・Tokyo Art Navigationイベント・レポートNo.64『手を合わせることで伝わるいのちの躍動「みらいへのまなざしパフォーマンス」』2019年11月６日掲載。https://tokyoartnavi.jp/event_report/index064.php
・公益財団法人東京都歴史文化財団ＨＰ、最新トピックス「2/2（日）発表会を前に、『東京のはら表現部』ワークショップをレポート！〈東京芸術劇場〉」2020年１月19日掲載。https://www.rekibun.or.jp/art/reports/20200129-21780/

＊平体由美（博士（学術）、アメリカ史／公衆衛生史）
［論文］
・「20世紀転換期アメリカ合衆国ノースカロライナ州における天然痘流行と公衆衛生インフラストラクチャー構築の試み―より安全な種痘のための基盤整備にむけて」『東洋英和女学院大学人文・社会科学論集』第36号、2019年３月、1-20頁。
［紹介文］
・特集：アーカイブズを訪ねる「情報公開、技術革新、コミュニケーション―ロックフェラー・アーカイブ・センター紹介」『歴史学研究』第987号、2019年９月、41-45頁。
［学会・研究会報告］
・NIHUエコヘルス歴史班研究報告「GHQ保健政策と子どもの健康への視座」2019年８月９日、総合地球環境学研究所、京都。
・日本健康学会連携研究会セミナー報告「望ましい身体に向けての公共政策―20世紀初頭アメリカの健康維持活動」2019年11月３日、長崎大学。
・アメリカ南部史研究会報告「「病める南部 The Sickly South」の1920年代―公衆衛生の構造と行為主体」2019年11月16日、東洋英和女学院大学。
［公開講座］
・東洋英和女学院大学死生学研究所2019年度連続講座「死生学の未来」第５回「「健康」とはどういう状態のことか―アメリカ史に見る「健康」と「病」の変遷」2019年７月20日、大学院校舎。

＊ミリアム・T. ブラック（M. A. in TESOL, 英語／英語教育）

［研究ノート］

・Black, M. (2019), "Beyond CLIL: Reflections on a curriculum and teacher development project," in S. Sasajima (ed.), *Application and validation for the contextualization of CBLT/CLIL in Japan – Active English medium classrooms through cooperative learning*, Yokohama, Japan: WACO, Co. Ltd, 131-140.

［英文編集］

・『死生学年報 2020』の英文編集。

＊前川美行（博士（教育学）、臨床心理学／夢分析）

［論文］

・「箱庭療法と過酷な体験―こころの表現と子どもの「世界」」『東洋英和女学院大学心理相談室紀要』22 巻、2019 年 3 月、63-71 頁。

・「一人一人の『小さな物語』―序章から本編へ」『東洋英和女学院大学心理相談室紀要』23 巻、2019 年 12 月、1 頁（巻頭言）。

・「箱庭療法の普遍性」『箱庭療法学研究』31 巻 3 号、（巻頭言）。

［紀要誌上コメント］

・「夢に表された『窓』について―柴田彩花さんの論文へのコメント」『臨床心理事例研究　京都大学教育科相談室紀要』第 46 号、2019 年 10 月 31 日、33-35 頁。

・「この世にダイブする力―角田万理亜さん論文を読んで」『神戸女学院大学大学院人間科学研究科心理相談室紀要』第 20 号、2019 年 3 月 31 日、38-41 頁。

［書評］

・「武野俊弥著『ユング派精神療法の実践』創元社」『箱庭療法学研究』31 巻 3 号、95-96 頁。

［学会活動］

・日本ユング心理学会大会　指定討論者「夢劫のひと 石牟礼道子　最晩年の夢をめぐって」（発表者：原田文樹、倉光クリニック）2019 年 6 月 2 日、京都大学。

・日本ユング心理学会大会　指定討論者「『傷ついた癒し手』はなぜ癒さずにはいられないのか」（発表者：大塚紳一郎、International School of Analytical Psychology in Zurich）2019 年 6 月 2 日、京都大学。

・日本箱庭療法学会　第 33 回大会　ワークショップ講師「「私」と「空間」の構造化 ―夢・箱庭などのイメージ表現から」2019 年 11 月 16 日、国立京都国際会館。

・日本箱庭療法学会　第 33 回大会　指定討論者「『生きる意味なんてない』と語る大学生の心理療法―小さな物語を紡ぎ，母なるものに向き合うプロセス」（発表者：北山純；学習院大学学生センター学生相談室）2019 年 11 月 17 日、京都大学。

・日本箱庭療法学会　2019 年度第 1 回全国研修会　分科会（講師：田中康裕）事例

提供「ひきこもる自閉症スペクトラム青年が箱庭に表現したこと―趣味とネット以外は動けない男性との箱庭療法過程」2019年7月14日、学習院大学。

・日本箱庭療法学会　2019年度第2回全国研修会　分科会講師「セラピストの能動的コミットについて」2020年2月11日、京都リサーチパーク。

・日本箱庭療法学会　代議員。

・日本箱庭療法学会『箱庭療法学研究』編集委員

［研修会講師・講演活動］

・高知県児童心理治療施設　さくらの森学園　講演＆事例検討会講師、2020年1月27日

・児童養護施設（広尾フレンズ）グループスーパーヴィジョン　講師、2019年・2020年

・杏の会　事例研修会講師、2019年9月1日、12月8日、上智大学。

［兼職］

・一般社団法人山王教育研究所　研究相談員。

＊与那覇恵子（文学修士、日本文学／沖縄文学）

［学会発表］

・「文学は＜化生＞という概念によって世界をどうとらえているか―女性文学から読み解く・津島佑子『ナラ・レポート』を中心に」日本近代文学会春季大会（パネル発表）2019年5月26日、専修大学。

・「沖縄文学の世界―目取真俊と崎山多美を中心に」社会文学会、2019年9月29日、明治大学。

［研究会発表］

・「真藤順丈『宝島』を読む」沖縄文学研究会、2019年1月27日、法政大学。

・「オーガニックゆうき『入れ子の水は月に轢かれ』の沖縄表象」沖縄文学研究会、2019年3月31日、法政大学。

・「又吉栄喜『巡査の首』の歴史的背景」沖縄文学研究会、2019年11月9日、法政大学。

＊渡部麻美（博士（心理学）、社会心理学）

［著書・分担執筆］

・「対人スキル」松井豊（監修）畑中美穂・宇井美代子・髙橋尚也（編）『対人関係を読み解く心理学：データ化が照らし出す社会現象』サイエンス社、23-41頁。

［学会発表要旨］

・「チームワーク能力トレーニングによる基礎的・応用的スキルの変化」（発表者：渡部麻美）日本教育心理学会第61回総会、日本大学、2019年9月14日、316頁。

・「儀礼的感謝行動と対人関係の良好さの認知との関連」（発表者：渡部麻美・相川充）日本社会心理学会第 60 回大会、立正大学、2019 年 11 月 9 日、95 頁。

［研修会講師］

・子供・若者育成支援のための地域連携推進事業（中央研修大会）シンポジウム「ひきこもり調査結果から読み解くもの」国立オリンピック記念青少年総合センター、2019 年 11 月 25 日。

［公開講座］

・東洋英和女学院大学死生学研究所 2019 年度連続講座「死生学の未来」第 3 回「ひきこもり状態にある人々の実態」2019 年 6 月 8 日、大学院校舎。

＊渡辺和子（Dr. phil. in Assyriologie, 宗教学／死生学／アッシリア学／旧約聖書学）

［論文］

・「メソポタミアの「冥福」観―伝統的な呪いの言葉と『ギルガメシュ叙事詩』から」『死生学年報 2019　死生観と看取り』リトン、2019 年 3 月、175-192 頁。

・“Aššurbanipal and His Brothers Considered from the References in Esarhaddon’s Succession Oath Documents,” in: I. Nakata et al. (eds.), *Prince of the Orient: Ancient Near Eastern Studies in Memory of H.I.H. Prince Takahito Mikasa*, Supplement to Orient: Journal of the Society for Near Eastern Studies in Japan, March 31, 2019 (ISBN 978-4-600-00114-8), 237-257.

・「生者と死者の神としてのメソポタミアの太陽神シャマシュ―死者が起こす災厄と身体的不調を除く儀礼から」『東洋英和　大学院紀要』16、2020 年 3 月、11-23 頁。

・“Adoration of the Oath Documents in Assyrian Religion and Its Development,” *Orient* 55, 2020, 23-38.

［学会発表要旨］

・「メソポタミアのシャーマニズム―アーシプの検討を中心に」オンラインジャーナル『宗教研究』92 巻別冊、277-278 頁、2019 年 2 月、日本宗教学会 HP 公開。

・「『エサルハドン王位継承誓約文書』にみる条件節の用法を再考する」『オリエント』61-2, 2019 年 3 月、186 頁。

・「誓約文書を礼拝するアッシリア宗教の発展形態とその後」オンラインジャーナル『宗教研究』93 巻別冊、233-234 頁、2020 年 3 月、日本宗教学会 HP 公開。

［学会・研究会発表］

・“‘Universal Standards of Behavior’ Expressed in Esarhaddon’s Succession Oath Documents,” アッシリア学研究会第 18 回例会、2019 年 3 月 22 日、東洋英和女学院大学大学院校舎。

・“Deified Documents Crossing over the Borders: Disseminations of the Tablets of Esarhaddon’s Succession Oath Documents and their Aftermath,” Workshop

Session B, Conference on International Cultural Diversity in the Ancient Near East, April 14, 2019, at Doshisha University.

- 「『エサルハドン王位継承誓約文書』（前 672 年）による越境の諸相─誓約文書を礼拝する宗教形態の創出とその影響・越境」宗教史学研究所第 69 回例会、2019 年 6 月 1 日、東洋英和女学院大学大学院校舎。
- 「誓約文書を礼拝するアッシリア宗教の発展形態とその後」日本宗教学会第 78 回学術大会、2019 年 9 月 14 日、帝京科学大学。
- “Adoration of Oath Documents in Assyrian Religion and its Development,” アッシリア学研究会第 19 回例会、2019 年 9 月 20 日、同志社大学。
- 「メソポタミアの奉納物と奉納文」日本オリエント学会　第 61 回大会、2019 年 10 月 13 日、明治大学（この大会は台風のため中止となったが、発表要旨集はそれ以前に学会 HP に公開済。より詳細な要旨は『オリエント』62-2（2020 年 3 月出版）に掲載）。

[招待講演]

- 「日本人の死生観─臓器移植問題を契機として」國學院大學オープンカレッジ特別講座（共催：一般財団法人冠婚葬祭文化振興財団・互助会保証株式会社 ）「豊かに生きる─納得できる死を迎えるために」第 5 回 2019 年 11 月 8 日、國學院大學常盤松ホール。
- 「メソポタミアの太陽神」2019 秋の聖書考古学セミナー「古代オリエントの神々と聖書」第 2 回、2019 年 11 月 18 日、御茶の水クリスチャンセンター。

[公開講座]

- 東洋英和女学院大学死生学研究所 2019 年度連続講座「死生学の未来」第 10 回「古代の死生学から未来へ─『ギルガメシュ叙事詩』の読解を通して」2020 年 2 月 15 日、大学院校舎（最終講義として）。

執筆者紹介

渡辺和子	（わたなべ　かずこ）	本学人間科学部教授
鶴岡賀雄	（つるおか　よしお）	東京大学名誉教授
深澤英隆	（ふかさわ　ひでたか）	一橋大学名誉教授
奥山礼子	（おくやま　れいこ）	本学国際社会学部教授
福田　周	（ふくだ　あまね）	本学人間科学部教授
三上　慧	（みかみ　けい）	本学人間科学部講師
林　直樹	（はやし　なおき）	一橋大学大学院言語社会研究科博士後期課程
渡部麻美	（わたなべ　あさみ）	本学人間科学部准教授
平体由美	（ひらたい　ゆみ）	本学国際社会学部教授
奥野滋子	（おくの　しげこ）	順天堂大学医学部緩和医療学研究室
桜井愛子	（さくらい　あいこ）	本学国際社会学部准教授
宮嶋俊一	（みやじま　しゅんいち）	北海道大学大学院文学研究院准教授
大林雅之	（おおばやし　まさゆき）	本学人間科学部特任教授・名誉教授
根岸紗那	（ねぎし　さな）	本学人間科学部人間科学科４年生
松本理子	（まつもと　りこ）	本学人間科学部人間科学科４年生

編集後記

16巻目となる『死生学年報2020』にもバラエティに富んだ15本の論考が集まりました。執筆者の皆様、公開講座を支えてくださった皆様に感謝いたします。

「死生学の未来」というテーマには、2003年に設立された死生学研究所としては、すでに振り返るべき過去がありますが、ここで目を転じて未来にはどのような可能性があるか、世界と時代の変化を見据えて何を新たに視野に入れるべきか、等々を立ち止まって考えてみたいという思いを込めています。総合学としての死生学を目指すための基盤となる「継続する多様な研究」を堅持するだけでも容易ではありませんが、たとえば、多様であることのあり方についてこれまでの実績を分析し、将来の計画を立てることも必要と思われます。

今回も死生学研究所幹事のミリアム・ブラック先生には英文編集を担当していただきました。迅速丁寧な組版製本をしてくださるリトンの大石昌孝さんに深謝いたします。2013年度から7年にわたって研究所の事務を担当してくださった高橋直子さんが今年度をもって交替することになりました。これまでのお働きに感謝いたします。

渡 辺 和 子

Annual of the Institute of Thanatology, Toyo Eiwa University

Vol. XVI, 2020

The Future of the Study of Life and Death

CONTENTS

Articles

Research Notes

死生学年報　2020　**死生学の未来**

発行日　2020 年 3 月 31 日

編　者　東洋英和女学院大学 死生学研究所

発行者　大石昌孝

発行所　有限会社リトン
101-0061　東京都千代田区神田三崎町 2-9-5-402
TEL 03-3238-7678　FAX 03-3238-7638

印刷所　株式会社 TOP 印刷

ISBN978-4-86376-079-0